ITINÉRAIRE

ET SOUVENIRS

D'UN VOYAGE EN ITALIE.

K.
1199.
Q.a.l.

ITINERAIRE

ET SOUVENIRS

D'UN VOYAGE EN ITALIE

EN 1819 ET 1820.

> Salve, magna parens frugum, Saturnia tellus,
> Magna virûm : tibi res antiquæ laudis et artis
> Ingredior.
> VIRG., *Géorg.*, liv. II.

TOME PREMIER.

PARIS.

IMPRIMERIE DE DONDEY-DUPRÉ,
Rue Saint-Louis, N° 46, au Marais.

M. DCCC. XXIX.

A mes Amis.

Je ne me proposais pas de livrer à l'impression, cet Itinéraire d'un voyage rapide dans la belle Italie. Après en avoir lu quelques fragmens, vous avez désiré de le connaître en entier. Votre indulgence m'a encouragé à lui donner cette demi-publicité. Je vous en fais hommage. Si les détails vous en paraissent quelquefois un peu minutieux, son titre me servira d'excuse. L'amitié d'ailleurs est causeuse; et puisque vous consentez que je vous mette dans la confidence de cette époque de ma vie, il faut bien vous prêter à l'abandon de nos entretiens journaliers.

Les sensations que j'ai éprouvées à la vue d'un des pays les plus favorisés de la nature; l'admiration que ses monumens m'ont inspirée; l'opinion que j'ai conçue de ses peuples; les souvenirs qu'il m'a rappelés; les rencontres que j'y ai faites : j'ai tout recueilli. Dans cette variété de sujets, vous ne trouverez d'autre arrangement que celui des lieux que je parcourais. Quand vous serez las de me suivre, laissez-moi aller seul, pourvu que vous me promettiez de me rejoindre plus tard. Si quelqu'un de mes séjours a peu d'attrait pour vous, passez-le sans vous arrêter : attendez-moi dans quelque campagne qui vous plaise, ou dans quelque ville qui soit plus digne de votre curiosité. Entre les paysages dont j'ai tracé des esquisses, ne regardez que ceux dont le site ou la richesse vous intéresseront davantage; et négligez les autres sans craindre de blesser mon amour-propre. Je vous conduirai souvent dans des musées. Peut-être me suis-je laissé aller à trop de détails sur les peintures et les sculptures qui y sont exposées, à des comparaisons trop fréquentes entre les différentes écoles et les maîtres qui les ont rendues célèbres : mais vous aimez les arts, et vous comprendrez facilement que je n'aie pas su me défendre d'un sujet si fécond, et qui s'offrait en tous lieux et à tous les instants.

Des souvenirs historiques m'attendaient à chaque pas. Ils n'eussent pas été gravés dans ma mémoire, que les ruines de l'antiquité me les auraient rappelés. J'espère que vous aimerez à relire ceux que j'ai choisis, et les citations dont je me suis servi pour les reproduire. Il m'est arrivé fréquemment d'oublier la république romaine, ses légions et leurs chefs magnanimes, pour ne parler que de la France et des Français. Ce n'est pas vous qui me reprocherez ce sentiment de prédilection pour notre patrie. Ma seule crainte est de n'avoir rendu qu'un faible hommage à la valeur de nos armées, et que les expresions n'aient souvent manqué à mon enthousiasme pour leurs succès, comme aux regrets que me causent leurs revers. Quant à celui qui les commandait, dont le nom grandit de jour en jour, et que l'histoire a déjà immortalisé, je l'ai loué souvent, toujours. Au tems de sa puissance, j'étais loin d'approuver qu'il méconnût l'indépendance de notre caractère, et les nouvelles mœurs que notre révolution nous avait données. Il est mort : je ne crains plus d'être taxé de flatterie, si j'admire son génie et sa valeur, dont l'Europe compte encore tant de témoins. Que d'autres le censurent, le blâment, le condamnent. Sa gloire eût été incomplète, si elle n'avait excité ni envie ni ingratitude. Comment ses détracteurs ont-ils oublié qu'il mit un terme à la licence démagogique qui ravageait la France ?

Vous vous attendez avec raison que des observations politiques me seront venues à l'esprit, et que je ne les aurai pas repoussées. Les événemens arrivés depuis, en ont peu altéré la justesse ; mais comme je suis jaloux qu'elles obtiennent votre suffrage, je vous invite à vous reporter pour les mieux apprécier, à l'époque déjà assez reculée où je les faisais. Je me suis aussi livré à quelques conjectures dont la probabilité me paraissait incontestable. Plusieurs se sont réalisées ; d'autres sont encore au nombre des secrets de l'avenir : vous verrez que plus nous vieillissons, et moins il est douteux que toutes se vérifient.

Après les précautions dont j'ai jugé qu'il me convenait d'environner cette dédicace, je dois vous prévenir qu'il y a, dans mon livre, des passages touchant lesquels vous n'obtiendrez de ma part, aucune concession : ce sont ceux où je parle de vous et de moi. Les premiers vous prouveront que partout vous étiez présens à ma pensée ; en lisant les derniers vous me connaîtrez mieux : et je songe avec bonheur que les uns et les autres resserreront les nœuds de notre amitié.

ITINÉRAIRE

ET SOUVENIRS

D'UN VOYAGE EN ITALIE.

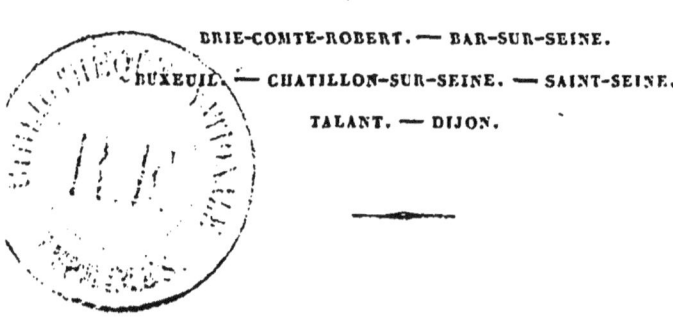

BRIE-COMTE-ROBERT. — BAR-SUR-SEINE. — BUXEUIL. — CHATILLON-SUR-SEINE. — SAINT-SEINE. — TALANT. — DIJON.

Dijon, 14 *octobre* 1819.

Puisse cette belle journée d'automne être un heureux présage du voyage que j'entreprends! Le projet en était formé depuis plusieurs années. Enfin son exécution commence. Un ami m'accompagne. Notre curiosité est la même. Par la pensée, nous devançons, avec une ardeur égale, les plaisirs qui nous attendent, ou que du moins nous nous promettons. Peut-être quelque exagération se mêle-t-elle à cette jouissance anticipée. Des mécomptes nous sont sans doute réservés. La renommée est si souvent trompeuse! Et devons-nous compter sur des récits où la vérité ait toujours été respectée? N'importe; le sort en est jeté : partons.

Les apprêts du départ ont diminué l'amertume des adieux; mais, à peine avions-nous dépassé la barrière de Paris, que l'absence s'est offerte à nous avec toutes ses rigueurs. Involontairement, chacun de nous a gardé le silence. Nos pensées n'appartenaient plus qu'au passé. L'avenir, qui nous séduisait auparavant, a perdu ses illusions. Il ne nous eût pas été pénible de revenir sur nos pas. En voyant les feuilles sèches se détacher du haut des arbres, tomber emportées par le vent, et bientôt disparaître, je m'attristais. Serait-ce, me disais-je, un avertissement funeste? dois-je craindre de ne pas retrouver quelqu'un de ceux que j'aime? moi-même, se pourrait-il qu'ils ne dussent plus me revoir? Ah! chassons ces pressentimens. Ne songeons qu'à un heureux retour; et que cette idée adoucisse la peine d'une séparation si longue!

Déjà quelques relais sont parcourus avec une rapidité extrême. On ne rencontre aucune voiture de poste. Le commerce, interrompu par les hésitations et les inquiétudes du nouveau gouvernement, n'appelle point les Français hors de leurs foyers. La plupart ne veulent non plus porter au-dehors ni la douleur ni la honte de nos revers, comme si le courage et le génie nous avaient manqué. Quant aux étrangers, après avoir visité deux fois notre pays les armes à la main, lassé sa patience, et connu que la grande nation pouvait être comprimée mais non soumise, ils n'osent sitôt affronter nos plaintes, ou s'exposer à nos ressentimens. Ainsi rien ne retardera notre marche. Au seul bruit de notre arrivée, chacun est déjà prêt à nous conduire plus loin. Deux heures nous ont suffi pour atteindre Brie-Comte-Robert. Un château-fort occupait jadis le centre de cette petite ville. Il n'en reste plus qu'un donjon, flanqué de deux tourelles, éclairé par des embrasures et des meurtrières. C'est-là qu'aux premiers jours de la révolution le baron de Besenval fut transféré de Villemaux où il avait été arrêté. On l'accusait d'avoir engagé le gouverneur de la Bastille à défendre cette forteresse. Un jugement le rendit à la liberté.

La Seine, que nous côtoyons, n'est plus qu'un ruisseau. Ses eaux rares s'écoulent entre des roseaux et des plantes aquatiques. Bar est bâti sur sa rive gauche, au pied d'un coteau escarpé et stérile. Nous entrons dans l'ancienne province de Bourgogne. Au village de Buxeuil, les travaux et les plaisirs des vendangeurs animent la campagne. Leurs troupes folâtres couvrent les collines, remplissent les chemins et les celliers. On n'entend que de joyeux refrains. Des rires bruyans retentissent. Le jus des raisins, répandu çà et là, rappelle les libations consacrées à Bacchus; et l'odeur du vin nouveau, qui s'élève de toutes parts, donne à chacun une pointe d'ivresse, et ajoute à l'hilarité générale.

Une vaste habitation gothique domine les hauteurs de Châtillon-sur-Seine. Le duc de Raguse, maréchal Marmont, y est né. Elle lui appartient; et les réparations qu'il vient d'y faire ont effacé la rouille du tems qui sied si bien à ce genre d'architecture. Plusieurs milliers d'arpens de terre dépendent de ce manoir, jadis seigneurial. Le maréchal les fait valoir. Il y a créé une vaste ferme expérimentale, et prétend y résoudre le problème de l'industrie et de la mécanique appliquées à l'agriculture. Dix-neuf charrues, un troupeau de cinq mille bêtes qu'il se propose de doubler, des machines à faner et à battre, des usines à moudre, des fourneaux, des alambics, des manufactures, concourent à cette exploitation. Toutes les innovations agricoles y sont accueillies et mises en pratique. Des procédés récens excluent aussitôt ceux même dont l'expérience avait constaté l'utilité. Tout y est essayé et rien ne s'y perfectionne. C'est proprement l'atelier fort remarquable d'un spéculateur léger, superficiel, hardi, aventureux, facile et prompt à se bercer de projets imaginaires, sans s'inquiéter des avances qu'ils exigent. Militaire, il portait dans les camps la magnificence jusqu'à la prodigalité; laboureur, il met encore le luxe où l'économie seule est un élément de richesse. Ici, l'opinion commune est que cette terre, qui, administrée avec sagesse et habileté, donnerait un revenu considérable, ne tardera pas à ruiner son propriétaire.

Nous touchons au village de Saint-Seine, où la Seine prend sa source. Il est dans le fond d'une gorge étroite. Au-delà, sur la hauteur, se trouve celui de Talant, à qui le nom de ville a été conservé, par respect pour son ancien titre de capitale de la Bourgogne. Il ne renferme plus que des ruines et quelques masures habitées par de pauvres paysans.

Au lever de l'aurore, nous apercevons dans

le lointain les aiguilles des clochers de Dijon. Rien ne trouble encore le repos de la nuit. Les champs, les chemins sont solitaires. Un convoi funèbre sort de la ville. Il est peu nombreux. Aucun prêtre ne l'accompagne. La clarté douteuse et le silence de la première heure du jour lui donnent un air mystérieux. Des officiers en grand uniforme entourent et suivent le corps. On dirait une victime qu'ils vont cacher aux regards des vivans, au lieu d'un ami qui reçoit d'eux les derniers honneurs. Le mort avait appartenu à l'état-major de l'armée, et il était en demi-solde. Après avoir perdu au jeu une somme modique dont il ne pouvait se passer pour vivre, il s'est tué. Le clergé n'a voulu donner, pour le conduire au cimetière, que le prêtre qui exhorte à la mort les malfaiteurs. Indignés de cet outrage, les camarades de cet infortuné se sont chargés de remplir les devoirs de cette triste et pieuse cérémonie.

Dijon, renommée par ses riches vignobles et le commerce de ses vins, n'offre d'autre particularité remarquable que celle d'avoir vu naître Bossuet, Piron, Crébillon et Mme de Sévigné. L'Ouche et la Suzon, deux jolies rivières, arrosent la plaine dans laquelle elle est bâtie. Son

Musée contient quelques plâtres moulés sur l'antique, et un petit nombre d'assez bons tableaux modernes. On y montre aussi une galère en cuivre, de forme grecque, longue d'un pied et demi et large de six pouces, qui fut trouvée à la source de la Seine, et passe pour avoir été vouée à la naïade de ce fleuve, par un matelot échappé du naufrage. Dans le Jardin de Botanique, il y a en pleine terre un *sophora japonica* de deux pieds de diamètre, production fort rare en Europe. Celui de l'Arquebuse, aux portes de la ville, est orné d'un peuplier qui a plus de vingt pieds de circonférence, et qui fut, dit-on, planté par Henri IV. Si les curieux et les savans admirent la végétation du premier de ces arbres, aucun Français n'approche du dernier sans respect et sans attendrissement.

POLIGNY. — CHAMPAGNOLE.

Champagnole, 15 octobre 1819.

Au-delà de Dijon, le pays est peu pittoresque. Il ne s'embellit qu'aux approches du Jura. A Poligny, la proximité des montagnes varie les sites, y mêle des rochers, des cascades, des forêts, toutes les beautés de la nature. Pour sortir de cette ville, située dans une vallée étroite, sur le bord d'un ruisseau qui lui donne une eau limpide et des truites excellentes, il faut gravir l'un des monts qui la dominent. En s'élevant, le voyageur, ramené en apparence sur ses pas par les sinuosités du chemin, ne cesse de la voir sous des aspects différens, et comme à vol d'oiseau. De tems en tems, il aperçoit le torrent qui y arrive en grondant et la traverse sans bruit. Tantôt il admire l'art des ingénieurs qui ont surmonté les obstacles, écarté les dangers que présentaient ces localités difficiles : tantôt il porte ses regards sur les hauteurs vers lesquelles il s'avance, et qui lui paraissent inaccessibles. Des arbres séculaires y répandent une ombre épaisse. Il semble que, plus libres, ils soient aussi plus vigoureux. Leurs troncs, leur écorce, leur feuillage, annoncent une force de végétation extraordinaire. Là, des rochers, colorés de lichens d'un rouge ou d'un jaune éclatant, gisent dans un beau désordre. Plus loin, le gazon le plus vert, le plus frais, le plus uni, est couvert de troupeaux dont la rustique bergerie se dessine à travers les nuages. Les pâturages sont émaillés des fleurs de l'été. Le nord de la France a déjà vu s'envoler les semences ailées des chardons, tandis qu'ici les écailles de leurs calices les retiennent encore. On croit rajeunir en retrouvant ces fruits d'une saison passée : et les vives sensations que donne l'air des montagnes favorisent cette illusion. Ceux qui l'ont respiré ne me contrediront point. Il épure les sources de la vie, et facilite l'élasticité des poumons. Le sang circule mieux. On se sent plus agile et plus fort. Le contentement physique qui naît d'une bonne santé pénètre tous les sens. Et qu'on ne taxe point cette jouissance d'être trop matérielle! Qui ne sait que, dans cette heureuse disposition, les facultés morales acquièrent aussi plus de vivacité et d'énergie?

Il faisait nuit depuis long-tems, quand nous avons atteint le bourg de Champagnole. L'Ain le partage, et les chutes de cette rivière y meuvent plusieurs usines. Les habitans font un grand commerce des produits de leur industrie. Les rues sont mieux éclairées que celles de Paris.

MAISON-NEUVE. — SAINT-LAURENT.
MOREZ.— SOUVENIRS HISTORIQUES.— LES ROUSSES.— LA FAUCILLE.
GEX. — SÉCHERON.

Sécheron, 16 octobre 1819.

Tracée sur le penchant d'une montagne hérissée de rochers menaçans, la route se prolonge au fond d'une vallée, à travers des bois de sapins, de hêtres et de chênes. Le voyageur rencontre, de loin à loin, des prairies, quelques maisons champêtres; et plus haut, il aperçoit des chalets. C'est en parcourant ces paysages agrestes, au bruit de l'Ain qui n'est plus qu'un torrent tumultueux, qu'il atteint Maison-Neuve. Le plateau sur lequel ce hameau est assis a permis aux habitans d'encaisser les eaux qui le traversent, et de ménager une chute qui donne le mouvement à plusieurs moulins à planches. Puis vient le beau village de Saint-Laurent. Les voitures publiques s'y arrêtent. Un voiturin, parti de Gênes depuis peu de jours, affirme que l'Italie n'est point infestée de voleurs comme on affecte de le répandre. Pour lui, il n'a fait aucune fâcheuse rencontre, et n'a entendu personne se plaindre d'avoir été dévalisé. Au reste nous verrons bien, comme on dit vulgairement.

Hâtons-nous d'arriver à Morez, petite ville située de même sur l'Ain, dont nous ne quittons pas le cours, et dominée par une montagne qu'un défenseur des libertés de la France [1] a transformée en un jardin charmant. Ses maisons sont propres à l'extérieur et solidement bâties. Elle est renommée pour ses fabriques de clous et de fil de fer. On y vient des environs, et même de la Suisse, apporter toutes sortes de produits naturels ou industriels. C'est aujourd'hui jour de marché. Les places publiques sont encombrées de marchands et de denrées. Dans les magasins, la foule des chalands se presse et consomme ses achats. Les auberges sont pleines. Partout l'amour du travail se montre, et nulle part l'oisiveté. Cette activité commerciale au sein de montagnes arides, cet air de prospérité dans un pays presque inculte et sauvage, intéressent l'observateur curieux. Il

[1] Jobez.

se plaît à considérer comment l'intelligence mercantile supplée à la stérilité du sol. Il regrette que l'exemple de cette population laborieuse ne soit pas plus répandu.

La montée par laquelle on sort du val de Morez est rapide. Elle conduit jusqu'au relais des Rousses. Dès les premiers pas, chacun met pied à terre pour soulager sa monture ou son attelage. On marche de conserve et l'on se rapproche. Vainement j'aurais cherché à recueillir des détails sur la richesse du pays et les agrémens de son séjour. La conversation retombait de préférence sur les circonstances de la dernière invasion. Cette plaie est encore toute vive; et nul habitant ne résiste au besoin de s'en plaindre. Nos troupes, disent-ils, n'avaient plus l'ardeur qu'inspirent les succès. Cependant leur résistance ne manquait pas de courage, ni leur retraite d'habileté. Elles arrêtaient quelquefois l'avant-garde des ennemis et l'inquiétaient toujours, tellement qu'ils n'osaient se fier à la victoire. Aussi le pillage ne s'étendit-il pas d'abord au-delà des lignes de passage; mais, quand vinrent les traînards et les états-majors, il n'y eut plus d'asile si caché, de chaumière si reculée et si pauvre, que leur rapacité ne les découvrît. La misère elle-même n'échappa point à cette soif du butin. On vit des chefs déhontés offrir aux Français devenus depuis peu royalistes, de les venger de ceux qui ne se croyaient pas si tôt dégagés de leurs sermens. Sans s'inquiéter du retour, ces hordes, qui s'intitulaient les alliés de la France, ne laissaient après elles que le ressentiment profond du brigandage auquel elles se livraient. J'écoutais ces récits. Les villageois qui les faisaient y mêlaient l'énergie montagnarde de leur caractère. Le tems calme tous les maux. Il n'a pu adoucir encore ceux qu'ils ont soufferts. Ils portent au plus haut degré d'exaltation l'horreur de l'étranger. Mais, dans l'amertume de leurs regrets, ils n'élèvent aucun murmure contre nos soldats; ils n'accusent point leur chef malheureux. « N'est-ce pas que nos routes sont belles? me disait un salpétrier de Saint-Claude : elles ne l'ont pas toujours été. C'est notre brave empereur qui les a arrangées comme vous les voyez. Nous n'y passons jamais sans rappeler son nom avec reconnaissance. Il a trouvé assez d'ingrats, sans que nous en augmentions le nombre. Sa mémoire vivra! »

Le jour baissait lorsque je suis entré aux

Rousses. J'ai passé de nuit à la Faucille, sommité d'où l'on découvre le versant oriental du Jura, la Suisse, le lac Léman, la ville de Genève, les Alpes, les glaciers de la Savoie et la cime du Mont-Blanc. Rien n'égale la beauté de ce tableau que nous ne verrons point, car un épais nuage vient d'augmenter l'obscurité qui nous environne. Nous ne distinguons pas même la chaussée. Aucune barrière, aucune borne n'indique les précipices. Nous n'en sommes avertis que par le bruit des torrens qui coulent dans leurs profondeurs. Désormais il ne nous reste qu'à descendre pour arriver à Gex, et de là à Sécheron.

L'AUBERGE DE SÉCHERON.
RENCONTRE DU DUC DE B...—JONCTION DE L'ARVE ET DU RHÔNE.
GENÈVE.

Sécheron, 17 octobre 1819.

L'auberge de Sécheron est dans une situation charmante. Son jardin se termine par une terrasse qui domine le lac Léman. Le peu de distance qui la sépare de Genève n'ôte aux voyageurs aucun des plaisirs de la ville, et leur procure tous ceux de la campagne. Elle se recommande par des logemens commodes, de bons lits, une cuisine recherchée, des maîtres pôlis et des domestiques serviables : aussi la fréquente-t-on beaucoup. Dans ce moment les Anglais y abondent. La plupart, venus pour passer la belle saison en Suisse, achèvent leur séjour, ou se disposent à rentrer dans leur île. L'un d'eux, d'une corpulence énorme, a la singulière manie de ne laisser emporter de sa table aucun mets dont il n'ait entièrement vidé le plat. Toute la faculté genevoise le soigne pour une fausse apoplexie dont il a été frappé cette nuit, à la suite d'une indigestion.

Je dois trouver à Genève les premières lettres qui m'auront été adressées de Paris. Mon absence ne date que de quatre jours, et déjà il me tarde de m'assurer que je ne suis point oublié. Que sera-ce plus tard? Allons chercher des souvenirs. Mais n'aperçois-je point le duc de B...? Il est avec un de ses fils. Je l'ai connu simple journaliste : alors nous étions liés d'amitié. Devenu grand seigneur, il me perdit de vue. Ne me reconnaîtra-t-il point, maintenant qu'il porte dans l'exil la peine de son élévation imprévue? Sa démarche est embarrassée. La voix de deux Français l'inquiète. Il feint de regarder à travers la grille d'un parc, et de parler avec attention et chaleur. Ce n'est pas là ce qui l'occupe. Essayons de l'aborder. Je ne me trompais pas; le malheur rend accessible, communicatif. Son excellence se hâte de me dire qu'elle use ici les jours bien longs de sa disgrâce. Des amis intercèdent pour elle auprès de Louis XVIII. Elle s'attend à un rappel prochain, et s'étonne que je n'aie pas entendu raconter quelques détails sur ce qui la touche. De qui les aurais-je appris? Hélas! combien nous nous trompons aisément sur l'intérêt que l'on nous porte! et qu'il y a loin de cette illusion à la réalité! Quelque grande que soit notre importance à nos propres yeux, il est rare que nous en persuadions les autres; et souvent le tort n'est pas de leur côté. Le duc marchait près de moi. Nous ne parlions plus que de l'Italie. Il daignait me désigner les villes les plus curieuses et les meilleures couchées. Quelquefois ses regards se portaient vers le Jura. Quelles pensées devaient l'agiter à la vue de cette barrière qu'il ne pouvait franchir? « Voilà la France », lui ai-je dit. Il a baissé tristement les yeux; et je l'ai plaint intérieurement de n'avoir plus à s'y montrer à l'ombre d'un héros. De quelques honneurs qu'on ait été comblé, on aime que le reflet d'une couronne répande encore sur eux l'éclat qu'ils en empruntaient. Pour quelques-uns ce n'est qu'une jouissance d'amour-propre; mais pour d'autres une nécessité, parce qu'ils se trouvent ainsi dispensés de justifier une illustration récente. Combien l'histoire compte-t-elle de ministres, que la considération publique ait accompagnés dans leur retraite, ou vengés de leur proscription? Quant aux grands seigneurs des cours, à ceux qu'un caprice élève, et qui se plaignent d'être abaissés par un caprice, on n'en citerait presque pas un dont la chute ait inspiré quelque pitié. Pour moi, je vais voir la jonction de l'Arve et du Rhône. L'Arve a sa source au mont de l'Argentière, dans la Savoie; le Rhône, au mont de la Fourche, dans le Valais. Les eaux du premier sont bourbeuses et jaunâtres; celles du second, transparentes et du plus bel azur. Ils se rencontrent un peu au-dessous de Genève, se réunissent, et coulent assez loin sans se confondre, en gardant chacun leur couleur originelle.

La ville de Genève est bâtie sur le penchant d'un coteau. Le Rhône la partage en deux parties inégales. La plus élevée est habitée par les hautes classes de la république. Celle qui borde le fleuve et le lac l'est par les plébéiens, les marchands et les artisans. C'est dans ce quartier que des portiques en bois, surmontés d'un auvent, s'élèvent jusqu'au toit des maisons. Ces abris disgracieux interceptent la circulation de l'air, et donnent aux rues de l'obscurité. Les autorités publiques avaient placé le buste de Rousseau, sous un bel ombrage, au milieu d'une promenade dont on a fait depuis un jardin de botanique. Ce monument, érigé dans un accès d'enthousiasme au philosophe de la nature et de la vérité, comme les Genevois se plaisaient à le nommer, vient d'être renversé. En même tems ils ont agrandi leur hôpital des fous et rouvert leur théâtre. Long-tems divisés sur la question de savoir, si les spectacles convenaient aux mœurs républicaines et à la pratique de la religion réformée, ils se sont prononcés pour l'affirmative; et par là ils ont démenti en partie le portrait que Voltaire fait de leur ville :

>Noble cité, riche, fière, sournoise,
>On y calcule et jamais on n'y rit.
>L'art de Barème est le seul qui fleurit;
>On hait le bal; on hait la comédie.
>Du grand Rameau l'on ignore les airs.
>Pour tout plaisir Genève psalmodie
>Du bon David les antiques concerts;
>Croyant que Dieu se plaît aux mauvais vers :
>Des prédicans la morne et douce espèce
>Sur tous les fronts a gravé la tristesse [1].

On jouait au théâtre l'opéra français de *Joseph*, et la salle était pleine de spectateurs qui prenaient un grand plaisir à cette représentation.

[1] VOLT., poëme de *la Guerre civile de Genève*, ch. 1er.

TEMPÊTE SUR LE LAC LÉMAN.
GENÈVE ET LES GENEVOIS. — ASPECT DE LA SAVOIE.
SOUVENIRS HISTORIQUES. — THONON. — EVIAN. — MEILLERIE.
SAINT-GINGO. — ENTRÉE DE LA VALLÉE DU RHÔNE.
VIONNAZ. — SAINT-MAURICE.

Saint-Maurice, 18 octobre 1819.

Hier je me promenais sur le bord du lac Léman. Aucun mouvement n'en troublait la surface. L'air était calme, le ciel serein. Un pêcheur, qui abritait sa barque le long de la grève, m'a annoncé une tempête prochaine. Je ne pouvais le croire, et je m'amusais à considérer Genève, les montagnes de la Savoie, et les bateaux qui se hâtaient de regagner le bord. Par momens le pêcheur se détournait de son travail, pour me nommer les divers sites que je remarquais. J'en calculais les distances et l'étendue. Quand je me trompais il me reprenait; et je cherchais à m'expliquer les méprises où nous jettent les grandes scènes de la nature, avant que l'expérience nous ait familiarisés avec leurs dimensions. Tout-à-coup un vent furieux s'est élancé de l'Orient, chassant devant lui des nues épaisses.

En quelques minutes, le sommet des monts s'est chargé de neige. La température est devenue glaciale; des vagues se sont élevées : elles se brisaient sur le rivage et le couvraient d'écume. Ni le coucher du soleil, ni la nuit, n'ont apaisé cette tempête. Ce matin elle conserve la même violence. On veut nous retenir. « Les torrens seront gonflés, dit-on; des lavanges descendront brusquement dans les vallées; quelque tourmente éclatera. » Ne cédons point à ces vaines terreurs. Elles ne sont que le prétexte des instances que l'on nous fait, et des conseils que l'on nous donne. On se gardera d'en trahir le motif véritable. L'appât du gain suggère seul les témoignages de ce faux intérêt. Tout cela sent le terroir. Prenons le chemin qui mène en Savoie. Il nous faudra d'abord traverser la ville et le territoire de Genève; mais une heure suffira pour ce trajet. Ce serait une grave erreur, de mesurer l'importance de cette république, sur celle que se donnent ses magistrats. A leur gravité sénatoriale, à leur suffisance aristocratique, on les croirait, pour la plupart, chargés de régler les destinées du plus vaste empire. Inaperçus qu'ils sont en Europe, et peu influens sur la confédération helvétique, ils s'efforcent d'obtenir dans leurs foyers la considération ou les égards dont on se dispense au dehors. Il n'est pas jusqu'aux citoyens et aux bourgeois qui n'affectent une morgue ridicule. Les enfans même sont sérieux; et, sous un extérieur réfléchi, la jeunesse ne cache le plus souvent qu'un cœur froid, un savoir pédantesque, et un rigorisme de principes moraux ou religieux, qu'il n'est pas rare de voir se démentir dans la pratique. La restauration du régime républicain a fait revivre tous ces travers de l'éducation nationale. A la vérité, la gloire d'avoir triomphé de la maison de Savoie n'est plus la seule que Genève ait à inscrire dans ses annales. Elle peut encore se vanter d'être entrée, avec autant d'ardeur que d'impuissance, dans la défection qui a livré la France aux rois de l'Europe, et d'en avoir reçu, à titre d'indemnité, la commune française de Saconnet, et je ne sais quel autre petit territoire. Ses prétentions ne se seraient pas bornées à ce mince agrandissement, si elle eût eu quelque moyen de les appuyer; mais ne pouvant alléguer auprès de la ligue européenne, ni le courage de ses soldats, ni la sagesse de ses conseillers, force lui fut de se contenter de la portion de nos dépouilles, que daignèrent lui abandonner ceux qui les partageaient. Personne alors ne défendait la France. Il y avait même des Français indignes de ce nom, qui se faisaient gloire de son humiliation; et c'était au nom de la morale publique que Wellington encourageait la spoliation de nos musées.

Poursuivons. La chaussée longe le lac. A droite s'étend la chaîne des montagnes de la Savoie. La cime grisâtre de la Dent d'Oche les domine. Vis-à-vis s'élèvent les Alpes de la Suisse. Elles étalent leurs forêts de sapins et leurs pâturages émaillés de fleurs. Des roches stériles les couronnent. A gauche, sur la rive opposée, s'offrent Nyon, Rolle, Morges, Lausanne et les riches vignobles du canton de Vaud; puis Vevay, Clarens, Montreux, lieux charmans qui rappellent les amours de Saint-Preux et d'Héloïse. Ces tableaux imposans et champêtres ramènent le souvenir des premières émotions de la jeunesse. Ils agitent le cœur, animent la pensée, exaltent l'imagination. Cependant combien ils perdent de leur charme aux yeux du voyageur, aussitôt qu'il porte ses regards autour de lui! On ne l'avertirait pas de son entrée en Savoie, qu'il s'en apercevrait aisément. Aux maisons élégantes et propres de la Suisse, ont succédé des masures à demi ruinées. La culture de la terre est moins soignée. Les habitans sont couverts de haillons. Il y a dans leurs traits quelque chose d'humble et d'ignoble qui répugne, et que ne rachète point leur air de candeur et de probité. La fierté naturelle à l'homme, le bien-être aujourd'hui si commun dans nos campagnes, ne sont-ils donc plus où la liberté n'existe pas? Et les peuples doivent-ils méconnaître long-tems l'influence des institutions libérales sur le bonheur public et privé? Au reste, si les Savoyards ont les dehors de la misère, leurs prêtres du moins en paraissent exempts. A chaque pas on en rencontre. Ils sont bien vêtus, bien nourris. Sous les larges bords de leurs chapeaux, on voit briller leurs yeux hardis et équivoques. S'ils saluent, ce n'est que d'une légère inclination de tête. On dirait des maîtres qui parcourent leurs domaines, et que la population entière ne travaille que pour eux.

De petites villes sont éparses sur le rivage, à peu de distance les unes des autres. Ripaille se distingue entre les premières, par la célébrité que lui a donnée la retraite d'Amédée VIII de Savoie. Au commencement du quinzième siècle, ce prince souverain quitta, pour cette résidence, ses états et ses enfans. Plusieurs seigneurs de sa cour l'y suivirent. Il y bâtit un palais superbe, qu'il nommait son Ermitage. Tous ceux qu'il y admit portaient comme lui le nom d'ermite. Les femmes étaient exclues de leur société. Ils laissaient croître leur barbe. Leur costume se composait d'une robe de drap gris très-fin, d'un bonnet d'écarlate, et d'une ceinture d'or à laquelle pendait une croix du même métal. Loin de s'imposer aucune austérité, ils étaient logés avec magnificence; les mets les plus exquis couvraient leur table; leurs repas étaient longs et joyeux. Ils donnaient peu de tems à la prière, et beaucoup au repos et à la sensualité; ce qui n'empêcha pas que leur chef ne fût élu pape par le concile de Bâle, en 1439. C'est de la vie voluptueuse de ces singuliers cénobites, qu'est venue l'expression proverbiale de *faire ripaille*.

A Thonon, les toits des maisons avancent jusqu'au milieu des rues, qui sont sales et étroites. Une obscurité presque continuelle y règne. Du haut de la promenade publique, la vue embrasse le lac et ses environs. Plus loin vient Evian, justement renommé pour la beauté de son site, et pour ses eaux ferrugineuses très-fréquentées en été, malgré la difficulté et l'incommodité des logemens. Aucun ornement n'en embellit la source. Elle coule par deux tuyaux, dans un bassin rustique qu'elle a jauni de ses dépôts. Un portique en bois abrite les buveurs contre les orages. La foule y est moins attirée par aucune vertu sanitaire des eaux, que par la vivacité de l'air, et par le voisinage des montagnes qui offre l'occasion de prendre un exercice salutaire et agréable. Au milieu de la place principale d'Evian, Napoléon fit construire une fontaine d'eau commune. Un obélisque la décore, surmonté d'un aigle aux ailes déployées. Comment ce monument n'a-t-il été ni mutilé ni détruit? Au contraire, la reconnaissance publique le vénère et le protège.

Au-delà d'Evian, les champs sont plantés de vignes, dont les longs ceps s'appuient sur des ormes et des érables. Leurs pampres entrelacés forment de toutes parts des festons et des guirlandes. Parmi le feuillage empourpré par les premiers froids de l'automne, on aperçoit de longues grappes de raisins noirs comme l'ébène. Le chemin est bordé de noyers et de châtaigniers immenses, dont une écorce lisse et de larges feuilles annoncent la vigueur. Ils sont chargés de fruits qui viennent presque sans aucun soin, et composent une des plus grandes richesses de la contrée.

Déjà se manifestent les ouvrages surprenans qui nous conduiront au Simplon. Des masses de granit barraient le passage. La mine y a pénétré. Une route spacieuse et facile s'est ouverte à travers des montagnes naguère inaccessibles. De faibles barrières, quelques bornes indiquent les bords les plus escarpés du lac. Elles empêchent de trop en approcher. Quelquefois le précipice est à découvert, et l'on aime à braver ce danger d'un moment. Du côté opposé sont des murs sillonnés par la poudre. Leurs fondations touchent au centre de la terre, et les nuages se balancent à leur sommet. Sous cette nouvelle forme, Héloïse elle-même ne reconnaîtrait plus les rochers de Meillerie. Avec leur aspect sévère, ils ont perdu leur solitude. La main des hommes a détruit les beautés sauvages que Saint-Preux se plaisait à contempler. Les chiffres qu'il y traça sont effacés. L'art a substitué sa régularité au désordre de la nature; et le style même de Rousseau y perdrait ses grâces et la puissance de sa magie.

La Savoie, qui touche presque aux portes de Genève, finit à Saint-Gingo. Là, le Valais commence. Le village est partagé entre ces deux états. La Morgue, torrent qui sort de la vallée d'Oche et coule du midi au nord, marque leur délimitation. « Vous quittez les royalistes, m'a dit avec emphase le maître de poste, et vous arrivez chez des républicains. Là vous voyez des sujets, ici des hommes libres. » Et il se haussait, d'un air fanfaron, sur la pointe de ses pieds. « En voudriez-vous donc à vos voisins, lui ai-je demandé, de n'être pas, comme vous, appelés à se gouverner eux-mêmes? — Nullement : nous vivons au contraire en bonne intelligence. Mais vous, messieurs les Français, qui avez tant combattu pour la liberté, vous devez comprendre quelle supériorité nos droits civiques nous donnent sur eux. La pitié que nous inspire leur asservissement tempère l'humeur inquiète dont nos institutions libérales peuvent nous rendre susceptibles. Nous les plaignons; et ils ne repoussent point ce sentiment de condoléance : tant ils sont accoutumés aux inégalités sociales les plus humiliantes! Il nous serait facile d'exercer chez eux le prosélytisme ; nous préférons confier leur conversion politique à notre propre exemple, qui tôt ou tard les séduira peut-être : car les orages de la liberté l'emportent de beaucoup sur le repos de l'esclavage. — Vous parlez comme le premier des orateurs romains.—Je ne l'ignore pas ; les républiques ont un langage et des traditions dont la mémoire est impérissable.»

Toutefois je lui aurais voulu moins d'érudition et de meilleurs chevaux. Il n'y en avait aucun dans son écurie, qui fût comparable à ceux que nous avions eus jusque-là. Ce n'est pas sans peine et sans perdre beaucoup de tems, que nous avons atteint l'entrée de la vallée du Rhône, où ce fleuve se jette dans le lac de Genève. On s'attend que cette jonction offrira quelque imposant spectacle; que le refoulement des eaux produira quelque bouillonnement, quelque curieux effet de lumière : il n'en est rien. A peine l'impulsion du courant est-elle sensible. Aucun bruit ne se fait entendre ; pas le plus léger murmure. Mais la vallée est délicieuse. Des arbres d'une végétation admirable couvrent de leur ombre de gras pâturages. Le son du cornet suisse, le mugissement des vaches, la clochette de l'agneau préféré, retentissent au loin, et sont répétés par les échos. L'aisance et la propreté règnent dans les habitations. La race des Crétins n'a point infecté cette frontière.

Vionnaz, l'un des relais les plus considérables, brûla en 1800. Cet incendie éclata durant une longue sécheresse ; le vent en augmenta les ravages : tout fut consumé, maisons, bestiaux et moissons. Le souvenir en est encore présent à la mémoire des habitans. Les curieux que notre arrivée avait rassemblés auprès de la maison de poste en parlaient avec douleur. Le tems qui s'est écoulé depuis n'a pu sécher leurs larmes ni réparer leurs pertes. On est touché de leur accent mélancolique, de la naïveté de leurs expressions, et de la résignation qu'ils témoignent.

Nous arrivons à Saint-Maurice. Il est neuf heures du soir. La profondeur du vallon augmente l'obscurité de la nuit. Il est tellement étroit, qu'à une petite distance les montagnes semblent se confondre, et ne plus offrir d'issue. L'atmosphère immobile et comprimée gêne le jeu des poumons. L'imagination ajoute à cette contrainte. On se sent oppressé. La crainte de ne pouvoir respirer éloigne le sommeil que la fatigue amène pourtant, et qui dissipe enfin ces trompeuses illusions.

SAINT-MAURICE. — LA ROUTE DE BEX.
BEX ET SES SALINES. — LE NATURALISTE EM. THOMAS.
LA CASCADE DE PISSE-VACHE. — LE TORRENT DU TRIENT.
MARTIGNY. — IRRUPTION DU LAC DE GIESTROZ.
LES CRÉTINS — RIDDES. — SION.

Sion, 19 *octobre* 1819.

On compte à Saint-Maurice huit ou neuf mois d'hiver. Dans les plus longs jours d'été, le soleil s'y montre rarement, et comme à la dérobée. Ses rayons n'éclairent que les sommités inhabitées, et seulement pendant un petit nombre d'heures. On ne le connaît que par les regrets que cause son absence. Le lever de l'aurore, les feux du couchant, sont des phénomènes ignorés de la majeure partie des habitans. Pour y assister, il leur faut escalader, avec danger, des hauteurs escarpées qu'ils n'atteignent point sans une grande fatigue. Le défaut de lumière donne à tous les objets une teinte monotone. La verdure est sombre et dépourvue de variété. Le peu de fleurs qui s'y mêle manque de couleur et de parfums. Les fruits ont peu de saveur. Les enfans sont sans gaîté ; les femmes sans fraîcheur ; et les hommes ont contracté une lenteur dans les habitudes de leur corps, et dans leur langage une prosodie traînante, qu'on prendrait pour autant de symptômes d'une convalescence difficile.

Mais de riches sujets de paysage se présentent de toutes parts. Le spectateur n'a que l'embarras du choix. Vers le nord se prolonge la fertile vallée du Rhône. Le fleuve coule au fond d'un ravin. On entend le bruit de ses cascades à travers les rochers qui s'opposent à son passage. Quelquefois on en voit bouillonner l'écume. Un pont en pierre, d'une seule arche, le traverse à l'extrémité du village de Saint-Maurice, et sépare le Valais du canton de Vaud. Au-dessus est construite la maison du préposé au péage, flanquée d'une tourelle gothique. En avant, sur le premier plan, se dessinent, à droite et à gauche, de hautes montagnes. La vigueur de leurs tons, leurs roches pittoresques, les masses de sapins qui se détachent sur un fond léger et vaporeux, repoussent les lointains, agrandissent l'espace, et réalisent les compositions imaginaires des peintres les plus habiles. C'est par là que l'on se rend aux salines de Bex. Le chemin passe entre de nombreux héritages fermés de haies, de claies, de petits murs de silex, de clôtures de toutes formes et de toutes dimensions. Tantôt ce sont de petits champs cultivés; tantôt des prairies qu'arrosent des filets d'eau distribués avec intelligence : partout des arbres d'un diamètre surprenant et d'une grande élévation dressent leurs branches vers le ciel, comme pour y chercher la chaleur et la lumière.

Le village de Bex n'est remarquable que par l'exploitation des sources salées qui y ont été conduites. Ces sources appartiennent au gouvernement du canton de Vaud. Il les fait administrer par un agent spécial. La plus riche contient douze parties de sel sur cent. La moins productive n'en contient qu'une seule. On soumet directement la première à l'évaporation, par les procédés ordinaires. La seconde subit d'abord le travail de la graduation. Les usines qui servent à ces préparations diverses se groupent dans le voisinage de Bex, sur un plateau assez étendu, bien planté et situé agréablement.

On entre dans leur enceinte par une barrière ornée de deux bornes monumentales. Sur l'une est gravée l'inscription suivante :

LIBERTATE INCULTA VIRESCUNT. 1815[1].

Sur l'autre celle-ci :

PATRIÆ PATRIBUS CULTORES. 1815[2].

Combien est touchante cette expression simple de la reconnaissance des citoyens pour les magistrats du pays ! Que ces mots, *liberté, patrie*, sont doux à rencontrer ! Dans cette même année 1815, il n'était permis à la France de les inscrire nulle part, tandis qu'ici ils encourageaient toutes les industries. La plus grande activité règne en effet dans l'établissement que nous parcourons. Tout y est calculé pour économiser le tems et la main-d'œuvre. On a tiré, de la différence des niveaux, le parti le plus avantageux. La hauteur des fourneaux facilite l'écoulement des chaudières dans les bassins d'évaporation. Ceux-ci se trouvent également placés au-dessus des magasins, de sorte que l'entassement des cristaux s'opère, pour ainsi dire, de lui-même, en les abandonnant à leur

---

[1] La liberté féconde les déserts.
[2] Les laboureurs aux pères de la patrie.

propre pesanteur. Les mêmes combinaisons ont été adoptées pour la graduation. Des pompes en bois, d'un mécanisme aussi peu compliqué qu'il est ingénieux, et mues par une chute d'eau courante, portent l'eau salée dans les étages supérieurs d'un hangar qui a trois cent dix pieds de long, quarante pieds de large et soixante-dix de haut. De là, retombant en pluie à travers les fagots destinés à concentrer le sel, elle se réunit dans un réservoir, pour passer ensuite à l'action du feu, se cristalliser, et, sous cette nouvelle forme, s'amonceler dans les magasins.

Les souterrains qui conduisent aux sources salées sont éloignés de l'établissement des salines. Un vieillard en a les clefs. Il remplit à la fois les fonctions de concierge et de surveillant. Après avoir invité les voyageurs à s'inscrire sur son album, il leur donne un guide, une lampe allumée, et il leur recommande d'être prudens. Quelques-uns se revêtent d'une casaque de mineur, et se coiffent d'un capuchon : cette précaution n'est utile que pour descendre dans les puits. On s'achemine ensuite vers l'entrée de la montagne. Un couloir humide, long de plusieurs centaines de pas, aboutit à une salle pentagone qui a quarante mille pieds cubes de capacité. Elle est, comme le couloir, creusée dans le roc. La maçonnerie n'a été employée que pour soutenir l'excavation de l'enveloppe terreuse de la montagne. La partie inférieure de cette salle est pleine d'eau salée, qu'on y tient en réserve pour que les travaux ne soient pas interrompus, lorsque les canaux ordinaires éprouvent quelque accident. Une galerie de trois pieds de large règne à l'entour. Le plafond, taillé horizontalement, s'appuie sur cinq piliers de sept à huit pieds de diamètre. Elle a été illuminée dernièrement, à l'occasion du passage d'une princesse allemande; et l'on y a donné un concert. Les ouvriers qui assistaient à cette fête disent que la réverbération des lumières à la surface de ce lac factice, et le retentissement du son des instrumens, produisaient un effet merveilleux.

En pénétrant plus avant, on parvient à l'un des puits principaux. Il a huit cents pieds de profondeur perpendiculaire. On y descend par des échelles qui reposent sur des plates-formes construites de douze en douze pieds. Une pierre du poids de quatre onces met, pour tomber au fond, autant de tems qu'il en faut pour compter jusqu'au nombre cinquante-deux. Au-delà de ce puits, est un atelier où quelques mineurs continuent le percement de la montagne. L'air et l'espace ne permettent d'en employer qu'un petit nombre à la fois. Ils se relaient de six en six heures. Les mêmes ne travaillent qu'une fois par jour. Ils vont à la rencontre d'autres mineurs qui creusent en sens inverse, et qui sont partis de l'origine même de la source. Le but de cette entreprise, dont on vante beaucoup la précision, est d'amener l'eau salée à Bex par une voie directe, et d'éviter, par là, les inconvéniens et les frais du détour qu'elle fait maintenant.

Quelque intérêt qu'inspirent la vue de ces ouvrages industriels, les précautions qui y président, et l'appréciation de leurs résultats, la curiosité s'épuise promptement sous ces voûtes réfroidies par des infiltrations continuelles. La vue des mineurs inspire aussi une pitié dont la durée serait pénible. Revenons donc sur nos pas. Quelle est cette jolie ferme bâtie au pied d'une colline, sur le bord d'un ruisseau? Son extérieur n'est exempt de recherche ni de goût. Elle appartient à M. Em. Thomas, naturaliste distingué, qui s'y est fixé pour se livrer sans distraction à ses études favorites. Un petit domaine en dépend. Il se compose d'un jardin, d'un verger, de quelques champs et d'une portion de forêt. On coupe dans ce moment des sapins nécessaires pour une construction projetée, et le propriétaire est allé, en herborisant, diriger les bûcherons. Son vieux père nous accueille. Pour l'aider à nous donner l'hospitalité, il appelle la femme de son fils. Elle est d'une taille moyenne, jeune, bien faite et d'une figure agréable. Tous deux ont des vêtemens d'étoffe grossière, mais propres, et qui contrastent avec leur exquise politesse et les termes choisis dans lesquels ils s'expriment. Leur physionomie annonce une douce bienveillance. On y lit la paix de l'ame, le calme et le bonheur de la vie champêtre. Ni la rigueur du climat, ni la solitude, ne paraissent avoir altéré l'égalité de leur humeur. Le son de leur voix est affectueux, prévenant. Ils se suffisent à eux-mêmes, et sont heureux sans doute. Que la mort, que les infirmités viennent à atteindre un des membres de cette famille, la douleur des autres ne sera-t-elle pas mille fois plus amère, dans cet isolement absolu? Ce séjour aujourd'hui si cher, auquel l'habitude les attache chaque jour davantage, et dont le moindre embellissement est un sujet de joie, ne deviendra-t-il pas d'autant plus odieux à ceux qui survivront? Toute petite qu'est cette maison, ne s'y fera-t-il pas alors un vide immense? Ce vieillard, cette femme, n'ont point l'air de le prévoir. Satisfaits du présent, ils ne pensent pas que l'avenir doive changer leur sort. Puisse-t-il en être ainsi! car on répugne à l'idée qu'une vie si bien arrangée, si appropriée aux goûts et aux sentimens de ceux qui se la sont faite, puisse éprouver le moindre trouble. Aucun d'eux n'est oisif. Chacun a pris sa part des soins et des travaux du ménage. L'étude des sciences naturelles occupe leurs loisirs : et la vente des collections de plantes, de minéraux et d'insectes trouvés dans les environs, contribue à augmenter l'aisance commune.

L'heure s'avance : revenons à Saint-Maurice. Pour ne rien perdre de l'aspect du pays, nous devons arriver à Sion avant la nuit; et plusieurs relais nous restent à parcourir. A moitié chemin de Riddes, nous arrêterons-nous pour voir la cascade de Pisse-Vache, si souvent dessinée par les amateurs et les artistes? Son volume et ses accidens ne justifient point sa renommée.

De loin à peine on la voit, et de près son effet est mesquin. Lancée d'un seul jet, du sommet d'où elle s'épanche, elle retombe presque aussitôt sur le flanc de la montagne qu'elle parcourt à petit bruit. Le bassin qui la reçoit n'a rien de curieux; et le paysage environnant n'offre lui-même aucune des beautés qu'on rencontre si fréquemment dans les Alpes.

Les lits des torrens qui sillonnent les deux côtés de la vallée ne nous retiendront pas non plus. Ces amas de cailloux roulés, ces roches disséminées, ces rives déchirées, ces digues élevées pour empêcher les inondations ou en arrêter les ravages, ne présentent qu'une suite de tableaux uniformes. Toutefois le torrent du Trient doit être excepté. Ses eaux abondantes et rapides sortent avec impétuosité du sein d'une montagne qui s'est ouverte pour lui donner passage. On le voit jaillir d'un antre profond, dont la voûte menace de s'écrouler sur ceux qui s'en approchent. A peine échappé de cette source obscure, il court en grondant. Des cailloux se mêlent à ses flots. Il écume contre le moindre obstacle, le renverse ou le franchit, et va se précipiter dans le Rhône. Tout auprès, sur des pieux fragiles, quelques planches de sapin, clouées grossièrement, reçoivent l'eau tranquille d'une fontaine, et la portent loin de là, dans un village qui en manque. Parmi ces masses imposantes, ces rochers, ces torrens, qui ne parlent qu'aux imaginations romanesques, aux inspirations des poètes, au génie des peintres, on aime à rencontrer ce frêle aqueduc, monument d'une industrie rustique, dépourvu d'art, et que son utilité semble protéger. On fait des vœux pour qu'il ne soit atteint par aucun des bouleversemens dont les débris sont épars autour de lui.

Mais quelle nouvelle scène nous attend? Une épaisse couche de sable couvre la terre. Les prés, les champs, ont disparu sous cette enveloppe stérile. Le sol est jonché de pierres énormes, d'arbres déracinés, de poutres, de madriers, de pièces de charpente, de décombres de toute espèce. On n'aperçoit plus l'ancienne route. Des ouvriers en font une nouvelle. Sur les murs des habitations, sur quelques arbres restés debout, une ligne grise est empreinte à la hauteur de quinze pieds. Quelle dévastation! que de misère! quel fléau a ravagé cette malheureuse contrée? A l'entrée de la commune de Martigny, on lit ces mots : « Voyageur,

pleure sur notre infortune, et console-nous. »
La curiosité s'augmente par la compassion. Le
premier venu va la satisfaire. Dans la cour
même de l'auberge, avant qu'un logement nous
eût été indiqué, le maître de poste nous a conté
le désastre que tout le pays ne cesse de déplorer.

« Le lac de Giestroz, a-t-il dit, s'écoulait
autrefois par une pente insensible, du haut de
la montagne dont les sources l'alimentent. Durant un hiver rigoureux, des glaçons s'amoncelèrent en cet endroit. Un glacier se forma.
Les eaux ne trouvant plus d'issue, l'étendue du
lac s'accrut considérablement. Le gouvernement, qui en observait les progrès, le fit mesurer. Il avait sept mille cinq cents pieds de long,
sur trois cent vingt de large, et une profondeur
de cent quatre-vingts pieds. Dès-lors on s'occupa de le contenir. Des accidens survinrent
l'an dernier, dans les premiers jours de juin.
Ils firent naître des craintes sérieuses. Le 11 et
le 12 du mois, des avis officiels annoncèrent
l'imminence du danger. Quatre jours plus tard
il n'y eut plus aucun moyen de l'éviter. Les
signaux d'alarme furent donnés. Quelque promptitude que l'on mît à les répéter, ils ne purent

devancer l'irruption des eaux, occasionée par la rupture du glacier et des digues dont on l'avait étayé. La vallée de Martigny fut tout à coup inondée. Elle devint le lit d'un fleuve impétueux. Quelques maisons, quelques arbres résistèrent seuls à la violence des courans. Hommes, bestiaux, habitations, tout fut entraîné dans un affreux désordre. J'eus le bonheur d'atteindre, avec mes enfans, les hauteurs de la montagne prochaine. Cinquante habitans de ce village périrent. Nous avons trouvé une pauvre femme âgée, noyée au pied de cet escalier, à l'endroit même où vous êtes. Il y a deux lieues d'ici à la chaumière qu'elle habitait. Elle y rentrait chargée d'un fagot, lorsque ses voisins la virent emporter par les eaux, sans pouvoir la secourir. Vous trouverez partout des traces de la catastrophe qui nous a ruinés pour long-tems, et des inscriptions destinées à solliciter votre charité. »

En effet, des vers latins, affichés à la porte de la salle à manger, disaient les détails de ce malheur, et retraçaient la douleur générale. Partout, dans des termes différens, le même récit s'adressait aux passans; et un tronc, placé tout auprès, était destiné à recevoir leurs dons.

Toutefois personne ne mendiait. Les autorités locales avaient voulu épargner à leurs concitoyens cette humiliation, et s'étaient chargées de partager les aumônes : précaution touchante qui n'embarrasse ni celui qui donne ni celui qui reçoit; et, en laissant au premier la liberté de mesurer le bienfait sur ses facultés, n'impose pas au second le devoir de la reconnaissance.

Avant d'arriver à Martigny, on a déjà rencontré un plus grand nombre de Crétins. Désormais chaque village a les siens : population hideuse, aussi repoussante par sa stupidité, que son organisation physique inspire de dégoût. Sans leur figure humaine, les Crétins prendraient rang au-dessous de la bête, dans la série des êtres animés. Ils ont la taille longue, les jambes courtes, et une nonchalance idiote dans leur allure. Soit qu'ils se meuvent ou qu'ils restent en repos, toute faculté de penser leur semble interdite. Ils ont la tête carrée et difforme. Des sourcils étroits, qui se touchent et s'élèvent diagonalement vers les angles de leur front, surmontent leurs yeux rouges et chassieux. A travers leurs paupières ridées, serrées l'une contre l'autre, à peine aperçoit-on une petite portion de leur prunelle. C'est par cette fente qu'ils voient, sans qu'il soit possible de découvrir leur regard, ni, sur le reste de leur visage, l'expression d'aucun sentiment, la trace d'aucune sensation. De même que les Kalmoucks, ils ont le nez épaté et l'intérieur des narines apparent. Leur grande bouche est dépourvue de lèvres. A leur cou pendent des goîtres, qu'ils enveloppent et soutiennent à l'aide de sales chiffons. Leur voix grêle ne rend que des sons discordans et sauvages. Ces monstres-là se recherchent, se marient, et se reproduisent dans toute la pureté de leur espèce. Quelques-uns travaillent. La plupart tendent la main et demandent la charité. Une superstition populaire veut qu'ils portent bonheur au village qu'ils habitent, aux maisons qu'ils fréquentent. Les plus crédules les veulent avoir pour voisins. Malgré l'heureuse influence qu'on leur suppose, ils paraissent chercher à regret les moyens de subvenir aux besoins de leur existence. Assis la plupart du tems à la porte des auberges, et dans une complète immobilité, ils regardent fixement le même objet, ou parlent brièvement entre eux, sans joindre aucun geste à leurs paroles, sans donner le moindre signe de joie, de tristesse ou d'attention. En les voyant, vous diriez qu'insensibles à la distance qui les sépare de vous ils ont néanmoins une sorte de perception de la répugnance qu'ils vous inspirent. Des êtres aussi disgraciés devraient faire ressortir la race des Valaisans. Soit qu'elle n'ait naturellement ni vigueur ni beauté, ou qu'en se croisant avec les Crétins elle ait altéré ses qualités natives, on n'y trouve ni proportions élégantes, ni énergie, ni agilité, aucun des dons que la nature prodigue à ceux qui sont nés dans les montagnes. Un extérieur abandonné, la malpropreté de la maison, le manque de soin pour l'enfance, et la paresse, se remarquent en tous lieux. De Riddes à Sion le même tableau ne cesse de se reproduire. La fertilité du sol n'ajoute rien au bien-être des habitans. La crainte des goîtres les tient dans une stupeur continuelle, et nuit peut-être au développement de leurs facultés. Une jeune et jolie fille de Bex nous servait ce soir à table. Son costume étranger, sa tournure séduisante, la faisaient distinguer près de ses maîtres et parmi ses camarades. Elle était gaie et causeuse. Je l'ai félicitée d'avoir échappé à la contagion presque générale. « Hélas! m'a-t-elle répondu : que je ferais bien mieux de retourner dans mon pays ! Déjà je ressens les premières atteintes de cette infirmité ; mais la pauvreté de mes parens m'a conduite ici et me force d'y rester. » Vainement ensuite lui avons-nous adressé la parole. Son enjouement avait disparu; et une sombre tristesse n'a pas tardé à le remplacer.

SION. — UN ERMITE. — SIERRE.
LEUK. — LA SOURCE. — LE CHATEAU DE..... — TOURTEMAGNE.
SON CURÉ ET SA CASCADE. — VIÉGE. — BRIGG.

Brigg, 20 octobre 1819.

Sion, capitale du Valais, est bâtie à quelque distance du Rhône et sur sa rive droite. Ses rues ont peu de largeur. L'inégalité du sol les rend très-rapides. Quelques portiques abritent les piétons. La chaussée est mal pavée. Les maisons, dépourvues de régularité et d'ornemens extérieurs, n'offrent au-dedans comme au-dehors qu'une saleté repoussante. Les places publiques sont encombrées d'immondices. Partout s'exhalent des miasmes infects. Parmi cette ordure se meut nonchalamment une population oisive, et catholique jusqu'à la plus stupide superstition. Peu d'heures se passent sans qu'on entende la cloche de quelque couvent. Il y en a un grand nombre d'anciens. On en construit de nouveaux. Les moines et les religieuses de tout ordre et de toute règle y abondent, depuis les capucins jusqu'aux jésuites, depuis les clairettes jusqu'aux dames de l'Annonciade. Peu de familles sont exemptes de la direction d'un prêtre. Retiré dans les environs, un vieil ermite complète cette milice papale. Ceux que les exhortations de la chaire, les admonitions secrètes, les conseils clandestins ne convertissent pas, ou ne maintiennent pas dans les voies de l'église, on espère les toucher par l'exemple de ce dévot personnage. La singularité de sa vie le tient en odeur de sainteté, à plusieurs lieues à la ronde. Il habite un trou creusé dans le roc, sur le penchant d'une haute montagne, à une heure de la ville. Son gîte touche à une double chapelle. Image du chemin du ciel, le sentier qui y conduit est souvent difficile, partout escarpé, et hérissé de pierres et d'épines. De petits oratoires, propres pour de pieuses stations, en marquent successivement les approches. Chacun renferme la peinture de quelque épisode de la passion de Jésus-Christ. Les plus dévots vont de l'un à l'autre sur les genoux. La foi publique attache à ce pèlerinage des indulgences, des absolutions, voire même des miracles, selon les dispositions plus ou moins pénitentes de celui qui l'a entrepris. L'on vous

dira que des pécheurs endurcis y sont revenus
de leur erreur ; que des maladies incurables en
ont été guéries ; et que de franches réconcilia-
tions y ont éteint des haines invétérées.

Ne vous attendez d'ailleurs à rien voir qui
compense la fatigue de cette excursion. Le pré-
tendu saint est un allemand de Donaueschingen,
qui parle à peine sa langue. Il est devenu crétin
et stupide. Trop vieux pour aller quêter, il a
pris un compagnon, grand garçon de vingt-cinq
ans, qu'il élève, dit-il, et auquel il destine la
double succession de sa renommée et de son
ermitage. Déjà la paresse commence en effet à
abrutir le digne écolier d'un tel maître. Une
cloche indique la porte de leurs cellules où ils
peuvent à peine se mouvoir. Un grabat qui tombe
en poussière, un coffre vermoulu, quelques
écuelles, deux cuillers de bois, composent leur
mobilier. L'âtre où ils cuisent leurs alimens n'a
point d'issue. La fumée des racines et des branches de sapin qu'ils brûlent, élaborée par leurs
poumons et mêlée à leurs propres émanations,
leur sert d'atmosphère. Tout cet intérieur en a
contracté une couleur de suie dont on a peine
à les distinguer eux-mêmes, et une odeur fétide
qu'on ne peut supporter pendant quelques se-

condes. Je ne sais ce qui doit étonner davantage, de la jonglerie de ces deux fainéans, ou de la crédulité qui les vénère et les nourrit.

Reprenons la route qui mène au pied du Simplon. Elle continue de côtoyer le Rhône. Les mêmes sites se succèdent des deux côtés de la vallée. Deux chaînes secondaires des Alpes se prolongent à droite et à gauche. Tantôt très-rapprochées, elles offrent à peine assez de place pour le lit du fleuve et le passage des voyageurs : tantôt plus éloignées, elles laissent voir quelques intervalles dont l'agriculture et le pâturage se sont emparés ; mais, dans les lieux même les moins stériles, on ne rencontre que des villages pauvres, une population misérable, des crétins, de maigres troupeaux, des champs mal labourés, et des clôtures qui tombent en ruines.

Aux environs de Sierre la scène change. Le lit du Rhône devient plus inégal, et le bruit de ses cascades augmente. Quelque ancienne commotion a ébranlé cette partie des Alpes. Leurs couches calcaires sont devenues presque verticales, d'horizontales qu'elles étaient. Arrachés de leur base, détachés des flancs ou du sommet des montagnes, les rochers ont roulé çà et là, et sont descendus jusqu'au bord du fleuve. Un désordre imposant se montre de toutes parts. Dans le lointain, à mi-côte, on découvre les deux clochers du village de Leuk. Ses maisons d'une teinte sombre, ses toits en planches chargés de plusieurs rangées de pierres, se détachent sur un fond de granit, et parmi des massifs de mélèzes. Plus haut, dans une gorge profonde, et qui semble inaccessible, est tracé le chemin des eaux thermales auxquelles il a donné son nom. Déjà la saison d'y aller est passée. La neige en a fermé toutes les avenues.

Vers le hameau de la Sourte, l'espace s'agrandit et le pays prend un aspect riant. Un château gothique occupe le centre du vallon. Bien qu'il soit la propriété d'un noble baron, et que son architecture annonce un manoir seigneurial, il ne menace ni la liberté ni la paix du voisinage. Aucun soldat n'en garde les approches. Ses tours et ses remparts sont désarmés. A travers ses créneaux et ses meurtrières, on n'aperçoit ni pierriers ni couleuvrines. Les fossés sont comblés. Une vaste prairie les remplace. Des bestiaux de toute espèce y paissent en liberté, sous la conduite d'une gardienne, qui n'a certes aucun des attraits que les peintres et les poètes prêtent si généreusement aux bergères des Alpes.

Pendant que l'hôtesse de Tourtemagne nous prépare un déjeuner frugal, dont la propreté n'aiguisera point notre appétit, allons visiter la cascade qui porte le nom de ce village. Le curé que nous venons de rencontrer nous engage à ne point la négliger. Quoiqu'il ait fait ses études à Paris, il ne comprend ni ne parle le français, et s'exprime difficilement en très-mauvais latin. Son extérieur effronté ne s'accorde guère avec l'humilité de sa profession. Les pans de sa soutane sont relevés dans ses poches. Il porte son chapeau de côté. A ses oreilles pendent de grands anneaux d'or. Sur ses souliers brillent des boucles d'argent qui couvrent la presque totalité de ses pieds; et il affecte d'agiter continuellement, d'un air cavalier et rodomont, sa canne à pomme de cuivre doré. Fait prisonnier par les Français dans je ne sais quelle occupation militaire, il doit sa liberté à l'invasion de la France, et bénit avec emphase ses libérateurs. Qu'il savoure sa joie tout à son aise! ce n'est pas à moi de la partager, ni même d'en écouter les expressions burlesques et injurieuses. J'aime mieux suivre la jeune fille qui va nous servir de guide. Déjà j'entends le bruit de la cascade. Au détour d'un sentier, elle apparaît toute entière. Ses sources ne tarissent jamais. Elle a un volume considérable. Du haut de la montagne elle s'élance, et tombe avec impétuosité dans une vasque naturelle. Refoulée par cet obstacle, elle le franchit en bouillonnant. Ses flots, blanchissans d'écume, jaillissent par-dessus les bords, et descendent en nappes brillantes. Une vapeur légère les enveloppe et les suit jusqu'à terre. Là, réunies, elles s'écoulent sous la forme d'un torrent tumultueux, passent rapidement devant le spectateur, et se jettent à peu de distance dans le Rhône. Témoin du plaisir que nous goûtions à voir cette chute d'eau, la plus belle du Valais, la jeune paysanne qui nous accompagnait nous regardait avec surprise. Immobile près de nous, à chaque nouvelle exclamation de notre part, un sourire ingénu effleurait ses lèvres. « Ce n'est pourtant que de l'eau qui coule, » disait-elle tout bas en haussant légèrement les épaules.

Avant Viège la route n'offrira plus rien de remarquable; mais au-delà, et jusqu'à Brigg, il n'en sera point ainsi. Ce ne sont plus les mêmes sites incultes et sauvages, traversés par des torrens destructeurs, et encombrés incessamment par des avalanches terrestres. Dans les bas fonds, la terre est plus fertile et mieux cultivée. Les villages se multiplient. On y reconnaît les habitudes de la vie pastorale. Le soin des bergeries occupe toute la famille. On compte sur le penchant des montagnes divers étages de hameaux, de pâturages et de chalets. La verdure des prés semble ne devoir se flétrir jamais, tant l'herbe est épaisse et bien arrosée. Ils sont couverts de troupeaux. Aux vaches, aux brebis, se mêlent quelques chèvres qui ne s'arrêtent point dans les lieux d'un abord facile.

> Certain esprit de liberté
> Leur fait chercher fortune. Elles vont en voyage
> Vers les endroits du pâturage
> Les moins fréquentés des humains.
> Là, s'il est quelque lieu sans route et sans chemins,
> Un rocher, quelque mont pendant en précipices,
> C'est où ces dames vont promener leurs caprices :
> Rien ne peut arrêter cet animal grimpant [1].

Des forêts d'arbres toujours verts dominent ces tableaux champêtres, que couronnent, parmi la neige et les nuages, les Pics du Grimsel, de

---

[1] La Font., liv. xii, fab. 4.

la Ghemmi, du Saint-Gothard, de la Fourche et du Simplon. Le village de Brigg est situé au pied de cette dernière montagne. C'est de ce relais que l'on part pour la franchir. Le maître de poste, qui tient en même tems une assez bonne auberge, décide arbitrairement de l'opportunité de ce passage. La connaissance qu'il a des vicissitudes météorologiques, et la cupidité commune aux gens de son état, vous mettent dans sa dépendance absolue. « Dès le matin, disait-il, les apparences d'une tourmente s'étaient manifestées. » Il avait déjà retenu plusieurs courriers qui nous devançaient. Toute insistance eût été inutile. Nous avons subi la loi qu'il avait faite, et renvoyé à demain la suite de notre voyage.

DÉPART DE BRIGG. — LES REFUGES.
BÉRISSAL. — ENTRETIEN AVEC QUELQUES VOYAGEURS.
D'AUTRES VOYAGEURS. — RÉFLEXIONS SUR LOUIS XVIII.
LE PLATEAU DU SIMPLON. — SOUVENIRS DE NAPOLÉON.
VILLAGE DE SIMPLON. — SUITE DE LA ROUTE DU SIMPLON.
GONDO. — ISEL. — LA DOVÉRIA. — CRÉVOLA.
DOMO-D'OSSOLA.

Domo-d'Ossola, 21 octobre 1819

La montée qui conduit au sommet du Simplon, commence dans la grande rue de Brigg. Prompts au départ, les postillons se sont arrêtés pour mettre pied en terre, en entrant dans la campagne. Nous les avons imités, et leurs chevaux ont pris le pas. Le jour n'était pas encore levé. Nous marchions à la lueur des étoiles. Le calme de la nuit n'était interrompu que par le bruit de notre voiture, quelques mots que nos conducteurs s'adressaient à voix basse, et les appels qu'ils faisaient de la langue et du fouet, pour soutenir ou pour accélérer la marche. Les premières clartés de l'aurore n'ont pas tardé à dessiner la crête aride des monts, sur un ciel d'azur dont les feux commençaient à pâlir. Peu à peu la lumière a descendu dans la vallée. Des sites rians ou sévères se sont offerts de toutes parts. Le réveil des bergers et des troupeaux est venu les animer. Ces distractions ont charmé les premiers momens d'une ascension lente et monotone. Parcourant une ligne oblique, pour retourner bientôt dans une direction contraire, et reprendre ensuite celle qu'il suivait d'abord, le voyageur croit revenir sur ses pas. Il s'impatiente par momens et perd souvent courage. Regarde-t-il au-dessous de lui? le village de Brigg lui semble ne point s'éloigner. S'il lève les yeux, une croix, plantée sur l'un des pics les plus hauts et les plus aigus, frappe incessamment sa vue, et lui paraît être toujours à la même distance. Un pâtre s'était endormi dans cet endroit : il se réveilla en sursaut et tomba dans le précipice. Cette croix a été érigée en mémoire de sa témérité, et pour sanctifier sa mort.

Cependant la vallée se rétrécit. Ses profondeurs ne sont plus qu'un abîme. Quelques bornes en marquent les approches. Au fond roule un torrent. Il mugit et ne se montre que par intervalles. De nombreuses cascades grossissent ses eaux. Elles courent dans les ravins qu'elles ont creusés, tantôt le long de rochers stériles, tantôt à travers des forêts de sapins et de mélèzes; ici, sur un lit terreux qu'elles minent et entraînent; là, parmi des troncs d'arbres qu'elles ont déracinés, et qui sont croisés, mêlés, amoncelés dans une affreuse confusion. Voici une première maison de refuge. Elle annonce la région des orages. La pauvre famille qui l'habite en tient la porte ouverte aux passans, et dans le danger leur donne asile et secours. Au-dessus, la terre végétale devient rare. Le peu d'arbres que l'on aperçoit est couronné. Les plantes les plus communes sont le bec de grue, la digitale et l'héliotrope d'hiver. L'enveloppe pierreuse du roc a moins d'adhésion. Des monceaux de débris, arrêtés par leur propre poids sur des pentes rapides, menacent d'une chute prochaine. La pluie, le vent, le bond d'une chèvre suffira pour les lancer sur la chaussée. Un de ces éboulemens s'est opéré cette nuit. Il barrait la route. Les cantonniers viennent d'en déblayer une partie, et l'ont quitté pour porter remède ailleurs. Aussi les refuges sont-ils maintenant plus rapprochés. On en compte six d'ici à la cime du Simplon.

Nous découvrons enfin celui de Bérissal où

nous devons changer d'attelage. Vu de loin, on le prendrait pour un simple chalet. Nous en sommes séparés par un pont léger qui semble suspendu dans les airs. Toutes les proportions des ouvrages humains se rappetissent au milieu des grandes masses qui nous environnent. Sans le vouloir, nous gardons le silence. L'imagination ne créerait rien de semblable au spectacle qui se déploie devant nos yeux. L'ame est émue; la pensée s'arrête, pour ainsi dire, en présence de ces beautés sublimes; et la mémoire redouble d'efforts pour en garder le souvenir. Après de nombreux circuits parcourus lentement, nous arrivons pourtant à ce pont qui ne nous paraissait praticable que pour les chèvres ou les isards. Il est large, solide. Trois voitures y peuvent passer de front. Arrêtez-vous. Appuyez-vous sur sa barrière. N'admirez-vous point les sinuosités que vous avez suivies, les murs qui étayent le chemin sur lequel vous passiez, la souplesse de ses courbures, les difficultés qu'il a vaincues, et les dangers dont il éloigne jusqu'à l'apparence? Toutefois, le dirai-je? soit que je me fusse exagéré les proportions de ces ouvrages, ou que leur réussite en diminuât la hardiesse, je m'en étonnais peu. Serait-ce encore le propre des grandes choses, de perdre de leur prix par leur simplicité ? Je trouvais, en un mot, qu'il avait suffi d'aider la nature, et que l'art avait eu peu d'efforts à faire pour y parvenir.

Le refuge de Bérissal n'est point, comme les autres, un petit emplacement fermé de quatre murs, couvert en ardoises, et divisé par quelques cloisons pour l'usage de ceux qui l'habitent. On y a joint des écuries, une grange et un hangar. Ses dimensions sont sur une plus grande échelle. La construction d'un étage supérieur a permis d'y pratiquer quelques logemens pour les courriers, qui sont momentanément retenus par le mauvais tems ou le manque de chevaux. Dans le bas, contre la cuisine, se trouve une salle commune. Il y avait sur la terre trois pouces de neige. L'air était vif et froid. Quatre voyageurs, arrivés par la diligence qui nous précédait, s'étaient réunis autour d'un foyer rustique où brûlaient des éclats de sapin. A notre arrivée ils se sont levés. Le cercle s'est agrandi. Nous y avons pris place; et ils ont continué leur conversation, qui roulait sur l'avidité des entrepreneurs de voitures publiques. Sous le prétexte de les mener plus rapidement, on avait voulu les forcer de traverser le Simplon en char-à-banc. Ils s'étaient révoltés, et se félicitaient du succès de leur insurrection dont ils rappelaient gaîment les détails. Sans cette résistance, ils fussent arrivés mouillés et morfondus. Leurs sarcasmes sont tombés ensuite sur les rigueurs et les tracasseries auxquelles sont soumis les passe-ports. Ceci nous intéressait. Ils affirmaient qu'on ne pouvait entrer dans un pays étranger, et surtout en Autriche, si l'on n'était porteur d'une autorisation expresse, délivrée par l'ambassadeur du souverain dont on se proposait de parcourir les états. Cette formalité nous manquait précisément. La même inquiétude nous avait été donnée à Genève; mais nous en avions appelé à notre bonne fortune. Ici, l'un nous encourageait; l'autre augmentait nos doutes.

« On est persuadé à Vienne, a dit un troisième, qui rachetait les difformités de sa taille par un langage animé, un geste expressif, et une figure spirituelle; on est persuadé que les républicains ont seuls le goût des voyages; que les sujets fidèles et dévoués des monarchies sont sédentaires; et que, pour ne donner aucun ombrage à l'autorité, chacun doit trouver, dans sa propre patrie, toute l'instruction dont il a besoin, la somme de bonheur à laquelle il lui est permis de prétendre, et un développement suffisant de son industrie. C'est le système monacal appliqué à la société. Or, l'art des dépositaires du pouvoir consiste à y accommoder les lois. En Toscane, par exemple (je prends au hasard), les précautions ou les vexations civiles se règlent sur la bonne ou mauvaise digestion de ceux qui y sont préposés. L'indulgence native n'y est interrompue que par quelque perturbation physique, comme la mollesse du climat par une bourrasque passagère. Dans les états autrichiens, c'est différent : on a organisé la persécution. Les lois protègent l'autorité et non les citoyens : aussi, sont-elles absurdes ; et leur exécution est livrée à l'arbitraire et à l'ignorance. Croiriez-vous qu'un sujet de nos modernes Césars, qui n'ont de bourgeois et de populaire que leur vie privée, ne peut s'absenter sans permission, sans prouver authentiquement les affaires qui l'appellent au-dehors, et sans en justifier l'importance? Le soldat n'est pas plus étroitement lié à son drapeau, ni le moine claquemuré dans sa cellule. A tort ou à raison, la durée de cette exemption de résidence est limitée à un an. Celui qui l'excède encourt la mort civile et la confiscation de ses biens. Pour que les frais du procès qu'on se réserve de lui faire ne tombent pas à la charge du trésor impérial, on l'oblige de plus à en consigner, avant son départ, le montant approximatif. Il m'est permis de le dire ; j'ai passé par toutes ces épreuves. Peu protégé par mon rang, ma personne, et mes opinions dont, à la vérité, je ne me cache guère, c'est à des femmes que je dois mon congé et mon passe-port. Encore n'est-il signé que par le secrétaire d'une de nos excellences. Mon crédit n'a pu dépasser les bureaux. J'ai déposé 600 fr. pour me faire condamner au besoin; et je me hâte de rendre à la bergerie la brebis écartée un moment, pour éviter qu'elle ne soit tondue, et rattraper, s'il se peut, les flocons de sa laine qu'elle a laissés dans le buisson. »

Tout plaisamment exprimés qu'ils étaient, ces détails me rassuraient peu. Il ne s'agissait de rien moins que d'aller à Turin solliciter du ministre d'Autriche en Sardaigne la permission d'entrer dans les possessions de son maître. Cette course imprévue dérangeait notre itinéraire. Nous ne trouvions aucun expédient pour nous en dispenser. « M. de Maupertuis, consul général de France à Milan, a repris un des interlocuteurs, a vivement réclamé contre cette exigence ; mais ses notes n'ont été suivies d'aucun résultat. » A ce nom qui m'était connu, j'ai repris confiance. Le caractère honorable de notre agent et son obligeance naturelle ne me permettaient pas de douter qu'il ne se portât notre caution avec empressement.

« Vous pourriez, a continué le bossu, rencontrer le même obstacle dans la partie de la Savoie que vous allez traverser. Je ne suis pas moi-même certain qu'on ne me fera pas quelque chicane, car je n'ai pas non plus pris la précaution de me mettre en règle vis-à-vis de S. M. Sarde. Néanmoins je me tranquillise en songeant aux longues et nombreuses pancartes qu'on a jointes à ce que j'appellerais volontiers ma feuille de route, si je ne craignais qu'un soldat de ma tournure n'excitât trop de mauvaises plaisanteries. Mon passe-port est tellement surchargé de paraphes, de visas, de cachets et d'armoiries, que je compte demeurer à peu près le maître d'y supposer ceux qu'il me plaira. — Je croyais, ai-je dit, le gouvernement du Piémont plus hospitalier et moins étranger aux lumières du siècle. — Pour hospitalier, vous le voyez ; quant au progrès des lumières, ce n'est guère là qu'on en pourrait apercevoir la trace. Je ne sais s'il est permis aux sujets de le suivre. Leur souverain du moins ne prêche pas d'exemple. Il avait écrit, dans ces derniers tems, une lettre autographe à son semblable l'empereur d'Autriche. Avant de la fermer, il la remit à un secrétaire de ses commandemens, en lui disant : « *Seminate mi in questa lettera alcune virgole.* Semez-moi quelques virgules dans cette lettre. » Il en parlait comme de jeter, dans une planche de jardin, de la graine de carottes ou d'épinards, ou comme de quelques enjolivemens dont il désirait que sa dépêche fût ornée. Qu'attendre d'un homme qui n'a jamais lu que sa généalogie, et une fois par an l'*Almanach royal?* — Est-ce celui de France ? — Il s'en garderait bien, car il y apprendrait quelque chose : c'est le sien propre, qui ne peut l'instruire en aucune façon. — Excusez-moi, a dit un autre voyageur, depuis quelque tems il parcourt quelquefois le *Moniteur* français. L'un de ses amusemens favoris est de régaler les dames de sa cour de la relation des assassinats et des suicides, ou des séances tenues par les diverses cours d'assises. — Il croit, a ajouté le bossu, qu'en construisant le pont de Turin, dont il ne conteste ni l'élégance ni la solidité, les Français n'avaient aucun but. Il n'y suppose aucun effort de l'art, aucune combinaison quelconque, aucun objet d'utilité publique. — Ce pont est-il donc fort beau? — Oui sûrement; mais pas plus sans doute que les ouvrages de Joachim au mont Pausilippe, à Capo-di-Monté, et en d'autres parties du royaume de Naples. Au reste, rien de tout cela ne peut se comparer au chemin du Simplon que vous allez parcourir, ni aux embellissemens de Milan, qu'ils doivent au monstre, au tyran, à l'usurpateur, comme on le nomme aujourd'hui, après avoir baisé la poussière de ses bottes. »

Mon compagnon de voyage est survenu. Il a fait quelques questions touchant la sûreté des routes. Chacun s'est accordé à n'admettre qu'entre Rome et Naples la possibilité des mauvaises rencontres. On n'y prend plus les mêmes précautions dont usaient les Français, et qu'employa si énergiquement le général M...... « Il avait résolu, continua le voyageur qui avait déjà parlé, que les brigands ne trouvassent d'abri que dans les lieux inhabités, et qu'ils y fussent affamés. La loi prononçait la peine de mort contre tout individu qui les eût accueillis même momentanément, ou qu'on eût surpris leur portant des vivres. Armé de ce double glaive, M..... remplit la tâche qui lui était imposée, avec une inflexibilité salutaire, et dont il existe peu d'exemples. Aucune excuse n'était admise par lui. Ni les liens du sang, ni la qualité des coupables, ni l'âge, ni le sexe, ne trouvaient grâce devant son équité terrible. A la chute du jour, un chef de bande se réfugia dans une maison de campagne, appartenant à une famille considérable avec laquelle le général avait des liaisons amicales de société. Le fils du propriétaire s'y trouvait dans ce moment. Le brigand était armé. Un crime ne lui eût point coûté pour se procurer l'hospitalité passagère dont il avait besoin. Dans la salle qu'il traversait, il aperçut une carabine. S'en saisir, la manier et se l'approprier, furent l'affaire d'un moment; et, quand l'obscurité de la nuit lui eut rendu quelque sécurité, il s'éloigna pour suivre ses complots. Surpris dans une embuscade, il fut arrêté. On se hâta de le désarmer. Interrogé d'où lui venait sa carabine, loin d'en faire mystère, il révéla les circonstances qui l'avaient mise entre ses mains. Celui en présence de qui elle avait été prise, ayant été appelé devant M....., ne dissimula point la fatale visite qu'il avait reçue, et crut se justifier en alléguant l'impossibilité où il avait été de la refuser. Il était libre alors dans le salon du général, qui, en exprimant le regret d'être obligé de le faire juger, donna l'ordre de s'emparer de lui. La procédure fut courte et le jugement prompt. Aussitôt la famille du condamné courut se jeter aux pieds de M..... Il déplora la rigueur de son devoir, et le malheur de ne pouvoir s'en relâcher. Un sursis lui fut demandé jusqu'au retour du courrier qu'on avait déjà envoyé à Naples, et qui ne pouvait manquer de rapporter la grâce du coupable. Il ne fit aucune promesse. La justice eut son cours; et, dès ce moment, personne n'osa concevoir aucun espoir d'impunité. Sans doute les chemins durent leur sûreté à cette fermeté imperturbable, à cet honneur stoïque qui plaçait le respect des lois au-dessus de toutes les considérations humaines. Le brigandage cessa entièrement. Un enfant aurait parcouru, sans danger d'être volé, les Calabres même, avec de l'or dans ses mains. — Les gouvernemens, a repris mon compagnon de voyage, devraient se rendre réciproquement les voleurs et les assassins. — Sans doute, a répondu le bossu; mais il faudrait commencer par faire une justice sévère des agens de l'autorité, qui s'occupent moins du bien-être des citoyens, que d'étendre et de maintenir le pouvoir absolu. Au reste, le danger d'être surpris par des brigands n'est qu'une mauvaise chance à courir. Si vous voyagez par curiosité, tant de belles choses vous attendent, qu'elles valent bien la peine de s'exposer un peu. Cependant, et je l'ai éprouvé moi-même, cette inquiétude trouble le plaisir que l'on cherche. »

Le départ de la diligence a mis fin à cet entretien. Une voiture est arrivée de Brigg. Deux Allemands du nord en sont descendus. Ils parlaient des persécutions que les Juifs éprouvent en ce moment. A Francfort, les avanies qu'on leur fait dans les rues, ne sont plus si fréquentes. L'intervention des magistrats est parvenue à les protéger; mais une haine sourde les menace encore. Pour prix du renversement de Napoléon, les landwehrs obtinrent la promesse de quelques libertés civiles et politiques. Elles semblent se lasser d'en réclamer en vain l'exécution.

Dans leur impatience, elles cherchent des victimes. Cette irritation ne pouvant s'assouvir sur leurs compatriotes, elles la tournent contre une population qu'elles sont accoutumées à regarder comme étrangère, et qu'elles virent sans cesse à la suite de nos armées, leur vendant des vivres et de l'argent, et trafiquant de tous les débris de la maraude. Les opinions religieuses n'ont aucune part à cette proscription. C'est l'effet d'un malaise social, né du mouvement que la révolution française a imprimé à l'Europe, et dont l'invasion de la France n'a fait qu'accélérer la vitesse. Tous les esprits en sont émus. Aucune condition n'a pu s'en défendre. Que cet exemple nous serve du moins, puisque nous n'avons rien à envier aux autres peuples! Sachons être heureux de la liberté qui nous est déjà échue, et de celle qui naîtra tôt ou tard de nos institutions libérales. Qu'elles portent en soi le germe de leur destruction; cela se peut: rien n'est parfait. Que de prétendus royalistes cherchent à développer ce germe funeste, à y trouver la renaissance de leurs anciennes routines, et qu'ils ne soient pas assez énergiquement réprimés; il n'est peut-être que trop vrai. Que tantôt l'auteur de notre Charte se prête aux concessions qu'il a faites en remontant sur son trône, et que tantôt il ait l'air de s'en défendre, on ne saurait le nier; mais serait-il juste d'interpréter rigoureusement ces contradictions apparentes ou réelles? Est-il donc si facile de régner au milieu des partis? Après tout ce qui s'est passé, qui pourrait se flatter de reconnaître ses amis et ses ennemis, et de ne s'y point tromper? N'est-ce pas un assez grand effort pour le fils d'une longue suite de rois à peu près absolus, que d'avoir su résister à l'éducation qu'il avait reçue; d'avoir vaincu les préjugés de sa jeunesse; de s'être soustrait au prestige, probablement peu oublié, de sa naissance; d'avoir bravé l'humeur des courtisans, et consenti, en un mot, à modifier l'exercice de son autorité? L'histoire dira si la temporisation qu'on peut lui reprocher n'est pas aussi souvent la vertu du sage que l'expédient de la finesse. Qu'il nous suffise de faire des vœux pour que sa succession soit recueillie avec fidélité; et le bon sens national finira par l'emporter sur des subtilités jésuitiques qui ne peuvent plus le fausser. La voix du peuple triomphera. Il est désormais réservé à la raison publique de consommer l'œuvre que la force n'a fait encore qu'ébaucher.

Combien je me suis éloigné de mon sujet! Revenons.

De nouvelles voitures arrivent de Suisse et d'Italie. Des Milanais qui vont montrer en France un chameau, des singes et un ours, s'arrêtent en même tems. L'empressement de quelques enfans à satisfaire sans pudeur des besoins occasionés par une longue course, les diverses attitudes des animaux qui composent la caravane étrangère, la beauté du site, le concours des hôtes, des conducteurs, des postillons, des voyageurs et des chevaux, font de cette halte un tableau pittoresque. Après une longue station, j'ai pu partir; mais la marche devient pénible et difficile. La neige est déjà plus épaisse et plus dure à mesure que nous avançons. Voici que le chemin en est encombré. Des ouvriers achèvent d'ouvrir l'espace nécessaire pour que l'on puisse passer. Plus loin ils ont tranché deux avalanches. Nous cheminons un moment entre des murs de glace. Au-dessus de nous se balance un nuage sombre. Il nous fait craindre de nouveaux obstacles et une température plus rigoureuse. En effet, quand nous sommes près d'y entrer, des flocons de neige mêlés d'aiguilles glacées s'en échappent. Poussés par une bise aiguë, ils pénètrent à travers nos vêtemens. L'air en est obscurci. Nous ne distinguons plus la route qu'à l'aide des longues perches qui la bordent. Enfin, le point culminant de la montagne approche. Nous l'atteignons. Un refuge se présente. Vis-à-vis est un hangar en planches. Près de la porte on lit l'inscription suivante, tracée en gros caractères avec du crayon rouge :

Hic Napoleo viam sibi patefecit Olympo [1].

C'est ici le premier poste des douanes suisses. Les employés vendent du vin de Sicile, de gros pain, quelques viandes froides que nous prenons à la hâte, car la place n'est pas tenable. Le froid est excessif; et une réverbération éblouissante fatigue la vue. En m'éloignant, l'inscription que j'ai retenue revient à ma mémoire ; mais l'éloge qu'elle renferme me semble moins vrai que poétique. Je suis bien plus ému des beautés naturelles qui ont frappé mes regards, que des travaux si heureusement achevés pour franchir tant de précipices et de monts escarpés. Déjà le plateau s'incline sensiblement. On aper-

[1] Ces travaux ont élevé Napoléon au rang des dieux.

çoit sur la gauche les substructions d'un vaste édifice. Son architecture ornée et sévère porte un caractère grandiose, approprié à la place qu'il occupe. Napoléon, qui en avait dicté les plans, le destinait à abriter les passans. Il se proposait d'y établir des hospitaliers. Ce dessein est abandonné. Plus bas, à droite, et à dix minutes de la chaussée, se trouve l'ancien hospice, bâtiment carré, à plusieurs étages et d'une dimension bornée. Situé dans un bas-fond, isolé, mal entretenu, fermé de gros murs, percé de petites fenêtres, il ressemble plus au repaire d'une bande de voleurs, qu'à un asile qui promette repos et sûreté. Bien qu'il soit habité, on y descend rarement. D'ailleurs le village de Simplon n'est qu'à une demi-lieue. Les chevaux ne quittent plus le trot. A la neige succède une pluie abondante. La pointe d'un clocher apparaît dans le lointain. Elle domine quelques toitures grossières. Nous passons un torrent, et mettons pied à terre devant la poste aux chevaux, dont le maître tient en même tems une auberge. Les voyageurs de la diligence venaient d'arriver. Ceux qui suivaient n'ont pas tardé. Les contrariétés du voyage se sont dissipées à l'aspect d'un bon feu. Chacun a voulu caresser un chamois, dont l'histoire nous avait intéressés. Entraîné par la chute d'une aiguille de glace, il fut trouvé à la porte d'un chalet. Un berger le recueillit, le réchauffa, le porta au village et l'éleva. Ce charmant animal est devenu aussi familier qu'un chien. On le montre avec raison comme une rareté, car il a entièrement perdu sa sauvagerie naturelle. Quant à moi, je m'amusais à parcourir les lignes tracées de côté et d'autre, dans la chambre où nous étions, sur les murs, le long des boiseries et des chambranles de la cheminée. La plupart parlaient de Napoléon avec enthousiasme, de ses revers avec douleur, de ses ennemis avec indignation. J'ai conservé une de ces inscriptions en vers latins, et son imitation italienne :

Qui montes domuit, sceptrique revexit honorem,
Virtutis pœnas, scopulo transfixus acuto,
Nunc dat, sic feritus : patuit turpissima regum,
Nescia sic recti patuit mens dira tyranni [1].

[1] Celui qui dompta les monts et releva l'éclat du trône, enchaîné maintenant sur la cime d'un roc, expie sa gloire et ses hauts faits : cette honteuse iniquité accuse à jamais la cruauté des rois.

> Chi quest' alpe orride ha vinto,
> Sommo re, sommo guerrier,
> Or ne' ceppi giacce avvinto
> Del Britanno carcerier [1].

On compte à Simplon trois cents feux. Il n'y en a guère qu'une trentaine autour de l'église. Les autres, dispersés dans les vallées, auprès d'un pâturage, de quelque terre végétale ou sur le bord d'un ruisseau, sont la plupart fort éloignés. Pendant la belle saison les habitans communiquent entre eux. Les solennités religieuses, les fêtes de famille les rassemblent. Moins ces réunions champêtres se répètent, et plus les plaisirs qu'elles donnent ont de charme et de vivacité. Puis vient le long hiver. On nous dit qu'à ce jour du mois d'octobre il commence, et qu'il ne finira que vers le milieu de juin, quelquefois plus tard, rarement plus tôt. Communément il dure huit mois. Alors personne plus ne quitte sa chaumière. Les issues en sont la plupart du tems fermées par la neige. Le chasseur seul ose franchir cette barrière de glace, pour aller, au péril de ses jours, poursuivre à

---

[1] Le grand roi, le grand guerrier qui a vaincu ces Alpes horribles, gît dans les fers ; et l'Angleterre est son geolier.

travers les torrens, les rochers et les précipices, une proie qui souvent lui échappe. Le maître de l'auberge est Lyonnais. Sa femme et leur jeune fille le secondent dans ses travaux. Les chambres de sa maison ferment bien. Ses lits sont passablement bons. Le linge est propre, le vin naturel, la cuisine saine et parfaite, la pâtisserie excellente ; et l'on y mange de bons fruits. Tous les huit jours une charrette va chercher, à Domo-d'Ossola, les provisions pour la semaine. On les conserve dans la glace ; et c'est une bien agréable surprise que de trouver au sommet de cette montagne, dans un lieu sauvage et stérile, loin de tout marché journalier, non-seulement les alimens nécessaires à la vie commune, mais encore des mets dignes de la sensualité la plus recherchée. Néanmoins nous ne séjournerons pas ici. Toute excursion serait impossible. Pour peu éloignés qu'ils soient, les glaciers, l'une des curiosités les plus remarquables des environs, ne sont plus accessibles maintenant. La végétation a cessé. La verdure des pelouses commence à se flétrir. Les troupeaux ne s'éloignent plus des bergeries. De gros nuages, qui passent à chaque instant à la surface du sol, l'imbibent de leur vapeur humide, et permettent à peine de voir à quelques pas. Les habitans se rapprochent tristement du foyer domestique : ils se résignent à la brièveté, à l'humidité des jours, à la longueur, à la froidure des nuits, et à cette clôture de plusieurs mois qu'ils vont être obligés de subir.

Achevons de parcourir le versant méridional de la montagne. Hâtons-nous vers les voluptés du climat de l'Italie, s'il est vrai qu'elles doivent succéder aux rigueurs que nous éprouvons. Mais, quoique nous descendions depuis quelques heures, combien nous sommes encore loin de les ressentir! Heureusement la beauté du paysage nous distrait. Le vallon vient de se resserrer. Aux deux côtés, s'élèvent de hautes montagnes de granit. Elles sont séparées par la Doveria. Inclinées quelquefois l'une vers l'autre, elles empêchaient le jour de pénétrer dans les profondeurs que le torrent a creusées; ailleurs, près de se toucher, elles ne laissaient entre elles aucun espace; ou bien leur pente était si roide, qu'il eût été impossible de s'y hasarder: c'est à travers ces obstacles long-tems indomptés, que le génie, aidé d'une volonté ferme, a su frayer une voie large et facile. Les rampes, les terrassemens, les ponts, les tranchées, les conduits artistement nivelés pour procurer l'écoulement des eaux, s'y suivent sans interruption. La solidité n'eût point suffi : l'on y a joint la grâce et l'élégance. Il semble que les ingénieurs aient mis de la coquetterie à orner leurs constructions, pour faire mieux ressortir les difficultés qu'ils rencontraient. C'est surtout à traverser le roc le plus dur que leur habileté s'est montrée, on dirait presque leur témérité. Il y avait de l'audace à concevoir ces projets, autant qu'à les exécuter. Qu'on se représente de longues et spacieuses galeries ouvertes par la mine, leurs murs latéraux régulièrement coupés, comme s'ils étaient taillés au ciseau; des voûtes arrondies avec goût, d'immenses croisées pratiquées de distance en distance, à travers lesquelles des flots de lumière s'épanchent, et dissipent l'obscurité qui règne dans ces longs souterrains; puis, en dehors, à l'extrémité opposée, la route qui sillonne le flanc de la montagne, le torrent qui se brise en écumant, des masses de rochers épars ou réunis, image terrible du chaos, et leurs sommités couvertes de neiges, de glaces et de nuages. Non, le voyageur, soit peintre, poète ou écrivain, ne saurait exprimer et transmettre les sensations qui l'émeuvent à la vue de cet imposant spectacle. On aime à y assister ainsi avec sécurité, mollement bercé sur un gravier souple et fin, sans fatigue, et libre de se livrer aux impressions qu'il produit. Toutes les précautions avaient été prises pour conserver ce magnifique ouvrage. De nombreux cantonniers étaient préposés à son entretien. Ils veillaient à ce que la circulation ne fût point interrompue, qu'aucun éboulement ne surchargeât la maçonnerie, que les barrières fussent rétablies aussitôt que renversées. Des femmes arrachaient l'herbe qui croissait dans les joints des pierres, ou même sur la chaussée. Il n'en est plus ainsi. Soit parcimonie, soit intention politique, on ne donne plus les mêmes soins à cette importante communication. Dans plusieurs endroits, des débris de rochers amoncelés en obstruent une grande partie. La plupart des bornes sont cassées. Les liens qui les unissaient n'existent plus. Quelques murs d'appui ont été ébranlés. Des racines de plantes, déjà fortes, se sont glissées entre leurs assises et les disjoignent. Si de promptes réparations ne sont exécutées, il est à craindre que bientôt la dépense qu'elles exigeront n'empêche de les entreprendre.

Le hameau de Gondo termine le Valais. Celui d'Isel, qui n'en est guère éloigné, appartient au Piémont. Il ne contient qu'un corps-de-garde de douaniers ; et les dépendances de la poste aux chevaux. Le mont Buat lui fait face. Plus loin se prolonge la série des travaux du Simplon ; mais ils ne causent plus la même surprise, n'inspirent plus la même admiration. Les difficultés s'amoindrissent. Leur nombre est aussi moins grand. Le cours de la Doveria n'a plus la même impétuosité. Elle commence à charrier les sapins qu'on lui abandonne. Au village de Crévola, elle se change en une large et paisible rivière. On la passe à une grande élévation au-dessus de son niveau, sur un pont de cent mètres de longueur, et dont l'ensemble a quelque chose d'aérien. Une colonne colossale, d'un seul bloc de granit, devait être placée à l'extrémité de ce pont. Elle eût dit l'auteur et l'époque de l'ouverture du Simplon. Son piédestal l'attend. Pour elle, couchée auprès de la montagne dans laquelle elle fut taillée, on ne la verra point se dresser vers l'immortalité, et proclamer les nobles souvenirs qui durent lui être confiés. Elle restera muette, si toutefois son silence n'est pas plus éloquent, et ne rappelle pas au voyageur l'inscription qu'il a déjà lue :

<small>Hic Napoleo viam sibi patefecit Olympo.</small>

Le jour vient de finir. Il vente, il pleut, il gèle. N'ayant plus à m'extasier devant les miracles de l'art des ingénieurs, combien un bon gîte me serait utile et agréable! Ce n'est point à Domo-d'Ossola qu'il nous attend. Ne devons-nous donc reconnaître encore l'Italie, qu'au désordre de l'auberge qui nous reçoit, à la malpropreté qui y règne, aux dimensions démesurées de la chambre où nous sommes logés, à ses portes et à ses fenêtres entre-bâillées, au bois vert qui pleure et noircit dans la cheminée, à la fumée qui nous étouffe, et aux officieux sans nombre qui nous obsèdent de leur oiseux empressement!

DOMO-D'OSSOLA. — VILLA. — PALENZANO. — VOGOGNA.
PREMOSELLO. — NAGIONDONE.
ORNAVASCO. — GRAVELLONA. — ASPECT DU LAC MAJEUR. — BAVÉNO.
LES ILES BORROMÉES. — L'ILE-MÈRE.
SOUVENIRS DE LA PRINCESSE CAROLINE, RÉGENTE D'ANGLETERRE.
L'ILE-BELLE. — L'ILE DES PÊCHEURS.

Bavéno, 22 octobre 1819.

La petite ville de Domo-d'Ossola est bâtie dans le fond d'une étroite vallée. Enfermée dans les Alpes, elle connaît peu la tiédeur de l'atmosphère italienne. Le plus souvent il y fait trop chaud ou trop froid. Pressé par le voisinage des montagnes, l'air n'y circule pas librement. Ses maisons n'ont aucune régularité. Les toits fort rapprochés y répandent en plein jour une obscurité importune. Le peuple qui parcourt ses rues boueuses et fétides, annonce moins d'urbanité que de bonhomie et de franchise. Il ne parle qu'un patois grossier; mais l'italien, et surtout le français, lui sont familiers. Là se tient le grand marché du canton. L'étalage des boutiques ne présente que des objets d'une fabrication imparfaite, et qui rappellent l'enfance des arts industriels. Si la saison le permettait, les environs seraient sans doute curieux à visiter. Les peintres, les naturalistes, les simples amateurs des pays sauvages et pittoresques, y trouveraient une ample récompense de leurs fatigues. Mais un brouillard épais enveloppe la ville et la campagne. Les chemins vicinaux deviennent de jour en jour moins praticables. Les moyens de transport, pour la plupart incommodes, offrent surtout peu d'abri contre les intempéries de la saison. Ce n'est pas le tems des courses à pied, précédé d'un guide, et d'un mulet pour porter un léger bagage. Ne nous arrêtons donc point. Allons chercher plus loin les plaisirs qui nous amènent et que nous n'avons pas encore goûtés.

La route suit le cours de la Tosa, petite rivière qui descend des hauteurs du Gries. Sa rectitude la rend monotone. Pour en chasser l'ennui, déployons nos cartes. Ouvrons nos itinéraires. Nommons les lieux qui se trouvent sur notre passage. A droite, nous venons de laisser le hameau de Villa, sur l'Antrona qui prend sa source au sommet du mont Moro. Le village où nous passons ensuite se nomme Palenzano. Puis viennent Vogogna, relais de poste, Premosello, Magiondone et Ornavasco. L'architecture rurale est plus soignée et la culture mieux entendue. L'aisance augmente à mesure que nous nous éloignons des montagnes. La température change. Les champs ne sont plus que de fertiles vergers, à l'ombre desquels achèvent de mûrir le millet, le maïs, le sarrazin, dernières richesses du laboureur.

A Gravellona se termine la vallée que nous parcourons depuis hier. Nos yeux sont fatigués de sites montueux, de torrens, de forêts, de rochers. C'en est également assez des croix, des images saintes, et des miracles qu'on leur attribue. Il n'y a point de passage dangereux ou seulement difficile, qui n'ait une semblable sauve-garde. On en trouve à l'entrée de chaque pont, sur le bord du moindre ruisseau, le long des cascades. La vie des habitans, celle des voyageurs, est placée sous la protection de ces emblêmes religieux. Quand donc reposerons-nous nos regards sur une plaine? quand cesserons-nous de gravir péniblement, ou de descendre avec précaution une pente rapide? Tout à coup s'offre le lac Majeur, environné de coteaux verdoyans. Ses bords sont parsemés de villes, de villages, de maisons de plaisance. A sa surface s'élèvent des îles semblables à des corbeilles de feuillage et de fleurs. Leur image se réfléchit dans ses eaux couleur d'émeraude. Rien n'égale la beauté de ce vaste paysage. Plus on approche et plus on admire ses rians contrastes, la richesse et la variété de ses tons, et sa composition harmonieuse. On s'arrête à Bavéno. Le maître de la poste aux chevaux y tient auberge. Sa maison est située sur le rivage. C'est un séjour délicieux. D'autres motifs nous y retiendront. Recommandés par l'aubergiste de Domo-d'Ossola, nous comptions trouver ici les moyens de franchir la frontière d'Autriche. Malgré sa serviabilité, M. Adamo, notre hôte, ne peut que nous adresser avec la même recommandation à son confrère d'Arona. Il le priera de nous faire conduire par eau à Angera, à Ispra, sur quelque point de la rive autrichienne où la police soit moins sévère qu'à Sesto-Calendé. Cette introduction furtive dans un pays ombrageux, ne nous convient guère. Quelque retard est préférable aux inconvéniens d'une pareille imprudence. Réclamons plutôt du consul de France à Milan, l'autorisation officielle qui nous manque; et notre hôte se chargera d'aller la chercher.

Pendant qu'il remplit ce message, visitons les îles Borromées, qui empruntent leur nom de l'opulente famille du Milanais à laquelle elles appartiennent. Une petite embarcation, ornée de banderoles et abritée d'une tente, nous reçoit. Après une demi-heure de navigation, nous abordons à l'Ile-Mère, sur des roches de granit. Dans les intervalles qui les séparent, croissent des aloès, des agavés, des figuiers-d'Inde, des guirlandes de câpriers sauvages. C'est un autre climat. La brise du lac n'est plus si froide. On ne sent que la douce haleine du printems. De tous côtés s'étendent des espaliers d'orangers et de citronniers. L'air en est embaumé. Au détour de chaque sentier, s'offrent des points de vue admirables. Partout quelque surprise est ménagée. Ici sont des plantes exotiques d'une végétation surprenante, là des pins immenses, plus loin des arbustes fleuris, ailleurs des bouquets d'yeuses, d'ifs, de cyprès et de lauriers. Voici un aloès dont la fleur ne s'épanouira qu'au printems : elle a déjà cinq pieds de haut, la sixième partie de sa croissance. Dans cette volière spacieuse, combien d'oiseaux variés par leur forme et par leur plumage ! Remarquez ces poules de l'Inde, espèce très-petite et d'une blancheur éclatante; ces poules du sérail dont la chair, les organes et le sang sont noirs comme leurs plumes. Tout auprès est une faisanderie. Elle abonde en faisans dorés, argentés, de la Chine. Les plus communs sont libres. On en rencontre à chaque pas. Ils se détournent à peine pour vous laisser passer, tant est grande leur familiarité. Pendant le jour quelques-uns traversent le lac. Le coucher du soleil les ramène. A cette heure des milliers d'oiseaux quittent également le rivage opposé. Ils arrivent à tire d'aile, se répandent dans les bosquets et les égayent par leur ramage. Le charme de leurs concerts, leurs ébats parmi les feuilles, les vives odeurs qu'exhalent les fleurs et les fruits, la vue de ce beau lac et le mouvement de ses ondes, portent dans tous les sens un trouble ravissant.

L'Ile-Mère a une demi-lieue de circonférence. Ce n'était dans l'origine qu'un rocher à fleur-d'eau. La terre végétale qui couvre sa surface y a été apportée. Ses plantations datent de plusieurs siècles, et chaque année ajoute à l'embellissement de ses jardins. Au milieu s'élève une maison modeste. Le jardinier a suspendu à la voûte du péristyle, une fleur d'aloès cueillie depuis peu, et longue de trente-deux pieds. Deux portraits ornent le vestibule. L'un rappelle les traits d'un général Borromée, qui servait avec distinction dans les armées de Marie-Thérèse. Près de la porte d'entrée est son lit de camp, grand fauteuil de malade, témoin, sinon confident vermoulu, de ses rêves trompeurs d'ambition et de gloire. L'autre portrait représente un nain en habit français, l'épée au côté, le chapeau à plumet blanc; jeune montagnard spirituel, dit-on, jovial, et que le général avait fait créer chevalier, pour pouvoir le rapprocher de sa personne et l'admettre dans ses salons sans blesser les convenances. Ce militaire aimait la comédie et la musique. Il fit construire un théâtre qui est assez bien conservé. Quatre chanteurs et un égal nombre de chanteuses y étaient attachés. Ses domestiques composaient l'orchestre. Il n'en engageait point qui ne jouassent de quelque instrument. Chaque représentation attirait une grande affluence de spectateurs. Après le spectacle, si le vent s'élevait, et pour peu que la navigation devînt moins facile, on leur ouvrait les appartemens. Des rafraîchissemens leur étaient prodigués, et la nuit s'écoulait dans les plaisirs d'une fête improvisée. Ce n'est pas seulement à cette occasion que les habitans des environs visitaient l'Ile-Mère. Elle avait échappé à la peste de Milan. Cette grâce fut attribuée à la protection de saint Victor son patron, dont la chapelle devint l'objet d'un pélerinage annuel. Dans ce jour consacré, des barques chargées de passagers partaient de tous les ports voisins. A peine arrivé, chacun se hâtait de porter à l'autel ses vœux et son offrande. Le matin était employé à des pratiques de dévotion, et le reste de la journée à des jeux, des danses et des festins. L'heure du départ sonnait-elle? on regagnait aussitôt le rivage. On se dispersait dans les diverses embarcations; et l'escadre légère s'éloignait au son des instrumens, aux accens d'une joie vive et bruyante. Maintenant le théâtre et la chapelle sont abandonnés. Aucun des rassemblemens qu'ils attiraient n'a plus lieu. Le passage de nos armées, les troubles du pays, de nouvelles idées les ont fait tomber en désuétude. Le souvenir seul en est resté. On en parle comme si l'on venait d'y assister, car la seule idée d'un plaisir, d'un simple amusement, exalte l'ame d'un Italien, anime son langage, son geste, son regard, et se reproduit avec fidélité dans sa narration énergique et rapide.

La princesse Caroline, régente d'Angleterre, ayant désiré de passer quelques mois à l'Ile-Mère, le comte Borromée s'était empressé de lui en accorder la permission. On montre le logement qu'elle avait adopté. Mais sa liaison avec un Crémonais, nommé Bergami, l'embarrassait. Ce favori, d'une origine peu relevée, d'une éducation commune, et qui passait pour avoir été postillon, était repoussé par la noblesse milanaise, et méprisé même des valets. Ni le rang de la princesse, ni l'éclat de sa disgrâce, ni les rigueurs de son exil, n'avaient pu vaincre l'éloignement qu'inspirait l'objet de ses habitudes. Afin de lui procurer quelque considération, elle imagina de le produire dans les petites cours d'Allemagne dont l'accès lui était permis. Il y fut admis en effet, et en sortit bardé de plaques, et comme pavoisé des couleurs de plusieurs ordres obscurs. S. A. l'ayant ramené sur la scène où elle voulait le voir figurer à ses côtés, le ridicule s'attacha à cette nouvelle hardiesse. Les brocards, les moqueries accompagnèrent les dédains. Abreuvée de dégoûts, elle renonça au séjour qu'elle avait projeté. Elle partit, et n'a plus reparu dans le Milanais.

L'Ile-Belle est à une demi-heure de distance de l'Ile-Mère. Le comte Borromée y passe une partie de la belle saison. Son palais, où l'on monte du rivage par plusieurs degrés de marbre, est d'une belle apparence. Les bateaux abordent sur ces degrés. Des guides y attendent les visiteurs, et les introduisent dans les appartemens. Parmi les nombreux tableaux qu'on y a réunis, l'école italienne tient le premier rang. Après avoir parcouru des galeries, des salles, des chambres, dont l'ameublement est simple et d'un goût suranné, on descend au rez-de-chaussée, dans un logement d'été incrusté de coquillages qui, par la variété de leurs formes et de leurs couleurs et par leur arrangement symétrique, composent des dessins moins agréables que bizarres. Le soleil ne pénètre point dans cette grotte factice. Sa fraîcheur, le demi-jour qui l'éclaire, le murmure des flots qui se brisent sous ses fenêtres, la rendraient digne d'une seconde Didon, surtout d'un autre Énée. Quand Napoléon commandait l'armée d'Italie, il y demeura avec Joséphine.

Les rois, les princes, les grands, le comblaient de présens. C'était à qui couvrirait sa table de venaison, des poissons les plus rares, des plus beaux fruits et de vins exquis. Il donnait audience, et la foule accourait pour entendre un mot bienveillant, obtenir une faveur, réclamer sa protection. On briguait une place à sa table. Tel grand bailli s'était assis à sa droite, tel autre à sa gauche. La moindre distinction qu'il accordait passait pour une marque d'honneur. Les serviteurs actuels du palais ont vu tous ces nobles courtisans d'un simple officier, s'inclinant devant son épée et son écharpe tricolore, proclamer unanimement le génie du grand capitaine. Écoutez-les; ils ne vous épargneront point les détails. Avec quel enthousiasme ils racontent, aujourd'hui même, cette gloire d'un moment qui n'appartient plus qu'à l'histoire!

Les jardins forment comme une pyramide au milieu de l'île. De loin on dirait un immense gradin chargé d'arbres, de plantes de toute espèce, émaillé de mille nuances de verdure, et dont les marches forment autant de terrasses. On monte de l'une à l'autre par des escaliers tant soit peu contournés, ornés de sphinxs, de vases, de statues et de figures fantastiques:

mais à chaque étage on s'arrête pour admirer une végétation féconde, secondée par les travaux d'un habile jardinier. A l'aide d'abris factices, d'expositions chaudes ou tempérées, la flore de tous les climats prodigue ici ses innombrables richesses. Une allée de cèdres conduit à une promenade plantée d'orangers, jonchée de fleurs et de fruits d'une odeur suave. Entre tant d'arbres qui appartiennent à toutes les zones de la terre, admirez ce laurier héroïque qui domine le bois dans lequel vous venez d'entrer : il a huit pieds de circonférence et plus de soixante pieds de haut. Des massifs de camellias, d'hortensias, de rhododendrons, de bruyères, s'offrent de toute part. La vue ne suffit pas à tant de nuances différentes; l'odorat, à de si doux parfums. Parmi ces productions naturelles, l'art a su jeter quelques essais curieux. Sur le même tronc, vous cueillerez des citrons et des figues; la même tige vous présentera la fleur d'orange et le jasmin : jeux charmans où la nature seule ne se trompe pas, ne donne dans aucun des piéges que lui tend la main des hommes. Chaque branche conserve son port et son feuillage; chaque fleur, l'odeur qui lui est propre; chaque fruit, sa saveur particulière. Toutefois la plupart de ces merveilles ne résisteraient pas à l'hiver même le moins rigoureux. Dès que la mauvaise saison approche, elles sont soigneusement couvertes de serres mobiles, que l'on tient en réserve à cet effet dans de vastes magasins, et qui passent pour coûter des sommes considérables, dont peu de princes souverains pourraient se permettre la dépense.

La fin du jour nous rappelle à Bavéno. Nous ne visiterons point une troisième île du lac, nommée l'Ile des Pêcheurs. Cette désignation suffit pour indiquer le genre d'industrie auquel se livrent ses habitans, et leur principale richesse. C'est à cette heure que les bateaux se rapprochent du rivage. Leur arrivée y donne quelque mouvement. Les femmes, les enfans, se hâtent d'aller au-devant du chef de la famille, ou bien ils suspendent ses filets aux murs de la maison, tandis qu'il ploie ses voiles, abaisse son mât, et se dispose à porter au logis, les truites et les sardines qu'il a pêchées : joli tableau de marine, que répètent les eaux transparentes du lac, et qui s'agrandit à mesure que notre barque s'éloigne.

SUITE SUR BAVÉNO.
UNE MINE DE CUIVRE DANS LE MONT TURLO. — SES USINES.
LES MINEURS. — CHANTS ITALIENS.

Bavéno, 23 octobre 1819.

Le village de Bavéno est bâti sur le penchant d'une riante colline. D'épais ombrages l'environnent. Au-dessus pointe la tour de son clocher, dont la construction remonte au moyen âge, si j'en crois sa forme et la voix publique. Une pierre tumulaire, trouvée à peu de distance et scellée dans le mur de l'église, porte une inscription qui indique qu'elle fut consacrée par Trajan. Près de là coule un torrent, le Tréfiumé. Un sentier montueux et escarpé, tracé sur ses bords, mène à de petites usines à farine ou à planches : constructions misérables, peu solides et souvent détruites par les grandes eaux. Plus haut, dans une des anfractuosités du mont Turlo, se trouve une mine de cuivre. Les bâtimens nécessaires pour son exploitation et les cabanes destinées au logement des mineurs, remplissent une enceinte de quelque étendue. Au centre, la demeure du surveillant se distingue par des dehors moins pauvres, un petit jardin et quelques dépendances de ménage. Cette mine est exploitée par de riches négocians d'Intra. Les Piémontais n'auraient ni la force, ni l'activité, ni même la résolution suffisante pour ces tristes et pénibles travaux. Aussi n'y emploie-t-on que des Tyroliens, gens hardis et robustes : c'est une race d'hommes à part. Il y a dans leurs traits et dans leurs formes quelque chose de colossal. Ils ont la voix rude, la parole brève, le regard dur, les mouvemens lents; et leurs muscles fortement articulés, annoncent une grande vigueur. Soit que naturellement leur caractère incline vers la mélancolie, qu'ils soient mécontens de leur sort, ou que le cercle de leurs idées ait peu d'étendue, une sombre impassibilité est le trait dominant de leur physionomie. Je les ai pourtant vus se dérider en recevant quelques pièces de monnaie, pour les fragmens de cristaux, de marbre ou de minéraux qu'ils m'ont vendus.

Ils sont au nombre de vingt, et travaillent alternativement jour et nuit. Leurs séances durent dix heures, séparées par deux heures de repos. J'arrivais dans l'un de ces intervalles. Ils étaient assis en cercle au soleil, à l'abri du nord, et prenaient leur repas, composé de pain noir, d'un vin épais, de quelques noix et d'un morceau de fromage. La brigade nocturne est survenue : elle venait de se lever et paraissait être plus fatiguée que celle de jour. Tous avaient la barbe longue, le teint livide. Ils n'étaient vêtus que d'une chemise et d'un pantalon de grosse toile, imprégnés de sueur, d'humidité et de miasmes de cuivre. De mauvaises chaussures, une calotte de cuir, complétaient leur habillement. Deux d'entre eux ont allumé des lampes, et nous ont invités à les suivre dans l'intérieur de la montagne. Le surveillant nous précédait. Nous sommes entrés dans un couloir étroit dont la voûte et les parois étaient soutenues par des étais en bois. L'eau s'infiltrait de toutes parts et coulait abondamment. Nous marchions dans la boue. Nous n'avions pas fait quelques centaines de pas, que nos lumières n'ont plus répandu qu'une faible clarté. Dans les premiers jours du printems et de l'automne, l'air de ces souterrains suffit à peine à la combustion. Après plusieurs détours, nous sommes parvenus à l'extrémité d'une galerie qui n'avait aucune issue. Là était un atelier des mineurs. Leurs longs ciseaux d'acier, les lourds marteaux dont ils se servent pour déchirer le roc, attendaient leur retour. Les fragmens de minerai détachés le matin, étaient amoncelés auprès; et les reflets des parcelles du métal annonçaient un filon assez abondant. En sortant de cet antre profond, avec quel bonheur n'avons-nous pas revu le jour, la campagne, le soleil et le beau ciel bleu où il brillait dans ce moment! Je plaignais ces pauvres ouvriers qui, pour quarante sous par jour, se condamnent ainsi à de grandes fatigues, à une obscurité continuelle, à une sorte de sépulture anticipée. Ils ont souri de ma pitié. L'heure du travail est venue. La cloche a sonné; et je les ai vus rentrer avec indifférence dans leur tombeau, pour n'en sortir qu'à la nuit. Que de peine! quel salaire! quelles compensations peuvent-ils espérer? Ce n'est point le bonheur domestique : à quelle heure en jouiraient-ils ? serait-ce la richesse, ou seulement une aisance médiocre? Ils ne l'atteindront jamais. Encore si leur métier offrait quelque jouissance d'amour-propre; si quelque faculté intellectuelle y trouvait à se développer; s'il était susceptible de quelque perfectionnement : mais frapper incessamment contre un rocher pour en faire voler les éclats! il n'y a que l'amour du travail, source de toutes les vertus, et l'espoir d'une vie meilleure, qui puissent inspirer une résignation si méritoire.

Réunies autour d'un bloc de pierre qui leur servait de repoussoir, des femmes séparaient du minerai, les paillettes de cuivre. Malgré leur costume négligé, le désordre de leur chevelure retenue par des aiguilles d'argent, et la malpropreté inséparable de leur travail, toutes m'ont paru fort jolies. On aurait dit qu'elles avaient été choisies à dessein. A travers de longs cils, brillaient leurs grands yeux noirs, exercés à la coquetterie et familiers avec la volupté. Sont-ce donc là ces mines séduisantes, ces regards si doux, si caressans, si vifs, des Italiennes; ces agaceries muettes tant renommées, qui ne se réservent pas même l'excuse de la pudeur? qui ne le voudrait? C'est charmant. La présence du surveillant leur avait imposé silence. Pour rompre cette contrainte, l'une d'elles a commencé le chant de *Tancredi* : *Di tanti palpiti e tante pene.* Ses compagnes l'ont imitée. Chacune a fait une partie différente. Un instinct d'harmonie mariait leurs voix, et produisait un ensemble et des accords parfaits. Voyant avec quel plaisir nous écoutions cette improvisation, elles cherchaient à la prolonger : mais le jour baissait; nous étions loin du gîte; et nous les avons quittées, non sans regret, pour aller attendre des nouvelles de notre messager.

NOS PASSE-PORTS SONT RÉGULARISÉS.
DÉPART DE BAVÉNO.— LES POSTILLONS PORTENT LE DEUIL DE COUR.
SOUVENIRS DE SAINT CHARLES BORROMÉE.
SA STATUE. — ARONA. — LE TÉSIN. — SESTO-CALENDÉ.
DOUANE ET POLICE AUTRICHIENNES. — RO.— ARRIVÉE A MILAN.
THÉATRE DELLA-SCALA.

Milan, 24 *octobre* 1819.

Les premières clartés de l'aurore éclairent l'Orient, et teignent de reflets de pourpre la surface des eaux. Une barque paraît dans le lointain : on la croirait immobile. Le sillage qu'elle laisse après elle, indique bientôt la rapidité de sa marche. Je distingue déjà les mouvemens des matelots. Le bruit de leurs rames ne tarde pas à venir jusqu'à moi. Enfin je reconnais sur la proue, comme s'il voulait la devancer, notre hôte debout, agitant, dès qu'il m'aperçoit, le firman qui va nous introduire dans le nouveau pachalick du souverain de l'Autriche. Munis de ce titre, nous usons sur-le-champ de notre liberté. Le chemin longe le rivage où croissent par intervalles quelques bouquets de saules et de peupliers. A gauche, l'aspect du lac, de ses îles, et des montagnes qui ferment son enceinte, varie à chaque instant. A droite s'élèvent des coteaux qui joignent à la richesse des champs fertiles, les agrémens d'un jardin continuel. La régularité des sillons disparaît, sous la multitude d'arbres fruitiers où forestiers qui les couvrent d'une ombre tutélaire. Si quelque torrent impétueux, descendant des hauteurs prochaines, traverse la chaussée, vous le franchissez sur un pont de granit, solide, élégant et de plainpied. Aucune inégalité ne retarde votre marche. Les bas-fonds ont été remblayés, les monticules abaissés. Vous passez entre de longues files de bornes qui, dans le lointain, semblent se toucher. Des parapets défendent l'approche des fondrières. Notre postillon s'arrête. Il appelle un passant, lui présente un crêpe et le prie de le lui nouer au bras. La cour de Sardaigne est en deuil. L'étiquette s'étend jusqu'à lui. Il avait négligé de s'y conformer, et craignait d'être mis à l'amende. Qui ne jugerait un gouvernement à de pareilles minuties? Ces deux hommes en riaient eux-mêmes. Pourquoi appeler le ridicule sur les hommages rendus aux morts titrés ou non?

Disons adieu à l'Ile-Belle que nous allons cesser de voir. Devant nous une statue colossale se dessine dans le ciel. C'est celle de Saint-Charles Borromée, en qui le pays honore un héros du christianisme et de l'humanité. Riche et prince de l'église, il donna l'exemple des vertus chrétiennes. Plusieurs fondations pieuses lui doivent leurs dotations. Archevêque de Milan pendant que la peste désola cette ville, on le vit prodiguer aux malades les soins, les exhortations, les aumônes, les secours de toute espèce. Il ne quittait leur lit de mort que pour se prosterner au pied des autels, et conjurer par la prière, le fléau qui ravageait sa patrie. Assassiné par un moine, il survécut à la blessure qu'il en avait reçue, et obtint la grâce du coupable. Paul V le canonisa. Les catholiques l'invoquent. Sa mémoire est vénérée par les philosophes. Aucun voyageur ne passe sans visiter le monument qui lui a été érigé. Un sentier escarpé mais très-fréquenté, y conduit. La statue, partie en fer, partie en bronze, a soixante-six pieds de haut. Le piédestal en a quarante-six. Le saint est représenté debout, vêtu des ornemens du cardinalat. Sa tête s'incline en avant. Sous son bras gauche il tient un livre, et de sa main droite étendue avec assurance, il affirme les vérités de l'Évangile. Son regard est modeste, ses traits expriment la piété et la tolérance. C'est l'image d'un bon prêtre. Elle touche, et imprime le respect. Un artiste y voudrait peut-être plus de correction et de vie, mais non sûrement plus de naïveté ni d'onction.

Nous arriverons promptement à Arona, lieu de naissance de Saint-Charles Borromée. Ce beau village est sur le bord du lac. Le port fermé de murs, ressemble à une naumachie antique. Sa clôture ne consiste point en de simples maçonneries. La paroi intérieure est décorée d'arcs engagés, à plein cintre, accompagnés d'une corniche, d'un entablement et d'un attique de proportions pures et élégantes. Des embarcations nombreuses flottent dans ce bassin. Les unes sont destinées au service des promeneurs : les autres servent pour la pêche ou le petit cabotage de cette côte. Parmi les patrons qui les gouvernent, il en est peu qui refusassent de frauder les droits de quelques denrées prohibées, ou de déposer sur la grève opposée un voyageur clandestin.

Après avoir encore côtoyé pendant quelques lieues le lac Majeur, à une distance plus ou moins grande du rivage, on parvient à son extrémité orientale, où le Tésin sort du fond d'un golfe, large, rapide, transparent, et de l'azur le plus beau. Sa rive droite appartient au Piémont, la gauche au Milanais. Ici, il n'y a que quelques chaumières où campent les matelots du passage, et les douaniers préposés à la visite des passagers. Vis-à-vis est le village de Sesto-Calendé. Un pont-volant passe à tous venans d'un côté à l'autre. Cette traversée est assez lente. On n'a pas touché la terre étrangère, qu'une védette réclame les passe-ports. La troupe en armes se présente pour lui prêter main-forte. En même tems, des commis de la douane cernent les voitures. Leur officier, porteur de deux énormes moustaches, exige la déclaration des objets qu'elles contiennent. Des officieux s'empressent autour de vous : l'un détèle les chevaux ; l'autre appelle les postillons ; un troisième veut graisser les roues ; un quatrième les arroser, lors même qu'il pleuvrait à verse. Des mendians crient le récit de leurs misères, et tendent à l'envi la main ou leur chapeau. Cependant des porteurs déchargent les malles, les paquets, et les transportent dans un bureau où l'on se dispose à les fouiller. Les registres s'ouvrent. On prépare des imprimés. Vainement affirmez-vous que vous n'avez que des objets à votre usage, phrase banale et certes bien nécessaire : les empressemens, les investigations et les questions ne s'interrompent, que lorsque vous déliez les cordons de votre bourse. A la vue d'une pièce d'argent, toutes les exigences cessent, toutes les rigueurs s'adoucissent. Les brutalités font place à de basses civilités plus fastidieuses et non moins importunes. Fatigué des mêmes ennuis par les agens de la police, vous les humanisez au même prix. Dans l'intervalle, le relais s'apprête en présence du maître de poste, qui y met la lenteur convenable, pour laisser le tems de lever sur vous le tribut d'usage, et qui ne vous laisse partir qu'après s'être assuré que chacun a eu sa part de cette avanie. Heureux encore d'échapper sans avoir été volé !

Maintenant nous allons à Ro. La campagne n'est ni moins belle ni moins riche que sur l'autre rive du Tésin. Les hameaux, les villages sont également peuplés et mieux bâtis. Le premier se nomme Somma; le second, Gallaraté; le troisième, Legnano; le dernier, Nerviano. Leurs noms sont écrits à l'entrée et à la sortie en gros caractères, avec l'indication des divers chemins qui y aboutissent. Vous pouvez examiner tous ces détails à loisir. Pour vous mener lentement, les postillons ne manquent point de prétextes. « Leurs chevaux, disent-ils, sont fatigués. Celui-ci est trop vieux, celui-là trop jeune. Plusieurs voyageurs ont passé pendant la nuit. Personne n'a pu reposer un instant. » Ils finiront par vous engager familièrement à patienter, puisque, de toutes façons, vous ne manquerez pas d'arriver. En effet, le village de Ro s'annonce par un bel édifice, dont la façade est décorée d'un péristyle à colonnes surmonté d'un fronton. Une coupole légère le couronne. C'est l'église d'un séminaire. L'intérieur en est simple, noble, orné sans surcharge et sans luxe. Les jours qui l'éclairent sont cachés, et n'y répandent qu'une lumière incertaine. Le mystère et la majesté de ce lieu saint, commandent le recueillement convenable à la prière.

Le relais est à l'autre bout du village. En nous voyant, chacun se hâte et craint de différer notre départ. « Ne vous inquiétez pas de cette promptitude, nous dit le maître de poste. Quoique ce soit précisément l'heure des embuscades, j'espère bien que vous ne tomberez dans aucune. La route est moins dangereuse que vers Turin. Ces jours passés, un Anglais a été arrêté et dépouillé. Depuis lors, nous n'avons entendu parler d'aucun événement. Cependant la nuit approche. Vous arriverez tard à Milan. Tenez-vous sur vos gardes. Je recommande à votre conducteur de faire la plus grande diligence. Il y est presque aussi intéressé que vous. »

Je m'étonnais qu'un gouvernement si ombrageux à l'égard des étrangers, et qui les examine si scrupuleusement, veillât si mal à la sûreté des grands chemins. « J'espère, a continué notre interlocuteur, que mes précautions seront inutiles. Il ne fait pas beau tems. Nos voleurs n'aiment point à se mouiller. Au reste ils tuent rarement. Il leur suffit de dévaliser ceux qu'ils attaquent, à moins qu'on ne leur résiste; car alors ils ne font aucun quartier. Si le gouvernement autrichien voulait armer quelques milices, il purgerait le Milanais du brigandage qui l'infeste ; mais les militaires et les gendarmes ne faisant pas leur devoir, il faudrait recourir aux propriétaires. Or, le nombre des mécontens est tel, que cet armement pourrait bien n'être pas sans danger pour les nouveaux possesseurs du pays; et voilà le secret des terreurs continuelles dans lesquelles nous vivons.»

Après une heure et demie de marche rapide, nous sommes arrivés sans avoir rencontré un seul individu. Aux approches de la ville comme en rase campagne, la solitude était complète. Dès que le soleil est couché, personne plus n'ose entrer à Milan ni en sortir. — Les portes sont fermées. Nous heurtons. Le portier sort muni d'une lanterne et accompagné d'une escorte. Il échange les passe-ports contre un récépissé, qui enjoint de se présenter personnellement le lendemain dans les bureaux de la police, pour obtenir la permission de séjourner. Celui qui laisserait passer vingt-quatre heures sans remplir cette formalité, devient suspect. Serait-on autrement écroué dans une prison? Nous parcourons plusieurs rues larges, solitaires, obscures, à la lueur de quelques réverbères, rares dans le faubourg, plus rapprochés vers le centre de la ville. Les hôtels sont tous occupés. Un seul appartement est vacant dans celui où nous descendons, mais froid, humide, inférieur de quelques degrés au niveau du jardin qui est inondé par les eaux de la pluie et les égoûts du voisinage. Il est tard. Que résoudre? sinon se résigner à ajourner encore les jouissances si désirées et déjà longuement attendues de la molle Italie, que nous n'avons goûtées qu'un instant aux îles Borromées.

Peut-être le théâtre *della-Scala*, comme le nomment les Milanais, me dédommagera-t-il de ce triste logement, et du repas étranger que je viens de faire. J'étais dans la salle que je la cherchais encore. Elle n'est point éclairée. On ne distingue dès l'abord, ni les loges ni même ses proches voisins. La foule me pressait. J'entendais parler autour de moi. J'ai levé les yeux. La scène et les acteurs que j'ai aperçus au loin, m'ont appris en quel lieu je me trouvais. Puis familiarisé avec l'obscurité, j'ai commencé à reconnaître les détails de cet ensemble : un parterre dont les banquettes et les avenues contiendraient deux mille personnes; six rangs de quarante loges chacun; un orchestre où tiennent à l'aise quatre-vingts musiciens; un théâtre éclairé par cent quatre-vingts lampes, sur lequel plusieurs chars antiques à deux chevaux peuvent courir, sans nuire aux évolutions militaires, aux mouvemens des chœurs, de la danse et du chant, ni au jeu des acteurs; des décorations enfin où l'art de la perspective et celui de la peinture se réunissent, pour créer des palais magnifiques, des paysages immenses, et ajouter, par les effets de l'illusion, à l'étendue de cette vaste enceinte. Un billet pris à la porte donne entrée au parterre, et le droit de circuler dans la salle. Chaque loge est une propriété particulière, dont la valeur vénale s'élève depuis vingt jusqu'à trente mille francs. Elles sont toutes vendues. Les dames de Milan en font des salons de réception. On cause, on joue aux cartes, on se promène. Les voix confuses et le battement des portes entretiennent un bruit continuel, semblable à celui que l'on entend dans les marchés. L'air favori, l'acteur qui plaît, ont seuls le pouvoir d'imposer quelques minutes de silence, et de se faire écouter. Les éclats de l'enthousiasme seraient de mauvais ton. Des applaudissemens rares et faibles, un murmure léger d'approbation, expriment la satisfaction publique. En rentrant dans la coulisse, celui qui a reçu ces témoignages flatteurs salue gauchement, et le tumulte habituel recommence. Quoique le rideau se lève à sept heures, le spectacle ne finit qu'à une ou deux heures de la nuit. Durant la saison théâtrale, il se compose invariablement des mêmes pièces. Le livret et la partition de l'opéra qu'on joue cet hiver, ont généralement déplu. Personne n'y prête attention. Le sujet du ballet est la guerre des Titans. Les détails en sont insipides, souvent inintelligibles, et délayés à satiété. On a peine à démêler la fable, à travers les scènes fastidieuses qui se passent en marches, en tableaux, en attitudes, en pantomimes d'un effet quelquefois grotesque, par l'opposition de la noblesse de l'action avec la trivialité ou l'insignifiance des personnages. Le jeu des machines et la beauté des décorations, donnent seuls la patience d'attendre le moment où les Titans escaladent le ciel. Les rochers qu'ils entassent sont imités jusqu'à la perfection. Le spectateur voit croître avec une rapidité sans égale, la montagne qu'ils élèvent. A mesure qu'elle approche des nuages, ils s'élancent avec ardeur, redoublent de rage et d'efforts. La victoire semblerait certaine, si l'on ne connaissait la terrible catastrophe qui va punir leur témérité. Tout-à-coup la terre s'émeut. Le tonnerre gronde. La foudre tombe en éclats. L'ouvrage impie s'écroule. Ses auteurs et ses débris sont engloutis dans les flots d'une mer en courroux. La voûte céleste s'ouvre, et laisse voir

Jupiter entouré des dieux de l'Olympe, déposant ses carreaux vengeurs et rendant la paix au monde.

MILAN. — SOUVENIRS HISTORIQUES.
LES CASERNES. — LA PLACE D'ARMES. — LE CIRQUE.
LES ARCS DE MARENGO ET DU SIMPLON. — LA CÈNE DE LÉONARD DE VINCI.
LE MUSÉE. — SUITE DES SOUVENIRS HISTORIQUES.
ASPECT DE LA VILLE ET DE SA POPULATION.
L'ÉGLISE DE SAINT AMBROISE.

Milan, 25 octobre 1819.

Milan, jadis *Mediolanum*, fut bâtie par les premiers Gaulois qui franchirent les Alpes. Sa position la rendait propre à surveiller les mouvemens des barbares de la Germanie. Les guerres de l'empire d'Occident ayant exigé la présence des empereurs sur cette frontière, Maximien, au commencement du quatrième siècle, fixa sa résidence dans cette ville, l'embellit et lui donna le titre de ville impériale. De doubles murailles pourvurent à sa défense. Un cirque, un palais, un théâtre, un atelier des monnaies, des portiques ornés de statues, et des thermes magnifiques y furent construits. La beauté de ses monumens et de ses édifices excita la jalousie de Rome. Alors la ville-reine avait perdu le prestige de sa puissance. Sa gloire s'éclipsait. Il était réservé aux Goths de la venger de cette courte rivalité. Vers le milieu du sixième siècle, leurs hordes saccagèrent Milan, et la ruinèrent de fond en comble.

La population dispersée revint chercher ses pénates au milieu de cet amas de ruines. Milan se releva. Son existence suivit les chances des convulsions du moyen âge. Elle finit par devenir la capitale d'un grand duché. Sous cette nouvelle désignation elle eut ses succès et ses revers, ses héros, ses tyrans et ses traîtres. La famille des Visconti et des Sforce lui donna des souverains, les uns honorés, les autres flétris par l'histoire. François Ier, qui l'avait acquise de Max. Sforce, la perdit; et Charles Quint l'enclava dans son empire.

Elle faisait partie des états de l'empereur d'Allemagne quand notre révolution éclata. Le gouvernement de l'Autriche la tenait dans l'assoupissement commun à toutes les possessions soumises à ses lois. L'amour de la patrie y était éteint ou se cachait. Le savoir ne se produisait qu'avec réserve. La contrainte nuisait aux plaisirs. Toutes les idées libérales se concentraient dans l'étroite enceinte de la famille, où l'espionnage et la délation en gênaient même quelquefois le développement. La victoire de Lodi ouvrit les portes de Milan aux soldats de la république française. Une députation des principaux citoyens alla saluer le général Bonaparte, qui lui promit la liberté et l'égalité. Masséna entra le premier dans la ville. Il ne parla non plus que d'indépendance civile et politique. Les républicains de l'Italie accoururent. La verge de l'Autriche était brisée. Dans toutes les conditions, des mécontens irrités, de fanatiques novateurs s'offrirent, se dévouèrent; et le directoire de la France qui, sous son sceptre de plomb, laissait flétrir nos couronnes civiques et nos lauriers, se chargea de doter cette nouvelle conquête, des institutions qu'il ne savait plus maintenir près de lui. La république cisalpine naquit. Son inauguration eut lieu le 9 juillet 1797. Des fêtes pompeuses signalèrent cette régénération d'un ancien peuple; et la gaîté de la vie française remplaça la tristesse du régime autrichien.

Chez les nations, comme pour les individus, les joies immodérées ne comptent pas de longs jours. Ce n'est pas tout de changer d'état, de passer de l'esclavage à la liberté, de la pauvreté à la richesse, de la privation à la jouissance, si la sagesse ne seconde et ne confirme ces transitions. Il n'est que trop vrai : l'art de conserver est plus difficile que celui d'acquérir. Les créations même du génie ont besoin d'être fécondées par la raison, bien plus encore celles qu'accompagnent le bruit des armes et les cris d'un enthousiasme souvent irréfléchi. En moins de deux années, toute cette effervescence italienne s'épuisa. La triple victoire de Vérone, Magnano et Cassano, entraîna dans nos revers la Lombardie et le Piémont. Mélas, qui devait plus tard nous rendre Milan, parut devant ses remparts. Des feux de joie, des danses, des illuminations, des festins, célébrèrent les funérailles de la république cisalpine, comme ils avaient célébré sa naissance; et le sang de ses plus ardens zélateurs fut répandu sur son tombeau.

Bonaparte reparut. La victoire rentra sous nos étendards. Des champs de Marengo, la renommée vola dans ceux du Milanais, et leur annonça le retour du libérateur. Les peuples se levèrent comme un seul homme. A la haine du despotisme, se joignit alors la soif de la vengeance. A travers ces masses révoltées, l'Autriche eut peine à ramener ses soldats débandés, sur les limites de son propre domaine. La fortune de Milan se lia dès ce jour à celle de la France. Sous le consulat de Bonaparte elle avait vu siéger les magistrats d'une république. Devenu empereur, Napoléon lui donna la royauté, dont il obtint d'être le premier titulaire. Le clergé fut appelé à bénir le nouveau souverain, ses ornemens, son sceptre et sa main de justice. Le cardinal Caprara officia pontificalement. Quelques affidés de l'Autriche, quelques amis inquiets de la liberté, des agitateurs, s'étonnèrent qu'il ne lui eût pas fermé les portes du temple, imitant ainsi le saint évêque qui en avait chassé un empereur teint du sang des Thessaloniens : mais les prêtres, qui échappaient à peine à des proscriptions récentes, s'estimèrent heureux au contraire, que leur ministère fût de nouveau invoqué pour la consécration d'un monarque. N'était-ce point reprendre possession du droit de sanctionner la puissance temporelle, et s'acheminer peut-être à en disposer? Des prémisses la conclusion s'ensuivait naturellement. Il y avait aussi quelque honneur et presque de la gloire, à voir s'incliner au pied des autels et devant leurs ministres, une tête ombragée de lauriers, un guerrier qui ne connaissait point de vainqueur, et en qui, par une flatterie mystique, on saluait l'élu de Dieu. L'ère des excommunications n'était pas encore revenue. Il fallait auparavant trouver quelques épées capables de combattre efficacement en leur faveur. Les cérémonies du couronnement s'accomplirent. On avait apporté du trésor de Monza la couronne de fer. Napoléon la posa lui-même sur sa tête. « Dieu me la donne; gare à qui la touche ! » dit-il avec fermeté; et pour la première fois peut-être, cette devise menaçante ne fut point entendue comme un vain protocole. Près de lui était le prince Eugène Beauharnais, à qui devait échoir la vice-royauté de cette portion de l'empire français, et dont personne ne doutait qu'il ne dût recueillir l'héritage. Une génération entière assistait à cette solennité. Ses acclamations, son ivresse, promettaient un dévouement et une fidélité dont nul n'eût osé soupçonner le terme. Ainsi les présages d'un heureux avenir se mêlaient au bonheur du présent.

Capitale du royaume d'Italie, Milan devint une seconde fois, à quatorze siècles de distance, une ville impériale, non plus rivale de Rome, mais de Paris où un autre César avait placé le siége de sa domination. A l'instar des empereurs d'Orient, Napoléon y créa des établissemens propres à l'accomplissement des desseins qu'il avait sur elle, et mit tous ses soins à l'embellir. La citadelle avait été rasée. Lors même que la paix eût reposé sur des bases durables, il ne pouvait abandonner aux chances d'une surprise, un dépôt militaire et une position politique de si haute importance. Le séjour et le passage des armées, devenus onéreux aux habitans, eussent pu aliéner leurs suffrages. Il construisit, comme par enchantement, des casernes et des hôpitaux militaires. Par-là un quartier malsain et inhabité acquit de la salubrité et une nombreuse population. Non loin se trouvait un espace immense et dépourvu d'utilité. Il fut converti en une place d'armes susceptible de contenir cent mille hommes, et dans laquelle trente mille hommes manœuvraient avec aisance. Des plantations d'acacias, de platanes, en ombragent le pourtour. Au-delà fut construit un édifice qui n'est presque qu'une galerie couverte, et où l'on monte par des degrés d'une belle proportion. L'intérieur est décoré de bas-reliefs peints, qui représentent des batailles et des trophées de guerre. L'on y voyait deux camées en regard l'un de l'autre, celui de Napoléon et celui de Joséphine. Ces images n'avaient certes plus rien de redoutable, mais elles rappelaient trop de souvenirs dont on s'inquiète encore : il a fallu les altérer. A l'aide d'une barbe et d'une chevelure touffues, on a fait de la première un Jupiter tonnant. Un casque antique a métamorphosé la dernière en Minerve. Sous cette nouvelle forme, l'énergie et la profondeur des traits de Napoléon, n'ont acquis qu'un plus beau caractère, et sa ressemblance avec l'idéal du maître des dieux est frappante. Pour Joséphine, l'armure avec laquelle on a tenté de la déguiser, n'a pu donner à la grâce, à la suavité, à la volupté de sa physionomie, la moindre portion de cette sévérité à laquelle on reconnaît la Sagesse. Un balcon règne dans la presque totalité de la façade. C'est au-dessous, sur la vaste esplanade qu'elle domine, que se passaient les revues triomphales des phalanges françaises. Des princes souverains y furent admis, confondus dans la cour du soldat heureux. Ils admiraient nos braves, et n'appelaient leur chef que du nom d'invincible.

Après les exercices et les évolutions, ils le suivaient dans le cirque adossé à ce rendez-vous militaire, dont les gradins, moitié en granit, moitié en gazon, contenaient plusieurs milliers de spectateurs. Des courses à pied et à cheval, des courses de chars occupaient l'arène. Puis des canaux souterrains s'ouvraient et la transformaient en naumachie. Des jouteurs y combattaient à leur tour ; et les vainqueurs recevaient des couronnes au son des fanfares, au bruit des applaudissemens d'une multitude innombrable. On ne peut dire combien cette réunion de jeux antiques et modernes éveillait de nobles souvenirs, électrisait les ames. Aujourd'hui le silence et la solitude environnent ces ruines de quelques jours. Les étrangers seuls les visitent; et chacun leur répète à l'envi le récit de ces fêtes qui ont passé comme un songe, et auxquelles les contemporains sont encore orgueilleux d'avoir assisté.

Plusieurs palais furent appropriés en même tems aux besoins et à l'éclat d'une grande administration. Des promenades s'ouvrirent. Un superbe jardin public reçut, avec des embellissemens nouveaux, le nom de Villa-Napoléon. On commença à planter les boulevards extérieurs. Le canal de Pavie si souvent entrepris et abandonné, joignit enfin Milan à Venise. Tout auprès s'éleva un arc de triomphe en marbre blanc. On le nomma l'arc de Marengo, que les flatteurs du nouveau régime n'ont pu encore lui ravir. Il est d'ordre dorique, haut, léger, simple, hardi, remarquable par son élégance et la pureté de ses profils. Un autre arc triomphal devait servir de frontispice à la route du Simplon. Il fait face à une double allée de tulipiers, longue d'une demi-lieue. Les mines de Carrare et les sculpteurs les plus habiles concouraient à son érection. Ses bas-reliefs eussent rappelé le triomphe de nos armées. Il eût été couronné de deux Victoires équestres, entre lesquelles un char attelé de quatre chevaux, était destiné à recevoir la statue du régénérateur de l'Italie. Le soubassement seul est terminé. On n'a posé que quelques assises des colonnes : mais les matériaux sont prêts, la plupart des sculptures achevées. Des gardiens les conservent et les montrent comme des reliques. On y reconnaît les généraux français qui figurèrent sur les champs de bataille, et les ministres admis dans les conseils de celui qui commanda si souvent à la victoire. L'opinion, qui est, plus qu'elle ne le fut jamais, la souveraine des rois, protège ces marbres précieux contre toute profanation. Tel est le respect qu'ils inspirent, que ceux au pouvoir desquels ils sont tombés, oseraient encore moins en violer le dépôt, que continuer de les mettre en œuvre. Ne se peut-il point aussi qu'on en fasse un trophée en commémoration de nos revers? Plus les actions qu'on y a retracées sont héroïques, et plus il sera glorieux d'avoir triomphé des soldats et du chef qu'elles immortalisèrent. Pour cela il suffira d'ôter la statue de Napoléon, et de mettre à sa place celle de l'un des souverains que l'Angleterre avait ameutés contre lui[1].

[1] J'ai revu ce monument en 1827. On l'achève. Les mêmes bas-reliefs qui lui étaient destinés orneront ses façades. A son sommet on doit, m'a-t-on dit, placer les statues en pied des empereurs d'Autriche et de Russie, et celle du roi de Prusse. Ces monarques seront censés avoir effacé l'éclat de tous nos trophées, et rendu la paix à l'Europe. Mais le bagage qu'ils légueront à l'histoire, ne se borne pas à cet acte de leur sollicitude pour le repos des nations. Il faudra y comprendre aussi l'anarchie de l'Espagne, la domination de l'Italie, l'oppression meurtrière des Grecs à qui notre France aura peut-être la gloire de rendre une patrie, tout ce qu'enfantera d'ambitions la guerre actuelle de la Russie contre les Turcs, l'usurpation

Il semble en effet, que l'on éprouve quelque velléité de profiter des premières dépenses qui ont été faites. Il y a des débats à ce sujet. Divers projets ont été donnés. On les discute. Les uns voudraient que cet arc fût transporté à l'orient de la ville, et consacré à la rentrée des Autrichiens; d'autres, qu'il fût continué sans rappeler davantage, ni les hommes ni les actions dont il eût conservé la mémoire; d'autres encore, et notamment les autorités de Milan, insistent pour que cette construction soit achevée à la place où elle a été commencée. Ce dernier avis paraît l'emporter; et l'on attend prochainement de Vienne, l'autorisation de reprendre les travaux, vainement sollicitée depuis cinq ans.

Les monumens anciens fixèrent aussi l'attention de celui à qui rien n'échappait. Une portion de colonnade, qui passe pour avoir appartenu à des thermes, et à laquelle on donne le nom de *colonnes de Saint-Laurent*, allait être démolie, sous le prétexte qu'elle s'écroulait et qu'elle gênait le passage dans la rue qui con-

---

du Portugal, et l'hésitation actuelle des cabinets de l'Europe, qu'on aurait bien tort de prendre pour de l'équilibre.

duit à l'arc de Marengo. Napoléon la fit restaurer. Des chaînes de fer en lièrent les diverses parties. Cette ruine imposante est devenue l'un des plus beaux ornemens de la ville, et l'objet de l'admiration générale. L'isolement des colonnes dont elle se compose ne lui a rien fait perdre de la majesté qui distinguait les temples des dieux.

Dans l'ancien réfectoire du couvent de Sainte-Marie-des-Grâces, devenu un magasin public, la Cène de Léonard de Vinci était exposée à des dégradations continuelles : une barrière en défendit l'approche. Les artistes seuls eurent le droit de monter sur une estrade pour l'étudier. Mais le tems l'effaçait. A peine y distingue-t-on maintenant de faibles traces du génie de son auteur. Le coloris n'a plus d'éclat. Quelques lignes indécises sont tout ce qui reste des contours du dessin. C'est un effort que d'en chercher les détails ; et l'ensemble échappe aux regards les plus exercés. La postérité devra à Napoléon une copie en mosaïque de cette fresque célèbre. Rafaéli, à qui il l'avait commandée, y travaille encore ; et l'empereur d'Autriche se propose de la placer dans une église qu'il bâtit en l'honneur de la Vierge.

Enfin, des encouragemens furent donnés à ceux qui cultivaient les sciences et les arts. Le musée s'enrichit des meilleurs plâtres moulés sur l'antique. On y exposa les compositions des élèves lauréats de l'école renaissante de Lombardie, où l'art de la gravure paraît avoir quelque prééminence. Des tableaux précieux furent ajoutés à ceux qui ornaient déjà la galerie. Dans cette collection, mes souvenirs seront guidés par le hasard, peut-être plus que par un discernement éclairé : car, docile aux émotions que je ressens, mon jugement ne se règle pas toujours sur un goût bien pur. Si je commence par Raphaël, j'aurai moins à craindre de me tromper. Il a représenté le Mariage de saint Joseph. Cette œuvre appartient, je crois, à sa première manière. L'ordonnance du sujet est naturelle, le dessin correct, et la couleur vraie. Il règne dans cette scène une naïveté de naturel, un ton religieux, une sorte de grâce céleste, qui présage les mystères dont elle sera suivie.

Regardez de ce côté une Agar congédiée par Abraham. Le patriarche la repousse doucement avec la main. Elle se dispose à s'éloigner ; mais connaissant que celui à qui elle a donné un fils, ne fait que céder aux instances d'une femme avare et jalouse, elle jette sur lui un regard où la tendresse combat la résignation. Elle voudrait lui reprocher sa faiblesse ; la douleur l'en empêche. Sa figure est séduisante. Des larmes coulent de ses yeux. Elle ne cherche point à les cacher, et semble encore croire à leur pouvoir. Le jeune Ismaël se tient étroitement serré contre elle. Il s'enfonce dans les plis de la robe de sa mère. De ses deux mains il cache son visage et ses pleurs : son chagrin cédera bientôt au bonheur de suivre celle dont il reçut la vie. Quant à Sara, elle n'est vue que de profil. Le peu que l'on aperçoit de ses traits, trahit la joie intérieure qu'elle éprouve, de ce que son fils Isaac héritera sans partage. Entre ces expressions vraies et énergiques, de sentimens si opposés, Abraham se fait remarquer par l'impassibilité qui convient à la vieillesse, et au respect de la volonté de Dieu qui lui a été manifestée. Cette composition est un des meilleurs ouvrages du Guerchin.

Voici maintenant une martyre qui vient de recevoir le coup mortel. Le sang coule, et laisse sur son sein des traces de pourpre. Sa vie est près de s'éteindre. Des anges l'aident à se soutenir. L'un d'eux lui présente une couronne de fleurs. La sainte victime tourne sa belle tête vers le ciel ; sa vue s'égare; son teint n'est plus coloré que d'un léger incarnat : un doux sourire annonce qu'elle goûte par avance les joies célestes qui l'attendent. Quelle autre volupté ferait éprouver ce chaste ravissement, cette pieuse ivresse !

Le dernier sujet sera moins grave et moins touchant : c'est un moine endormi. Sa tête, penchée en arrière, tombe de toute sa pesanteur. A son sommeil lourd et profond, on juge qu'il ne rêve seulement pas ; et croyez-vous qu'à son réveil il soit susceptible de penser davantage ? L'embonpoint, l'absence de tout souci, l'égoïsme et la paresse, ont tour à tour servi de modèle pour cette étude.

Les vues politiques de Napoléon sur l'Italie ne se bornaient point à des précautions purement militaires, aux soins d'un gouvernement fort, à des constructions d'utilité générale, à des monumens publics. Tout ce que l'émulation pouvait exercer d'empire sur une population naturellement enthousiaste, il s'en servit pour fonder son autorité. Aux partisans de la gloire militaire, il ouvrit les rangs de nos soldats ; et il les admit à l'honneur de s'y distinguer. Ceux qui n'étaient pas étrangers aux lumières de l'administration, à l'étude des lois, furent appelés à régler les intérêts généraux et à juger les procès de leurs compatriotes. Un institut et des académies offrirent aux savans, aux écrivains, aux artistes, l'occasion et les moyens de répandre les lumières. D'autres ne voulaient qu'une cour, ses livrées et des hochets ; et malheureusement ils n'eurent qu'à désirer pour être satisfaits. Rien ne fut omis d'ailleurs de ce qui pouvait enrichir le peuple et le pays : travaux utiles ou de pure magnificence, communications nouvelles, extension du commerce, encouragemens pécuniaires ou honorifiques. La route du Simplon, le canal de Pavie, les casernes, l'arène, les arcs de triomphe, sont autant de témoignages d'une prévoyance et d'une activité qui ne connaissaient point de bornes.

Telle était la situation des choses, lorsque le sort du royaume d'Italie, comme celui de l'empire français, se décidait dans le nord de l'Europe. L'existence viagère de cette puissance colossale allait s'évanouir, par le renversement de celui qui l'avait créée. Dégagés de leur fidélité au vaincu, confians dans la discrétion apparente de l'Autriche victorieuse, les Milanais crurent un moment que, faute de maîtres, ils pourraient garder leur indépendance : comme si, dans la coalition européenne, les coureurs de l'héritage qui allait être vacant pouvaient jamais manquer. Ils ne s'attendaient pas non plus qu'après tant d'échanges, de partages, de révolutions, on dût invoquer d'anciens droits de propriété et les remettre en vigueur. A l'exemple du sénat de Rome, pendant les débats de César et de Pompée, celui de Milan délibérait sur le choix du prince à qui il confierait les rênes de l'état. Il arbitrait les titres de ceux dont la concurrence lui paraissait également légitime. Le ballottage, s'il est permis de le dire, s'étant arrêté entre Eugène-Napoléon et un archiduc, le parti français l'emporta. Les opposans en appelèrent à la populace. Dix nobles, à la tête desquels était Fréd. Gonfalonieri, la soulevèrent aux cris mensongers de la liberté. Des femmes du premier rang fomentèrent aussi cette insurrection. Les bandits, qui ne manquent jamais aux tourmentes politiques, se précipitèrent avec leurs chefs dans la salle où les sénateurs tenaient leurs séances, et mirent en fuite les auteurs de la résolution qui avait été prise : en un instant tout fut brisé et dispersé. La victoire était incomplète, si quelque meurtre ne l'eût ensanglantée.

« Melzi ! Melzi ! » criaient les assassins, pour se venger du sénat dans la personne de son président. Un des amis de Melzi, dans le dessein de le sauver, prononça le nom de Prina. A tort ou à raison, on soupçonnait cet ancien ministre d'avoir exagéré l'exécution des lois, déjà si rigoureuses, de la conscription et des finances. Poussée par sa mobilité accoutumée, la foule vole au palais de cet infortuné, l'en arrache, le frappe et le conduit à la mort. Il leur échappe. Livré par un marchand de vin, chez lequel il était parvenu à se réfugier, et qui évita ainsi que sa maison ne devînt la proie des flammes, sa mort fut cruelle, comme la donne le peuple dans ses vengeances, ou plutôt dans ses fureurs ; car ce n'est pas moi qui dirai jamais dans sa justice : je n'y crois pas. Il fut dépouillé, assommé à coups de bâton, et jeté à des bourreaux qui le traînèrent dans toute la ville par une corde liée à l'un de ses pieds, jusqu'à ce que, las de cet horrible trophée de chair, de sang et de boue, ils finirent par en abandonner les lambeaux sur les degrés de l'Hôtel-de-Ville. En même tems on pillait, on démolissait son palais. Six heures suffirent pour en faire un monceau de ruines ; et son emplacement n'est plus aujourd'hui qu'une place publique.

Après ces excès qu'ils avaient dirigés, les patriciens, ennemis du régime français, songèrent à en recueillir le prix. Ils envoyèrent vers François II, une députation chargée de l'entretenir de leurs projets d'indépendance nationale. La mort de Prina garantissait l'impossibilité d'un retour vers la France. Ce gage leur semblait propre à concilier le suffrage de celui en qui ils ne voulaient voir qu'un arbitre, tandis qu'il avait déjà prononcé souverainement sur leur destinée future. De vagues paroles remplirent cette audience. L'entrée des Autrichiens à Milan, le 28 avril 1814, et la prise de possession du pays par Bellegarde, au nom de l'empereur d'Autriche, le 23 mai suivant, ouvrirent tous les yeux, dissipèrent toutes les illusions. Le peuple se soumit. Ses agitateurs se turent. Chacun n'eut plus qu'à s'accommoder à l'ancien joug brisé, rattaché, échangé et imposé de nouveau, pour se rompre sans doute plus tard, puisque ni la force ni la ruse ne sauraient plus assurer long-tems l'obéissance des nations au pouvoir absolu.

Cinq années seulement se sont écoulées depuis cette nouvelle occupation, et déjà des plaintes s'élèvent. Le commerce est nul ; l'industrie morte. Les arts et les sciences languissent. En proie à l'espionnage et aux entraves d'une police minutieuse, la pensée n'ose se révéler. Plus d'ateliers pour les ouvriers. Le pays s'appauvrit journellement de numéraire, par l'exportation à Vienne du produit des impôts. Aucun des objets consommés par le gouvernement ne s'achète en Lombardie. Tout y vient d'Autriche. Le seul bienfait de l'administration, qui se montre si hostile envers les étrangers, est de traiter les nationaux, sinon avec indulgence, du moins avec des ménagemens qui ne trompent personne. Elle espère compenser ainsi les charges qu'elle accumule, et exercer son autorité avec autant de facilité qu'elle l'a établie. Jusqu'à ce jour, aucune résistance n'a démenti ce calcul. Cependant, on pourrait le dire, l'unanimité des vœux lui est contraire. La liberté des entretiens a quelque air de menace. L'humeur éclate dans les discours. Notre règne tant décrié excite des regrets. Parlez français et vous en recevrez la confidence. Notre consul, lui-même, homme très-monarchique dans l'acception reçue, n'a pas pu se garantir de la contagion. Peut-être ne donnerait-on aucun signe d'insubordination; mais il est possible que l'on prît exemple de celle qui viendrait du dehors. Aussi la garde du pays et des grandes villes surtout, n'est-elle confiée qu'à des Hongrois et à des Esclavons. Les régimens italiens sont envoyés en Hongrie et dans les pays dont ils n'entendent pas la langue. Le maintien de l'ordre de choses actuel ne leur aurait pas été confié avec sûreté.

Les rues de Milan sont généralement spacieuses. Des trottoirs commodes servent aux piétons. Les voitures roulent sans bruit et sans secousse sur de larges dalles, à travers lesquelles les eaux s'écoulent, par des trous percés de distance en distance. La plupart des maisons sont hautes, vastes, alignées. De nombreux palais se distinguent par le caractère et les décorations de leur architecture. Dans les quartiers populeux, on trouve des boutiques vitrées à l'instar de Londres et de Paris. L'étalage des marchandises qu'on y vend, n'est dépourvu ni d'arrangement ni de goût. Cette innovation est due aux Français. Dans les marchés qui sont étroits et malpropres, abondent les légumes et les fruits du midi : et les moineaux tiennent leur rang sur les tablettes des marchands de gibier. Hors le centre de la ville, il est peu d'habitations que des jardins n'embellissent. De belles promenades ornent sa partie orientale. On se propose de l'entourer de boulevards à la manière des places fortes. Partout l'affluence des passans annonce une capitale. L'habillement des hommes est fort simple, et même plus négligé qu'ailleurs. Il n'en est pas ainsi de la toilette des femmes. Dès le matin elles portent des robes courtes, garnies, et plus ou moins élégantes, selon leur rang ou leur richesse. Elles mêlent des fleurs à leur coiffure en cheveux. Un long voile noir qu'elles y adaptent, relève l'éclat de leur teint, et donne du jeu à leur taille et à leur physionomie. Jusque dans leur chaussure, on remarque une recherche particulière. Cet ajustement, la coquetterie de leur fichu peu discret, leurs demi-gants, et, pour peu que le soleil brille, un petit éventail dont elles jouent avec finesse, leur air enfin de parure et de fête, attirent sur elles les regards, les fixent, et font trouver jolies celles qui y ont le moins de prétention.

Puisque j'ai eu occasion, à propos du couronnement de Napoléon, de citer la pénitence publique infligée par Saint-Ambroise à Théodose, venez avec moi visiter l'église bâtie sous

son invocation, et voir les mêmes portes qu'i
ferma sur cet empereur. Elles sont d'un boi
très-épais. Un double grillage en fer les préserv(
de toute atteinte profane. On ne peut qu'entre
voir les bas-reliefs qui les couvrent. Tous rap
pellent des traits de l'Écriture-Sainte. Il n(
paraît pas que les siècles qui se sont écoulé:
depuis l'époque où ils devinrent un monumen
historique, les aient beaucoup altérés. L'églis(
est très-ancienne. Deux portiques latéraux y
conduisent. Ils sont incrustés de fragmens antiques trouvés dans les fouilles des environs
La mosaïque précieuse qui orne la voûte du
chœur, passe pour un ouvrage du neuvième
siècle.

SUITES DES OBSERVATIONS SUR LES MILANAIS.
LA CATHÉDRALE IL DUOMO. — QUELQUES AUTRES ÉGLISES.
L'HÔPITAL. — LE THÉATRE ROYAL.

Milan, 26 octobre 1819.

La saison actuelle est peu favorable au séjour de Milan. La proximité des montagnes et de plusieurs rivières influe sur sa température. A la pluie qui tombait depuis quelques jours, vient de succéder un brouillard épais, un froid pénétrant, une humidité désagréable. L'aspect de la ville se ressent de ces intempéries passagères. Les femmes ne sortent, pour ainsi dire, qu'à la dérobée. Les promenades sont désertes. On a même abandonné le Cours, rendez-vous obligé des premières heures de la soirée, où les hommes à cheval et les dames dans de riches équipages, vont régulièrement se montrer et se chercher. Du logis chacun se rend directement au théâtre. Les plaisirs de ce colin-maillard remplacent ceux qu'on ne se serait pas refusés au grand jour, et les surpassent peut-être. Quant à nous, malgré le mauvais tems, il nous faut bien continuer notre métier de voyageurs, et satisfaire la curiosité qui nous amène.

Commençons par la cathédrale qu'on nomme *il Duomo*. Elle est toute de marbre blanc. Au devant se dessine un perron, qui occupe la façade entière, et sur lequel les négocians se réunissent et tiennent la Bourse. Son architecture offre un gracieux assemblage des formes grecques et gothiques. Quelques artistes la taxent de bigarrure et de bâtardise. D'autres y trouvent une heureuse combinaison, digne de faire époque et d'être imitée. A part les règles de l'art, les savantes discussions et les censures de la critique, on ne peut, en la voyant, se défendre d'un mouvement de surprise et d'admiration. La multitude de petites flèches à jour, portant chacune une statue, qui l'environnent ou la dominent, et dont elle est comme hérissée, semblerait devoir papilloter aux yeux et les fatiguer : il n'en est rien. La légèreté et le fini des détails n'altèrent aucunement les proportions de la masse. Ce serait de l'ivoire que le travail n'en pourrait pas être plus délié. Commencée par Galéas Visconti dans le quatorzième siècle, dotée successivement par plusieurs familles riches, et surtout par celle des Borromées, et par Saint-Charles lui-même, cette église ne s'achevait point. Le tiers seulement de la façade existait lorsque nous occupâmes la Lombardie. Napoléon la fit terminer et se rendit par là fort populaire. Dans l'intérieur, il reste beaucoup à faire encore. Les travaux continuent, mais sans suite et avec parcimonie. Moins ouvragé que le dehors, le dedans a un caractère plus imposant. Les nefs sont vastes, les voûtes élevées. En passant à travers des vitraux coloriés, la lumière y perd de son éclat, et donne aux cérémonies de l'église plus de mystère, de recueillement et d'onction. Des escaliers faciles conduisent au haut des tours, d'où l'on découvre à la fois les Alpes et les Apennins. La toiture est faite de dalles de marbre blanc, liées par un ciment de pouzzolane et de poix, qui a souvent besoin de réparations.

Devant le maître-autel, dans une chapelle souterraine, reposent les restes de St-Charles Borromée. On les voit à travers le sarcophage de cristal de roche qui les renferme. Cette chapelle est tendue de drap d'or et de soie fabriqué à Milan, remarquable par la finesse du tissu et la beauté du dessin. Des bas-reliefs en argent, incrustés dans les murs, représentent la vie du saint, les principaux traits de sa piété courageuse. Autour de ses reliques brillent des offrandes d'un grand prix. Plusieurs rappellent des vœux faits par des princes souverains. Des lampes brûlent sans cesse dans ce riche tombeau. La messe y est célébrée tous les matins. Celui qui en a la clef n'y entre qu'en surplis. C'est dans peu de jours l'anniversaire de la fête de Saint-Charles. Une brillante solennité se prépare. L'église est déjà parée de tapisseries de pourpre, et de tableaux analogues à la cérémonie. On s'attend à un concours considérable de dévots et de curieux. Presque tous les logemens sont déjà retenus dans la ville ; et les prêtres comptent sur un grand débit de chapelets, d'images, de légendes et de prières.

On cite d'autres églises pour la somptuosité de leurs décorations. Les Milanais sont fort jaloux de ce genre de luxe. Il y a dans celle de Saint-Celse un autel d'argent artistement ciselé. Celle de Saint-Alexandre est également riche, non-seulement d'or, d'argent et de pierres précieuses, mais de fresques peintes par des artistes célèbres. La porte du tabernacle et les vases sacrés éblouissent par l'éclat des diamans dont ils sont surchargés. En les montrant, le custode ne manque pas de faire observer qu'ils ont été respectés par les Français, si calomnieusement accusés de tant de spoliations.

L'hôpital occupe un emplacement considérable. Des familles opulentes l'ont, à plusieurs époques, agrandi et enrichi. Les additions qui y ont été faites, appartiennent chacune à un genre d'architecture différent; et cette bigarrure dépare beaucoup sa façade. A la vue d'un édifice si vaste, on aime à croire que la bienfaisance aura surpassé les besoins des pauvres. Cette pensée diminue l'impression pénible que l'on reçoit en entrant dans cet asile de la douleur. La sagesse et l'économie président à son administration, et passent pour en doubler les ressources. Tous les moyens propres à entretenir la salubrité, y sont mis en pratique. Des ventilateurs renouvellent l'air incessamment; et la lumière, qui est aussi un principe actif de la vie, s'y répand par de nombreuses croisées. Les lits sont bons, convenablement espacés, garnis de linge propre. On en compte jusqu'à cinq mille. Chaque malade a le sien, et reçoit les secours des médecins et des chirurgiens les plus habiles : ici, comme en France, le privilége de guérir les indigens est un honneur réservé à la science, et la récompense des longues et profondes études qu'elle exige. Le zèle et l'humanité des infirmiers adouciraient encore le spectacle de tant de souffrances, si ceux qui montrent les détails de cet établissement ne renouvelaient les émotions de votre pitié, par l'expression de leur reconnaissance envers ses fondateurs. L'accent qu'ils y mettent trahit leurs tristes droits à cette propriété publique. Vous lisez dans leurs regards humbles et indécis, qu'ils cherchent involontairement la place qui les attend, et craignent de la trouver. « Avouez, me disait le domestique de place qui m'accompagnait, que les riches ne souffrent et ne meurent pas environnés de plus de soins ni mieux secourus ; et pourtant nous nous estimons malheureux d'être portés ici! non que nous y attachions aucun déshonneur ; tant s'en faut : mais il est pénible d'avouer ainsi sa pauvreté. Voilà ce qui nous coûte le plus : tellement qu'il nous arrive quelquefois de sacrifier notre vie à cette vanité, qui n'est peut-être pas si ridicule, ou si facile à combattre qu'on se l'imagine. »

Au Théâtre Royal, *Teatro Re*, l'on ne joue

que la comédie. Comme *alla Scala*, les étrangers n'ont de place qu'au parterre, si quelque loge ne leur est ouverte par son propriétaire. La pièce du jour était un imbroglio du *Carnaval de Venise*. Je m'attendais à des méprises, de la gaîté, de la folie ; à une exacte imitation des localités, des costumes, et à quelque sujet national. Loin de là ; rien de plus triste et de plus insipide que les cinq actes de ce long drame. La grossièreté des lazzi, alourdie par le geste et le ton des acteurs, n'excite que le dégoût. A Paris, tout eût été impitoyablement sifflé. Quoique les mœurs italiennes n'aient pas la même susceptibilité, qu'elles s'offensent même rarement d'une sorte de licence, les Milanais, qui avaient écouté jusqu'à la fin assez patiemment, sont sortis en donnant des signes d'un mécontentement peu équivoque.

LA ROUTE DE MILAN A PAVIE.
LE CANAL. — PAVIE. — SOUVENIRS HISTORIQUES.
L'UNIVERSITÉ DE PAVIE.

Pavie, 27 octobre 1819.

On se rend à Pavie, soit par le canal nouvellement achevé, soit par la route qui le côtoie. Le pays est presque plat. Les champs tant soit peu élevés sont plantés de vignobles et de vergers. Des céréales couvrent les plaines ; et dans les bas-fonds, de vastes rizières flottent, en quelque sorte, à la surface d'un sol fangeux et constamment submergé. La campagne n'offre rien qui ne soit commun à toute la Lombardie. Aussi les regards se reportent-ils sans cesse sur le canal, dont les longues lignes vont se confondre avec l'horizon. Ses murs de granit noir défient le tems. Aucun des ornemens propres à ce genre de construction ne lui a été refusé. L'esprit se plaît à méditer, sur les avantages qu'en devaient retirer le commerce, l'industrie et l'agriculture : ces desseins ne se sont point accomplis. La surface de ses eaux est immobile. Aucune barque ne la sillonne. On le croirait créé plutôt pour embellir la contrée que pour l'enrichir. Les écluses destinées à l'abaisser au niveau du Tésin, lui donnent une ressemblance parfaite avec les cascades artificielles construites à grands frais dans nos jardins royaux. Cette illusion augmente par les jets qui s'élancent entre les joints des portes, brillent des reflets du soleil, et tombent à grand bruit dans les bassins inférieurs. Puissent ces accidens pittoresques ne point annoncer le dépérissement, et le principe de la destruction prochaine de ce bel ouvrage!

Pavie, l'antique *Ticinum*, ne tient pas une grande place dans l'histoire des peuples anciens. Incapable de résistance par sa position au milieu d'une plaine, elle fut presque toujours enveloppée dans les événemens heureux ou funestes qui survinrent autour d'elle ou dans ses murs. Auguste la rendit témoin des honneurs qu'il alla décerner aux cendres de Drusus, père de Germanicus. Elle vit les orgies par lesquelles les soldats de Vitellius préludèrent au couronnement de leur chef. Ses campagnes ont été souvent le théâtre des guerres d'Italie. Elle donna son nom à la bataille où François Ier rendit son épée. « De toutes choses, écrivait-il, ne m'est demeuré que l'honneur, et la vie qui est sauve. » A part le respect que je dois à ses flatteurs, aux dames de sa cour, et aux historiens qui ont cru devoir célébrer son règne, je n'ai jamais compris comment un souverain pouvait sans honte, tomber armé au pouvoir de ses ennemis, et se féliciter d'avoir survécu à ce malheur. En 1796, les révoltés de Binasco choisirent Pavie pour le centre de leur insurrection. Profitant de l'éloignement de notre armée qui poursuivait les Autrichiens, ils massacrèrent la faible garnison préposée à sa garde. De faux bruits leur ayant persuadé que nous étions en fuite, ils comptaient barrer notre retraite. Après la défaite de Beaulieu, Bonaparte revint sur ses pas, brûla Binasco, et se présenta le 25 mai devant Pavie, où la population entière de ce village s'était réfugiée à son approche. Le sang français criait vengeance. Un prompt exemple était indispensable. Le canon brisa les portes de la ville. Le pillage fut autorisé jusqu'au lendemain midi. Excités par l'ardeur de la victoire et par l'assassinat de leurs compagnons d'armes, les soldats commirent les plus terribles excès. Toutefois aux actes de barbarie et de brutalité qui signalèrent cette déplorable journée, et la nuit plus déplorable encore dont elle fut suivie, se mêlèrent des traits sans nombre de compassion et de générosité. Des guerriers dignes de leurs lauriers, embrassèrent la défense des victimes qui leur étaient dévouées. L'histoire en a gardé le souvenir; et sans doute les Pavésans eux-mêmes ne l'avaient pas oublié, quand Napoléon traversa leur ville pour aller prendre possession du royaume d'Italie. Son entrée fut l'occasion de fêtes splendides. Une garde d'honneur, l'élite des premières familles, était allée au-devant de lui; elle ne le quitta point pendant son séjour. On avait tapissé les rues qui conduisaient à son palais. Les chemins par où il passait, étaient jonchés de fleurs. Des cris d'allégresse, des applaudissemens, l'accueillaient en tous lieux; et les banquets qui lui furent offerts retentissaient de vœux pour son bonheur, pour la durée de ses jours et la fidélité de sa fortune.

On compte à Pavie vingt mille ames. Le Tésin y passe sous un pont couvert de trois cents pieds de longueur. Elle est renommée pour l'urbanité de ses habitans, et l'ancienneté de ses principaux édifices, de ses églises surtout, dont les Italiens ont caractérisé le style par l'épithète de *longobardesque*. Mais le plus beau titre de sa gloire, est son université qui date de plusieurs siècles, et qui fut constamment illustrée par des savans. Aujourd'hui elle compte encore au nombre de ses professeurs, Spallanzani, Scarpa, Volta, et d'autres noms également célèbres. Les questions de métaphysique et de théologie, long-tems agitées sur ses bancs et dans ses chaires, et désormais oiseuses, ont fait place à l'enseignement des connaissances positives, au développement des sciences utiles. Chaque jour elle contribue à agrandir le foyer des lumières. Le soin de sa renommée la soustrait à l'obscurantisme méticuleux du nouveau gouvernement. Une riche bibliothèque, des cabinets de chimie, de physique, d'anatomie, d'histoire naturelle, sont ouverts aux maîtres pour enseigner, aux élèves pour apprendre. La plupart des études y sont aplanies par la présence des objets auxquels elles se rapportent, ou par leur imitation tellement exacte, qu'on ne saurait distinguer ces images de la réalité. Ses collections anatomiques sont les plus complètes que l'on connaisse. Il n'y a point d'organe humain qui n'y soit conservé à l'aide d'habiles préparations. Les uns sont desséchés ; les autres, injectés avec un art surprenant. D'autres encore, moulés en cire et coloriés, présentent les divers degrés des maladies dont ils sont susceptibles. Enfin, un sujet entier dépouillé de sa peau, fixe surtout l'attention. Ses muscles pendent à leurs attaches. Vous suivez jusque dans leurs dernières ramifications, les artères et les veines. Sous ce réseau vous distinguez les viscères, les intestins, tout l'attirail de la machine humaine, et la charpente osseuse qui la porte. Vous vous surprenez à craindre qu'un reste de vie n'anime ce corps, et ne vienne à se manifester par quelque cri de douleur.

LA CHARTREUSE DE PAVIE.
RETOUR A MILAN. — LE THÉATRE GIROLAMO.
UNE LOGE ALLA SCALA.

Milan, 28 octobre 1819.

La Chartreuse de Pavie est à une petite distance de la ville, sur la route de Milan. Sa renommée invite les voyageurs à la visiter. Une avenue d'arbres séculaires y conduit. Sa façade, qui se détache sous cette ombre mystérieuse, n'est qu'un amas confus d'ornemens d'architecture, de bas-reliefs, de camées, de bustes, de guirlandes, de festons et d'arabesques. On y trouve des marbres de toutes les couleurs, des faits historiques de tous les tems, les portraits de personnages célèbres de toutes les époques, Aaron, Jésus-Christ, des saints, les empereurs romains, et jusqu'à des chartreux canonisés. Les yeux se lassent à parcourir cette immensité de détails, où le bon goût a été moins consulté, que je ne sais quel esprit de symétrie et d'ordonnance purement matérielle.

L'église est pavée de mosaïques vénitiennes. Des vitraux de couleur l'éclairent. Elle est entièrement peinte à fresque. La voûte représente un ciel d'azur parsemé d'étoiles d'or, et différentes scènes de la cour céleste. Sur les murs, dans les chapelles, on ne voit que galeries, portiques, colonnades, dont la perspective fait illusion. Des fenêtres factices laissent voir au loin des paysages délicieux. A une porte entr'ouverte, près d'un rideau qu'il soulève, paraît un chartreux qui semble se rendre à la prière. On croirait qu'il va se mouvoir, tant son attitude est naturelle. Vous vous arrêtez machinalement pour le considérer et le laisser passer. Luino, Della Porta, Procaccini, Sacchi, le Guerchin, ont fait assaut de génie et de talent, dans ces peintures qui n'ont rien perdu de leur vivacité ni de leur fraîcheur. La grille du chœur est d'un travail admirable, et resplendissante de dorure. Des colonnes, des tableaux, des candélabres de grand prix, parent les autels. On y a prodigué les marbres antiques les plus rares. Sur des tables de lapis lazzuli, brillent des pierres fines incrustées, figurant des fleurs, des fruits, des oiseaux : vous les prendriez pour des tableaux de Vanspaendonck ou de Redouté. La sacristie au contraire, se distingue par son extrême simplicité. Des armoires sculptées renferment les ornemens d'église. Un demi-jour et des images de dévotion, commandent le recueillement au prêtre qui se dispose à célébrer les saints mystères.

Cette Chartreuse, commencée dans le quatorzième siècle, ne fut terminée qu'à la fin du dix-huitième. Elle a coûté plus de cinquante millions de livres. N'était-ce que pour donner au culte plus de magnificence? La religion qui prescrit le mépris des richesses, n'excluait-elle pas ces prodigalités? Quelque vanité mondaine ne se mêla-t-elle point à ce vain étalage de tant de richesses? On a pensé qu'épris de l'amour des arts, les chartreux de Pavie n'avaient eu d'autre but que de les encourager. Ce motif serait louable; mais la création d'un hospice pour la vieillesse ou l'infirmité, convenait mieux à des hommes qui avaient renoncé au monde. Il serait du moins resté quelque chose d'une si excessive dépense. Les pauvres en béniraient les auteurs; tandis que la suppression de ce couvent n'excita aucun regret, lorsque Joseph II la prononça. Vingt-cinq prêtres ou profès y étaient réunis. Leurs revenus dépassaient cinq cent mille livres. Quarante-cinq frères lais ou domestiques les servaient. On vendit leurs biens. Une modique pension leur fut allouée. Cinq d'entre eux, dont deux existent encore et ne dissimulent point le chagrin qu'ils ressentent d'avoir changé d'état, demeurèrent chargés du service divin et des réparations de leur église. A cet effet, cent arpens de terre leur furent réservés, dont les fermages ne suffisent point aux frais de cet entretien et à la subsistance de ces vieillards.

Au reste, le luxe des chartreux de Pavie ne s'étendait pas au-delà de leur temple. Dans l'intérieur du monastère, ils retrouvaient l'austère modestie de leur règle. Autour d'un cloître, dont le préau leur servait de cimetière, et où ils ne pouvaient passer sans voir leur fosse à demi creusée, s'élèvent des maisons uniformes, adossées chacune à un petit jardin, et composées de deux chambres, l'une de plain-pied, l'autre au-dessus. Chaque moine avait la sienne. Là il vivait et mangeait seul, recevant sa nourriture par un petit guichet, sans communiquer avec celui qui la lui apportait. Un seul jour de la semaine il assistait au réfectoire, et passait quelques heures avec ses frères de silence, dans une promenade commune. Le reste de son tems s'écoulait en prières, en méditations ; et il employait les courts intervalles de ces pieux devoirs, à bêcher et cultiver des fleurs. Je suis entré dans une de ces étroites demeures, désertes depuis tant d'années. Le tems commence à les dégrader. Au-dedans, la moisissure teint de ses nuances verdâtres les carreaux et la partie inférieure des murs. Le lierre rampe au-dehors. Les portes, les fenêtres, ne ferment plus, et s'agitent au moindre vent. Les orties et l'orge sauvage se sont emparées des plate-bandes. J'aurais voulu pouvoir interroger ces cellules, le petit banc de pierre placé près de la porte. De quels secrets ne furent-ils pas dépositaires? N'ont-ils vu se démentir aucune vocation? Parmi ces jeûnes, ces macérations, la nature n'a-t-elle jamais réclamé ses droits? Ah! quel enfer, si ce n'était un paradis !

Retournons à Milan. Chaque jour la société de M. de Maupertuis me devient plus agréable. Après m'avoir facilité l'entrée de cette ville, il m'en fait les honneurs avec une aménité et un dévouement dont je ne perdrai point le souvenir. Nous avons assisté ensemble à un spectacle de marionnettes fort amusant. Girolamo, l'un des principaux personnages, lui donne son nom. Le directeur de cette troupe achète à Bologne les têtes de ses acteurs. Puis il les habille, compose leurs pièces et leurs ballets, et les fait parler, gesticuler et danser. Sous les habits d'un paysan, et avec les manières de Sancho-Pança, Girolamo jouit du privilége de tout dire. Ni les choses, ni les hommes, ni même la politique et les gens en place, n'échappent à ses épigrammes et à ses lazzi. Les libertés qu'il se donne ont déjà procuré à son maître plus de vingt mille livres de rentes. Les enfans viennent à son théâtre, rire de sa tournure, de ses mouvemens et de ses facéties ; les grandes personnes écoutent son bon sens, ses observations remplies de finesse, et ses moqueuses allusions.

Nous sommes allés ensuite reprendre *alla Scala*, notre place et le cours de nos visites, entendre l'opéra que nous avions entendu la veille, et revoir le même ballet des Titans. Qui ne s'accoutumerait à cette existence ? Elle réunit, sans monotonie, tous les agrémens d'une douce habitude. Présenté à d'aimables Milanaises, je suis déjà initié à une familière intimité. Avec quel regret je vais m'en éloigner ! Elles m'ont admis dans leur loge. Le cercle qui s'y renouvelle à chaque instant, m'a fait passer en revue quelques hommes aimables ou distingués, parce qu'en ma qualité d'étranger je n'étais pas obligé de céder ma place au dernier arrivant. Celle du mari, qui n'a point paru, était occupée par le chevalier servant. Personne n'écoutait ni Crivelli ni la Camporési, dont la voix se perdait dans l'espace. On ne regardait ni les danseurs qui n'ont aucune grâce, ni les danseuses qui ne sont pas jolies. La galanterie, la littérature, les caquets, absorbaient l'attention générale. La conversation ne tarissait point. Un livre nouvellement arrivé de Paris; des vers tendres ou satiriques récités avec goût; une mode récente, une brouillerie, un raccommodement aperçus dans la salle, devenaient autant de sujets de commentaires gais ou sérieux. Au moment où les Titans vont être foudroyés, tous les discours ont cessé. Les regards se sont tournés vers la scène. Les exclamations, les applaudissemens, les *bravo*, ont retenti de toutes parts; et l'on s'est séparé pour reprendre demain les mêmes entretiens, et se livrer aux mêmes plaisirs.

DÉPART DE MILAN. — BERGAME.
SOUVENIRS HISTORIQUES. — STATUE DU TASSE.
TOMBEAU DE COLÉONÉ. — ROUTE DE BERGAME A BRÉSCIA.
BRÉSCIA. — SON THÉATRE.

Bréscia, 29 *octobre* 1819.

La sortie orientale de Milan ressemble à une décoration de théâtre. C'est une suite continuelle de palais, de jardins, de *ville*. La voie est large. De grands arbres l'ombragent. Un ruisseau passe à côté, la rafraîchit de ses eaux, et l'égaye par le murmure de ses cascades. Les paysans se rendent en foule au marché. Les uns sont chargés de fruits et de légumes; les autres guident d'énormes bœufs qui traînent des chariots pleins de toutes sortes de denrées. Que cette population a l'air sauvage! Les femmes passent dédaigneusement et comme mécontentes de leur teint basané, de leur figure grossière et de leurs formes massives. Les hommes, enveloppés de manteaux bruns, le chapeau enfoncé sur les yeux, le regard sombre et la démarche arrogante, semblent vous menacer. A quelque distance cette affluence diminue. Les habitations deviennent aussi plus rares, si ce n'est auprès de Vaprio où l'Adda passe sous la forme d'un torrent. Ce relais conduit à Bergame, qu'on aperçoit de loin sur le penchant d'un coteau. On entre par le faubourg de Saint-Léonard, où sont situés les bureaux et les magasins de la Douane, l'hôtel des Postes, et un bazar contenant six cents boutiques, dans lequel se tient une foire annuelle, qui commence le 22 août, finit le 15 septembre, et procure aux Bergamasques quelque commerce et de joyeux divertissemens.

Bergame est environnée de riches campagnes, arrosées au levant par le Sério, au couchant par l'Adda. L'inégalité du sol leur donne un aspect riant et varié. D'innombrables maisons de plaisance ornent les collines prochaines. Des sentiers charmans, tracés dans toutes les directions, bordés de haies fleuries, offrent des promenades délicieuses. Du haut des remparts, la vue s'étend fort loin. On découvre à la fois Milan, le lac de Como sur les bords duquel on cherche le site de la Cadénabia, devenu célèbre par les jardins d'un protecteur éclairé des arts, M. de Sommariva. Les Alpes terminent à l'horizon ce vaste tableau. —L'histoire de Bergame se lie à celle de la Lombardie. Admise dans la ligue des villes lombardes, elle fut successivement prise et reprise par les ducs de Milan, la république de Venise, les Espagnols et les Autrichiens. L'amour de l'indépendance, ou plutôt une indocilité native caractérise les Bergamasques. Pour cette raison, le gouvernement vénitien les traita toujours avec de grands ménagemens. Lorsque nos armées occupaient leur pays, ils tentèrent de se révolter; mais leur soumission n'exigea pas beaucoup d'efforts. Le traité de Campo-Formio les unit à la république cisalpine. Ils devinrent ensuite sujets du royaume d'Italie, et enfin de l'Autriche dont ils portent le joug avec humeur et répugnance.

Une rue escarpée conduit à la ville. Dans le bas s'élève une colonne consacrée à Saint-Alexandre, qui, selon la tradition populaire, reçut la mort à cette même place, où il n'a cessé depuis d'être l'objet des plus grandes dévotions. En face, une église a été bâtie sous l'invocation de ce martyr. Le convoi funèbre d'un riche marchand vient d'y entrer, en même tems qu'on y portait une pauvre femme, morte de misère et de vieillesse. Placé au sommet d'un catafalque et sous un dais, le cercueil du riche est recouvert de velours et d'or. Un brillant luminaire brûle à l'entour. L'église entière est tendue de noir. Des lettres initiales enlacées, répétées de loin à loin, rappellent le nom de celui à qui sont rendus ces honneurs. Un cortége nombreux remplit la nef; et des pleureurs à genoux, représentent la douleur des parens, des amis, voire même celle des héritiers. Derrière la porte, sur deux tréteaux, on a posé la bière de la pauvre femme. Un drap noir, traversé d'une croix en galon de fil blanc, l'enveloppe. Deux petits cierges de cire jaune éclairent à peine le coin obscur et solitaire qu'elle occupe. Malgré cette distinction si choquante qui va durer bien peu d'instans, elle partagera du moins le dernier luxe de son compagnon de mort. La même tenture, les mêmes prières vont leur servir à tous les deux, comme la même terre les couvrira, et comme une fin commune les attend. Avant de bénir ses restes mortels, les prêtres n'exigeront pas que la pompe du riche ait disparu, comme il se pratiquait à Paris, avant que Napoléon eût réformé ce scandale moral. La cérémonie vient de commencer. Quelle dignité! quelle noble ordonnance! que cette musique est touchante! quels accords supplians! Les assistans gardent un silence religieux. Des pauvres sont agenouillés près de vous : peut-être recevraient-ils vos aumônes; mais aucun n'oserait les demander.

Dans le haut de la ville, sur la vieille place, sous l'égoût d'un toit, est une statue du Tasse, monument indigne de celui à qui il fut érigé. Sa pose est ignoble. Sa courte stature s'affaisse sous le poids des draperies. On la dit de marbre de Carrare : des immondices en rendent la couleur méconnaissable. A sa couronne de laurier, se mêlent de sales débris de paille, d'herbes, de feuilles sèches. Peu jaloux de l'hommage rendu par leurs ancêtres au premier poète de l'Italie, les édiles de Bergame ne prennent aucun soin de cette statue. Elle n'attire point les regards des habitans. Le voyageur seul s'arrête devant elle, et croit encore le Tasse dédaigné et méconnu dans son image, comme il le fut lui-même pendant sa vie.

Barthélemy Coléoné, issu d'une famille souveraine de Bergame, est enterré dans l'église de Sainte-Sophie-Majeure. Il commanda les armées vénitiennes contre les Milanais et contre les Turcs. On croit qu'il a le premier conduit de l'artillerie en campagne. Par son testament, il légua la plus grande partie de sa fortune à la république de Venise, sous la condition qu'elle lui érigerait une statue équestre, comme si cet honneur était de ceux qui se vendent ou s'achètent. Son mausolée engagé dans le mur, est d'un effet médiocre. Mais dans la même chapelle, au-dessus de l'autel, une Sainte Famille d'Angélica Kauffman appelle les suffrages des artistes et des amateurs. Jésus enfant et saint Jean jouent ensemble. Il y a dans leur sourire quelque chose de surhumain. Leurs traits sont d'une finesse et d'une suavité inexprimables. Joseph et Marie les regardent, lui avec respect, elle avec amour, tous deux avec bonheur. Ils pressentent la sainte destinée de ces enfans. Que de simplicité et d'aisance dans cette composition! Les personnages s'y placent naturellement. L'expression des têtes n'a rien d'équivoque ni de recherché. Aucune contrainte ne gêne le jeu des draperies. La couleur est harmonieuse. Cette scène fait partager au spectateur, le calme et le contentement des personnages qui y figurent.

Il y avait à Bergame une communauté de chanoinesses. Napoléon les supprima. Elles se rachetèrent en versant au mont de Milan une somme considérable. Leur église, ou plutôt leur chapelle est enrichie de peintures, de dorures et de reliquaires précieux. Elle ressemble plus à un boudoir qu'à un oratoire. Entre les tableaux qui la décorent, se trouve une Ascension du Titien qui passe pour le chef-d'œuvre de ce maître. La grille en fer, derrière laquelle ces nobles et saintes filles viennent prier, est d'un travail exquis. Ses mailles artistement tressées et fort serrées, ne permettent point de distinguer leurs traits. Elles y peuvent être laides sans rancune, et jolies sans danger. On assure que la plupart mériteraient de n'être pas cloîtrées.

Dans chaque rue on remarque un grand nombre de palais. Ils appartiennent à la classe patricienne du pays, qui met du prix à être logée somptueusement, sauf à compenser ce luxe par des économies quelquefois sordides dans l'intérieur du ménage. C'est partout une profusion de péristyles, de colonnades, de portiques, de galeries. Il semble qu'en entrant dans ses appartemens, chacun veuille passer devant quelque colonne de marbre ou de granit, et croirait déroger si sa demeure était d'une architecture bourgeoise. Les simples fermes ne sont pas exemptes de ce fastidieux grandiose, ni même les auberges, dans lesquelles des logemens commodes et propres seraient préférables de beaucoup.

Entre Bergame et Bréscia coulent plusieurs torrens, dont les lits désordonnés et la course rapide, donnent à la campagne l'aspect de la dévastation et de la stérilité. La nuit va commencer. Ce serait l'heure du retour des champs; des scènes rustiques égaieraient le paysage. Vainement vous cherchez quelque laboureur entouré de ses valets, s'entretenant des travaux de la journée, et de ceux du lendemain; ses enfans l'attendant avec impatience sur le seuil de sa porte, prêts à voler au-devant de lui; sa femme, qui a pressé les travaux du ménage, se disposant à l'accueillir avec tendresse, à lui servir son frugal repas. Vous aimeriez aussi à assister à la rentrée des troupeaux.

> Ut juvat pastas oves
> Videre properantes domum !
> Videre fessos vomerem inversum boves
> Collo trahentes languido [1] !

[1] Hor., liv. v, od. 2.

> O qu'il est doux de voir
> Ses chèvres, ses brebis, qui, des monts descendues,
> Rapportent au bercail leurs mamelles tendues:
> Le taureau vigoureux, de travail harassé,
> Dont le cou languissant traîne un soc renversé!
> (*Tr. de* Daru.)

Ces tableaux ne récréeront point votre vue. Le pays est silencieux, désert. On dirait une contrée ravagée par quelque fléau, ou que les habitans auraient abandonnée en apprenant la venue d'une armée ennemie.

Les rues de Bréscia ne sont pas moins solitaires. Son théâtre lui-même est peu fréquenté. Peut-être aussi la population de la ville n'en comporte-t-elle pas les grandes dimensions. On jouait, quand j'y suis entré, les derniers actes d'*Aristomene*, tragédie de Monti. Pour faire cesser la peste qui ravage la Messénie, Aristomène a sacrifié sa fille; mais la nature ne tarde pas à reprendre ses droits. Il déplore son dévouement avec le plus touchant désespoir. Le souvenir des jouissances de son amour paternel, le jette dans une sorte de délire. Il est désolé de ne plus voir cet enfant chéri, de n'en plus entendre la douce voix qui connaissait si bien le chemin de son cœur, de ne pouvoir plus lui parler, l'aimer, la serrer dans ses bras; et il finit par se tuer sur son tombeau. L'acteur, chargé du rôle principal, a mis une telle vérité dans son jeu; il s'était tellement identifié avec son personnage, que la terreur et la pitié n'auraient pu être excitées à un plus haut degré.

BRÉSCIA. — SOUVENIRS HISTORIQUES. — DÉZENZANO.
LAC DE GARDA. — CASTELNUOVO. — PESCHIÉRA. — LE MINCIO.
SOUVENIRS HISTORIQUES. — ROUTE DE PESCHIÉRA A VÉRONE.
VÉRONE. — L'ARC DE GALLIEN. — LE CIRQUE.
SOUVENIRS HISTORIQUES DE VÉRONE, DE NAPOLÉON, DE LOUIS XVIII.
PAQUES VÉRONAISES.

Vérone, 30 octobre 1819.

A la suite des fondateurs de Milan, les Cénomans vinrent en Italie, et bâtirent *Brixia*, maintenant Bréscia, sur la petite rivière de Mella. Ses habitans aimèrent de bonne heure les hasards des combats et les aventures guerrières. Ils furent des premiers à secourir les Romains, dans le danger auquel les exposa leur marche précipitée vers la Lombardie, lorsqu'ils eurent reçu la nouvelle qu'Annibal avait passé l'Ebre et menaçait Rome. L'histoire moderne de Bréscia diffère peu de celle des villes vénitiennes, qui, tour à tour possédées et rendues par les Milanais, les Autrichiens et la république de Venise, sont enfin demeurées à l'Autriche, après avoir fait partie de la république cisalpine et du royaume d'Italie. Ses rues sont belles. A l'extérieur, les maisons paraissent bien entretenues. Notre séjour n'y sera pas long : elle renferme peu d'objets dignes de curiosité. L'art du cicérone se borne à montrer une cathédrale commencée par le cardinal Ange-Marie Quirini, évêque de ce diocèse, et un tableau du Titien placé dans l'église de Saint-Afra, et représentant la femme adultère devant Jésus-Christ. Ce tableau réunit à la belle couleur du maître, une vérité parfaite d'expression. La timidité de la coupable et son humble attitude fléchiraient le juge le plus sévère. Jésus-Christ parle; l'indulgence est dans son regard, le pardon sur ses lèvres. On croit l'entendre dire : « Allez-vous-en, et ne péchez plus à l'avenir. » Parmi les assistans éclatent la surprise, le mécontentement, l'admiration. Un enfant placé sur le premier plan sort de la toile. La faiblesse de son intelligence le rend étranger à cette scène ; et son indifférence ajoute à l'effet des divers sentimens qui agitent les autres personnages.

Après Dézenzano, situé sur le lac de Garda, la route suit le rivage. Les barques y sont amarrées. Aucun matelot ne se hasarderait à le quitter. Un vent impétueux y pousse des vagues semblables à celles de la mer. La pluie, une brume épaisse accompagnent cette tempête. Des torrens accourent de tous côtés, se précipitent dans le lac, et en salissent les eaux jusqu'à une grande distance du bord. Ils ont emporté la terre végétale, et laissent à nu des lits de cailloux roulés. Ce désordre se prolonge au-delà de Castelnuovo. Là, au milieu d'une plaine qui semble avoir été ravagée par un ouragan, apparaissent les fortifications de Peschiéra. Les eaux du Mincio en parcourent les fossés profonds. On ne pénètre que par de nombreux circuits, dans la ville dont la population est peu considérable. A chaque détour, les passans sont inspectés par des sentinelles. Soit à l'entrée, soit à la sortie, la police s'exerce minutieusement sur les passe-ports. Par ennui de leur résidence, ou par esprit de vexation, les officiers et les soldats préposés à la garde de cette citadelle, n'épargnent à personne ni les soupçons, ni les tracasseries. Ils affectent l'extérieur sinistre des geoliers. Vous craignez que quelque malentendu ne fasse tout à coup baisser les herses, lever les ponts ou fermer les portes. Bien que cette enceinte ne soit pas longue à traverser, il vous semble, en franchissant sa dernière clôture, que vous sortez de prison. D'autres diront si cette place est bien ou mal fortifiée. Lors même que je m'y connaîtrais, je ne trouverais ni plaisir, ni probablement sûreté à en explorer les ouvrages. Sa possession fut, à différentes époques, le sujet de combats sanglans, le but de savantes combinaisons militaires. Beaulieu poursuivi par Bonaparte, s'y jeta, et fut heureux de pouvoir s'y défendre un moment. Puis inquiet dans sa fuite, de se voir fermer le Tyrol, il la livra à Augereau qui s'y établit, et devint le point d'appui des plans qu'avait conçus le général en chef de l'armée d'Italie. Quel triste sort que d'être confiné dans cette ville hideuse, même d'y commander! Ah! que les pieux membres de la Sainte-Alliance se hâtent d'enfermer ici, s'ils le peuvent, les libéraux et les turbulens qui auront été saisis par leurs commissions de police! Il n'y a ni utopies politiques, ni projets d'insubordination, ni fumées d'ambition qui ne s'y évaporent, ni liens de sociétés secrètes que ne brise la multiple barrière de ces murailles. Pour moi qui n'ai, Dieu merci, qu'*in petto*, quelque chose à démêler avec les souverains jaloux du pouvoir absolu, et qui me repose sur le tems, du soin de dissoudre cette coalition mystique formée contre ses leçons, j'échappe avec joie à tant de surveillance. Je crois renaître à la liberté, et j'en jouis comme si je venais de la recouvrer. Aussi bien le ciel répond à la vive émotion que je ressens. Il vient de s'éclaircir. Quelques nuances d'azur se réfléchissent à la surface du lac. J'aperçois le mont Baldo. Sa cime, couverte de neige, domine à l'horizon les Alpes du pays de Trente. Les plaisirs du voyage vont recommencer.

Nous passons rapidement à travers des champs d'une fécondité surprenante. Resserré entre les murs des enclos, le chemin devient étroit. La terre est si précieuse que le peuple comme le gouvernement s'en montre avare. Toutes les cultures sont confondues. Les fleurs, les grains, les fruits, croissent pêle-mêle. A peine reste-t-il un sentier pour le passage du laboureur. Quelques oliviers trouvent place dans ce jardin d'Éden. Pourquoi cet arbre fut-il consacré à la paix? Son feuillage est pâle et rare. Ses fruits utiles sans doute, sont amers au goût. Semblable à celle des saules, son écorce se dessèche, tombe par fragmens, et livre son tronc déchiré aux intempéries des saisons. Il croît comme par caprice, avec contrainte et sur le sol le plus ingrat. Son enfance est longue, son éducation difficile, sa vieillesse prompte et repoussante. Qu'à la vue du rameau rapporté dans l'arche, Noé l'ait pris pour le symbole de la clémence divine, pour un signe de réconciliation ; soit : mais que, dans leurs brillantes allégories, les Grecs aient choisi un arbre pauvre et rabougri, pour peindre les richesses et la vigueur que la paix donne aux peuples, je voudrais qu'on m'en expliquât le motif.

Voici la patrie de Pline l'ancien et de Catulle. J'aperçois les tours de Vérone. La campagne des environs est couverte de maisons de plaisance. Le mouvement d'une population considérable, un concours de voitures de toute espèce, annoncent la proximité d'une grande ville. Son étendue est en effet considérable. On y compte quarante-cinq mille habitans. L'Adige y coule rapidement. Plusieurs ponts communiquent d'un bord à l'autre. Le premier conduit au vieux château, et en emprunte son nom. Il a trois arches. Celle du milieu décrit une courbe hardie. Les autres, inégalement surbaissées, en déparent la masse. Au-delà, vers le milieu de la chaussée, un arc antique a été rasé pour élargir la voie publique : la trace de ses fondations est encore apparente. Plus loin on passe sous un autre arc qui remonte au tems de Gallien, et qui a gardé le nom de cet empereur. En le dégradant, le tems n'a pu lui ravir la pureté de formes, le choix d'ornemens, la noblesse, qui caractérisent les monumens de l'antiquité.

Les maisons de Vérone sont d'une hauteur inégale. Leurs façades n'ont aucune régularité. Les rues sont tortueuses, peu larges, sales; les places petites, les marchés peu spacieux. Du haut des toits, de longs tuyaux destinés à l'écoulement des eaux pluviales, se croisent et inondent les passans. Hâtons nos pas vers le cirque. Quelle masse imposante! un triple étage de portiques l'environne. Ils étaient surmontés d'arcs à jour qui ont presque tous croulé. Le peu qui en reste est conservé avec soin, et sert à donner une idée de l'ensemble de cet édifice à la fois majestueux et élégant. Une arène elliptique, longue de deux cent trente-trois pieds, et large de cent trente-six, en forme le centre. Le pourtour est garni de loges qui servaient aux gladiateurs, et où l'on déposait les bêtes féroces destinées aux combats. Dix-neuf rangs de gradins en marbre blanc recevaient, dit-on, trente mille spectateurs. A chaque extrémité, une tribune était réservée, d'une part pour les consuls, de l'autre pour les vestales. Des escaliers pratiqués de distance en distance, conduisaient aux divers étages, et débouchaient dans les vomitoires par de larges corridors. Pour célébrer une des victoires de nos armées, Bonaparte y donna un combat de taureaux. L'affluence du peuple fut immense. Nouveau triomphateur, le général s'assit à la place où s'étaient assis des triomphateurs romains. Chacun se plaisait à voir en lui le génie protecteur de l'Italie, à lui en confier les destinées et la gloire renaissante. Un ciel sans nuages éclairait cette fête. La gravité des magistrats contrastait dignement avec l'éclat des uniformes et la riche parure des dames. Tous les rangs étaient d'ailleurs confondus. Le courage et l'adresse des athlètes, le son des fanfares, les applaudissemens, les acclamations, l'enthousiasme des spectateurs, ont laissé des souvenirs que chacun aime encore à rappeler.

Vérone eut la même origine que Bréscia. Ses plaines étant favorables au séjour et aux manœuvres de la cavalerie, les Romains en firent le centre de leurs opérations contre l'armée de Vitellius. Entrée dans la ligue des villes lombardes, elle passa tour à tour au pouvoir des vainqueurs de cette coalition. Ce fut dans ses murs que Louis XVIII se réfugia, quand les rêves de Coblentz se furent évanouis. Outre la distance qu'il mettait entre la France et lui, il se persuadait qu'une république ne pouvait entrer en guerre avec la nôtre. Le roi de Sardaigne, qui lui donnait quelques secours pécuniaires, se vit contraint de les supprimer. Il en reçut alors du roi d'Espagne; mais l'économie même la plus stricte ne pouvait soustraire l'auguste fugitif à de nombreux besoins. D'abord régent, puis roi, et méconnu sous ces divers titres par les puissances de l'Europe, il tâcha de dissimuler à ses propres yeux, par une vaine étiquette, le néant de sa puissance. Il avait son lever, ses audiences, son travail et sa cour. Les mêmes assidus en petit nombre y venaient figurer. Une correspondance volumineuse l'occupait. Des intrigans l'obsédaient de leurs projets, souvent de leurs piéges; et toutes ses facultés s'appliquaient à apprécier les uns et à se défendre des autres. Là se bornait alors l'exercice de sa royauté proscrite. Cependant rien ne pouvant plus arrêter la marche de nos soldats, il devint bientôt dangereux de protéger ou même d'accueillir les ennemis de la France. Le 14 avril

1796, le sénat de Venise fit notifier à Louis XVIII, par le marquis Carletti, l'ordre de s'éloigner. Ce prince, qui, dans ses revers, conserva de la grandeur d'ame, voulut mettre à sa retraite la double condition, que l'armure donnée par Henri IV à la république vénitienne lui serait rendue, et qu'il rayerait de sa main sur le livre d'or, les noms de sa famille, ne soupçonnant pas que, peu de tems après, les feuilles de ce livre seraient brûlées dans Venise même, au pied de l'arbre de la liberté. Un débat s'éleva entre lui et le podesta de Vérone. Humilié de négocier son expulsion avec une autorité subalterne, il se décida à se retirer. On le vit partir armé de pied en cap. Ses allures qui s'accordaient peu avec l'habit militaire, attirèrent sur lui, la risée des Anglais; comme si tant d'infortunes n'eussent pas dû commander le respect. Je voulais voir la chambre qu'il avait habitée. Les lieux consacrés par le malheur, ont pour moi un attrait dont je n'ai jamais pu me défendre. Il me plaît d'y chercher la trace des consolations qui l'auront adouci. Mais nommez à Vérone le régent de la France pendant la minorité de Louis XVII; citez la royauté de Louis XVIII avant sa restauration; nul ne s'en souvient. Le retour même de sa bonne fortune, n'a pas plus réveillé le souvenir de l'hospitalité qu'on lui accorda, que celui de la brusquerie avec laquelle elle fut violée. Questionnez à ce sujet; personne ne sait vous répondre : un songe n'aurait pas laissé de moindres traces. La maison où sommeillaient les destinées d'une dynastie malheureuse, est ignorée : vous la chercheriez vainement.

O curas hominum! quantum est in rebus inane[1]!

Un an plus tard nous occupions déjà la terre ferme des états vénitiens. Vérone avait été confiée à la garde d'une faible garnison. Le 17 avril 1797, ses habitans se révoltèrent. Tout ce qu'il y avait de Français fut égorgé, armés ou non, sans distinction d'âge ni de sexe. Par analogie avec les vêpres siciliennes, on nomma ce massacre *les pâques véronaises*. La punition, ou, si l'on veut, la vengeance ne se fit pas long-tems attendre. Elle fut terrible et sanglante. Le gouvernement, qui n'avait su ni maintenir l'ordre, ni réprimer la fureur des citoyens que peut-

---

[1] PERSE, sat. 1.

Ah! que les hommes sont insensés de se donner tant de soins! et qu'il y a de frivolité dans les choses les plus importantes de la vie!

être il avait secrètement fomentée, perdit une grande partie de son territoire. Le traité de Campo-Formio en décida. L'Adige devint la limite de cette partie de la république cisalpine, et des possessions de l'Autriche. Sa rive droite appartint à la première; la rive gauche, à la seconde : elles sont depuis tombées l'une et l'autre sous la domination autrichienne.

LA ROUTE DE VÉRONE A MONTÉBELLO.
MONTÉBELLO. — VICENCE. — PALLADIO. — SES CONSTRUCTIONS.
L'ÉGLISE DE SAINTE-MARIE DES MIRACLES. — ROUTE DE VICENCE A PADOUE.
PADOUE. — SOUVENIRS HISTORIQUES. — LE PALAIS DE JUSTICE.
LA MAISON DE TITE-LIVE. — LES MENDIANS.
LE PALAIS DE PAPAFAVA. — SOUVENIRS DE PÉTRARQUE.

Padoue, 31 octobre 1819.

Après Vérone, comme avant d'y arriver, la campagne n'est qu'un jardin continuel. Le sol, le climat, une culture plus active qu'intelligente, se réunissent pour multiplier et varier les moissons. Chaque saison en offre de nouvelles. Un court hiver suffit au repos de cette terre inépuisable. Décrire ses richesses et son aspect, serait se répéter sans cesse. Mais en approchant de l'Adriatique, son niveau s'abaisse tout-à-coup. Des courans naturels ou accidentels affluent vers la mer. La plupart des champs sont imprégnés de leurs eaux. Le nombre des rizières augmente. Les parties les plus basses n'offrent que des marais. La pluie, qui tombe depuis plusieurs jours, en a remué la bourbe.

Une atmosphère chargée de nuages concentre leurs émanations; et par momens l'air en est infecté. C'est l'époque de l'année où ce séjour peut devenir dangereux.

Laissons ces détails agricoles ou sanitaires. Nous venons d'entrer dans Montébello. A ce nom, quel parfum de gloire s'élève! Ici, tout à l'entour, où porter nos regards, sans rencontrer quelque champ de bataille immortalisé par nos trophées? Combien de braves y reçurent le baptême de feu et de sang! Montébello, Vicence, Padoue, Bellune, Conégliano, Trévise, se touchent presque. Chaque ruisseau, chaque rivière rappelle de beaux faits d'armes, couronnés par la victoire. La Brenta, la Piave, le Tagliamento, ont vu des héros de tous les rangs, combattre et vaincre, pour ainsi dire, au même instant. Plus loin est Udine, le chemin de cette astucieuse Vienne, dont l'aigle au double regard, prit si souvent la fuite devant celle de nos légions. Là, fut le berceau de notre moderne noblesse, conquise par l'épée, et digne de tous les hommages, puisqu'elle était le prix du sang versé pour la patrie. A cette époque, un reste de républicanisme préoccupait encore la nation française. Elle désavoua cette création monarchique. De leur côté, les nouveaux nobles s'attachèrent à la justifier, autant par les prodiges de leur vertu guerrière, que par leur respect pour l'égalité. Plus ils s'étaient illustrés, plus on leur demandait de gloire, et plus ils en acquéraient. Tant qu'ils aimèrent la vie orageuse des camps, les hasards de la guerre où le simple soldat disputait de valeur avec eux, loin d'encourir aucune censure, de jour en jour, ils se conciliaient davantage l'estime publique. Mais aussitôt que la cour impériale eut ouvert ses avenues, que ce fut une faveur d'approcher du trône, qu'aux évolutions militaires se mêlèrent les exercices de l'étiquette, on vit les ames fortes demeurer fidèles aux rêves glorieux du bivouac, aux enchantemens de la victoire, au laurier héroïque; les autres s'amollirent. Ceux-là surent allier le bruit des armes avec les devoirs frivoles qui les attachaient à la couronne : ceux-ci, énervés par le luxe et les plaisirs, n'envisagèrent plus qu'avec tiédeur, les rigueurs honorables de leur premier état. L'or pur se sépara du plomb. Combien alors méconnurent les rangs dont ils étaient sortis, à qui il était également réservé de méconnaître plus tard et d'oublier celui qui les en avait tirés ! Dans ce nombre, il y en eut un qui, au mépris de la confiance dont il était investi, appartenait déjà à d'autres maîtres. Il est mort de regret, et peut-être de remords, dans les ruines d'un vieux château, sur le sommet des Vosges, après avoir perdu le prix des sacrifices qu'il avait faits. Un autre, par son zèle de sérail, dépassa le but qu'il était chargé d'atteindre, et nuisit au lieu de servir. Pour un Lannes, loyal gascon qui, de simple soldat-citoyen devenu duc et maréchal d'empire, ne se fit remarquer à la cour de l'empereur que par l'aveugle amitié qu'il lui portait et par son dévouement; pour un Lannes, dis-je, plusieurs n'enchérirent-ils pas près du chef, en adulation et en obséquieuse servilité, même aux dépens de leurs rivaux ? Riches qu'ils sont de titres et d'argent prodigués par Napoléon, n'en voyons-nous pas encore aujourd'hui, disputer aux anciens courtisans, les places que ceux-ci leur disputaient sous le régime impérial ?

Ce n'est pas tout. Des hommes naguère fiers de leurs droits, ne tardèrent pas à envier les distinctions qu'ils avaient ridiculisées. Ce fut un spectacle curieux, de voir avec quelle frénésie ils se ruèrent dans cette carrière de l'anoblissement. Chacun se chercha ou se créa le droit d'y être admis. Ceux qui ne pouvaient s'étayer que de leur vanité et de leur richesse, firent valoir leur amour paternel, le désir de donner un rang à l'aîné de leur famille. « Bientôt, me disait la fille d'un petit marchand, que son mari avait fait baronne à prix d'argent, et qui se désolait de n'être pas comtesse ; bientôt l'empereur ne verra en France que deux classes, sa noblesse et le peuple : et vous aurez la douleur d'être compris dans la dernière. » Elle articulait le mot *peuple* avec dédain, ne se souvenant déjà plus qu'elle en était l'année passée. Je suis sûr qu'elle sèche de ce qu'on n'est pas venu la chercher pour la présenter de nouveau. Tel était l'engouement, que des hobereaux de vieille souche voulurent enter leurs armoiries sur l'arbre naissant, et daignèrent, pour lui appartenir, descendre du rang qu'ils tenaient dans l'antique légende nobiliaire. Ce furent surtout les amis vrais ou faux de la liberté et de l'égalité conventionnelles, qui se signalèrent avec le plus d'éclat. De même qu'ils s'étaient arrogé le privilége exclusif du patriotisme, ils ambitionnèrent les titres que dispensait Sa Majesté Impériale. On n'eut aucune peine à leur inculquer la légitimité de ceux qui leur étaient accordés. Loin de là, les broderies, les plaques, les cordons, les parchemins, leur semblaient ne convenir à personne mieux qu'à eux. Nommés ducs, ils eussent été élevés au rang des princes sans en éprouver aucune surprise, tant ils se trouvaient propres à ces métamorphoses. Le ton des grands seigneurs, la souplesse des courtisans, les airs de la faveur, semblaient comme innés dans leur personne. On aurait dit qu'ils étaient chargés d'opérer la restauration des marquis de comédie. Qui n'a point connu ces originaux? Leur manière de se mettre, de marcher, de regarder, de parler, se modelait sur les traditions de théâtre. Ils croyaient prouver ainsi qu'ils avaient toujours vécu sur les degrés du trône, que loin d'être étrangers à la cour et d'y tomber des nues, ils étaient, comme le Moncade de l'*École des Bourgeois*, les naturels du pays, et n'avaient qu'à y marcher de plain-pied. Tirons le rideau sur ces faiblesses, inséparables sans doute de la nature humaine, puisqu'elles sont de tous les tems : et consolons-nous, en songeant à ceux qui justifient toutes les distinctions sociales, soit en soutenant avec éclat la noblesse de leur origine, soit par les services éminens qu'ils ont rendus à l'état dans toutes les carrières publiques.

Nous n'avons fait que traverser Montébello. Une population différente commence à se montrer. Le caractère des physionomies n'est plus le même. Aux traits menaçans et durs des Bergamasques et des Bréscians, ont succédé un extérieur communicatif, un air enjoué, une vivacité mêlée de douceur. Les femmes belles pour la plupart, ont une carnation colorée. Il y a dans leur ajustement, de la propreté, une sorte de coquetterie. Le voile milanais est d'un usage moins général. Ce luxe ne s'étend plus au-dessous de la moyenne propriété. Les femmes des dernières classes du peuple portent un chapeau rond de feutre noir, à haute forme, semblable à celui des hommes. Quelques-unes y joignent, par caprice ou par sentiment, une fleur naturelle, sans que cet ornement diminue en rien la disgrâce de ce genre de coiffure, qui s'accommode mal avec l'abondance de leurs cheveux.

On arrive à Vicence par une longue allée de catalpas, arbre fragile, d'un tempérament délicat, dont la végétation communément difficile, acquiert ici une vigueur extraordinaire.

La ville est bâtie sur le Bacchiglione. Son plus beau titre de gloire est d'avoir donné naissance à Palladio, dans le commencement du seizième siècle. Elle n'est, en quelque sorte, qu'un musée consacré à l'exposition des ouvrages de cet architecte célèbre. Un théâtre calqué sur ceux de la Grèce, un arc triomphal, des maisons particulières, la sienne propre, s'y trouvent dispersés çà et là, comme pour rappeler son nom et son génie. Dans chaque rue, la ville en ramène le souvenir. C'est une mère fière de son fils, et qui ne se lasse pas d'en parler. Le théâtre a été construit sur les dessins que Vitruve avait indiqués. Il impose par sa forme et par son étendue. Les gradins demi-circulaires, qui s'élèvent du rez-de-chaussée au comble, peuvent contenir plusieurs milliers de spectateurs. La scène représente une place publique. Deux rues y aboutissent. Les personnages étaient censés sortir de leurs demeures, pour prendre part à l'action théâtrale. La décoration ne changeait point. On l'éclairait par une multitude de lampes artistement cachées, qui y répandaient une lumière égale, semblable à la clarté du jour. L'ensemble de cet édifice a, comme ses détails, une majesté qui exclut toute autre muse que

Melpomène. Des tragédies grecques y ont été représentées. On y a joué aussi l'*OEdipe* traduit par Onato Justiniani, et la *Sophonisbe* du Trissin, ouvrage dont le succès marqua la renaissance de l'art dramatique. Lors du premier passage de Bonaparte à Vicence, les magistrats y firent donner un concert. — L'arc triomphal est proportionnellement plus chargé d'ornemens que les autres ouvrages de Palladio. — Sa maison se fait remarquer entre celles qu'il a bâties, par une extrême simplicité. Les traits caractéristiques de son architecture, sont la justesse des proportions et l'ordonnance des lignes : elle paraît grave, et plus savante que gracieuse. D'ailleurs, la plupart de ses constructions se dégradent. L'enduit qui recouvrait les briques employées dans la maçonnerie, commence à tomber, de sorte que les profils, dépourvus de leur pureté première, nuisent à l'effet des masses. Comment au reste essaierais-je d'en juger? Il ne s'agit pas ici d'un art où le goût tienne lieu de l'étude. Il est tout de convention et soumis à des règles. Ses modèles ne sont pas dans la nature : et hors les monumens extraordinaires qui, à la première vue, séduisent, étonnent, commandent l'admiration, il convient de laisser aux artistes le soin d'en expliquer les beautés et de les faire apprécier.

La superstition exerce à Vicence un grand empire. Près de la ville, sur le sommet d'un coteau, une église est consacrée à la Vierge des Miracles. Le chemin qui y mène était jadis impraticable, semé de cailloux, de buissons et d'épines. La noblesse vicentine lui a substitué un portique couvert, bâti à grands frais sur une pente douce, afin de rendre le pèlerinage plus facile, et d'étendre la participation aux grâces qui y sont attachées. Ce portique, pavé de dalles de pierre, est fermé au couchant et ouvert au levant. Il offre aux pèlerins un abri commode. La vue des sites pittoresques qu'ils découvrent chemin-faisant, ajoute le plaisir d'une promenade agréable, à la satisfaction d'accomplir un vœu, de s'acquitter d'un acte de dévotion. « Si la foi les amène, vous diront tous les habitans, à combien de faveurs célestes ne doivent-ils pas s'attendre? Les malades trouveront la guérison de leurs maux; les malheureux, la résignation qui ne trompe jamais, et console mieux que l'espérance. Aux femmes stériles qui s'y rendent avec leurs maris, ou même sans eux, pour obtenir la fécondité, le ciel l'accordera. » Les simples curieux qui ne demandent rien, s'étonneront des nombreux gages de crédulité qui y sont restés. Sur les murs, mille tableaux grotesques représentent des infirmes guéris par des apparitions de la Vierge. De tous côtés sont suspendus des brodequins, des béquilles, des armes à feu crevées, des pieds, des bras, des mains de cire, emblêmes des prodiges opérés dans ce saint lieu. Des lampes et des cierges sans nombre y sont sans cesse allumés. Des offrandes de toute espèce et de tous métaux surchargent les autels. Cette église était autrefois desservie par des Dominicains, que réforma le gouvernement français. Quatorze moines de divers ordres les remplacent. Dans une salle voisine du réfectoire où je viens de les voir assis autour d'un bon et copieux dîner, on conserve un tableau de Paul Véronèse, belle et vaste composition qui appartient au meilleur tems de ce maître. Saint Grégoire admettait des pauvres à sa table et mangeait avec eux. L'artiste a peint un de ces repas, où le saint pontife reconnaît Jésus-Christ entre ses convives. La divine contenance du Christ, l'expression variée et l'attitude des autres personnages, et surtout la piété et la charité qui animent saint Grégoire, donnent à cette scène un caractère religieux qu'on rencontre rarement dans les ouvrages du peintre des Noces de Cana.

A parcourir le Vicentin, il est facile de connaître que la soie est un de ses meilleurs produits. Les routes sont bordées de mûriers. On vient de faire la seconde récolte des feuilles. Les branches nues de cet arbre, à qui l'on ne cesse de ravir sa parure et son ombrage, anticipent l'hiver et attristent la campagne. Le pays paraît riche. Les villages sont plus rapprochés. La population plus abondante, semble jouir d'une plus grande aisance; et son extérieur annonce la sociabilité. Mais Padoue ne répond point à de semblables abords. Des portiques sombres garnissent les deux côtés de chaque rue. Leur obscurité invite au crime par l'abri qu'elle lui prête : même durant le jour, certains quartiers ne présentent aux passans aucune sûreté. La garnison étrangère, imposée par l'Autriche, n'en augmente pas peu les dangers, par le brigandage et les assassinats auxquels elle s'est long-tems impunément livrée. Toutefois les Padouans commencent à sortir de la terreur où ils étaient plongés. Depuis que le général Frimont a pris le commandement de cette résidence, les moindres infractions à la discipline militaire sont sévèrement réprimées. Des exécutions ont rendu les crimes plus rares ; et l'on se hasarde à sortir à la chute du jour, sans oser encore le tenter quand la nuit est venue. La ville nouvelle est mieux percée que la vieille ville. Les portiques ont moins de profondeur. Une ordonnance de police vient de les supprimer pour l'avenir : cette précaution coupera le mal dans sa racine.

Les historiens attribuent indifféremment la fondation de Padoue à Anténor, aux Venètes, aux Troyens, à des étrangers, en un mot, dont la désignation est douteuse. Elle se nommait *Patavium*, dont la corruption du langage a fait Padoue. L'ancien *Medoacus,* aujourd'hui la Brenta, y passe. Cléonyme, à la tête d'une flotte lacédémonienne, repoussé de l'extrémité méridionale de l'Italie qu'il avait attaquée, s'enfonça dans l'Adriatique, entra dans la Brenta, surprit les Padouans et les pilla, bien que le voisinage des Gaulois les eût aguerris, et les tînt sans cesse en armes. Mais en moins de tems qu'il ne lui en fallait pour charger son butin, il les vit se rassembler et fut complètement battu. Les Grecs ne ramenèrent pas la cinquième partie de leur expédition. On arracha les éperons des vaisseaux qui avaient été pris, et ils furent suspendus, avec les dépouilles des vaincus, dans un temple de Junon. Chaque année cette victoire était célébrée sur la Brenta, par une joûte générale dont le spectacle entretenait l'ardeur guerrière de ce peuple naissant. Les Padouans ne se distinguaient pas seulement par les vertus martiales. La renommée a célébré aussi leurs progrès dans l'agriculture et dans les arts industriels. Ils passaient pour un peuple riche. En l'an 452, les Huns envahirent leur ville, et la ruinèrent de fond en comble. Son existence historique est constamment liée à celle de Venise, qu'elle domina d'abord, qui parvint à se soustraire à son joug, et finit par la soumettre elle-même. Il existait entre ces deux villes de sanglantes rivalités. Padoue défendait les priviléges de la terre-ferme, Venise les siens propres. La lutte fut longue. Venise triompha, et se vengea de son émule en la traitant despotiquement. Ce n'était point ainsi qu'elle en usait envers Bergame et Bréscia; mais Padoue, plus enfoncée dans l'intérieur du pays, garantie par son éloignement des frontières, contre les agitations suscitées par les puissances voisines, et moins exposée à accueillir l'étranger ou à se donner à lui, n'inspirant aucune crainte, n'exigeait aucun ménagement. Elle a fini par échoir à l'Autriche comme tout le pays des environs.

Il y a dans le Palais de Justice une salle de trois cents pieds de long sur cent pieds de large, dont le plafond, chef-d'œuvre de charpente, se soutient de lui-même par la seule combinaison de ses assemblages. Les officiers municipaux y ont exposé deux statues antiques de granit rose, trouvées en Égypte par le fils d'un barbier de Padoue, qui en a fait don à sa ville natale. Ces statues ont le corps d'une femme et la tête d'un lion : elles sont assises ; et, bien que carrément posées, elles n'ont point la roideur ordinaire des figures égyptiennes. Au contraire, leur attitude est souple, naturelle ; et leurs formes joignent la grâce à la pureté. Dans le transport, l'une d'elles a perdu la moitié de l'épaisseur du bras gauche. A côté, est une pierre qui servait dans le tems de la république, à l'exécution des arrêts de bannissement. Elle ressemble à une borne posée sur un dé. Le condamné s'y plaçait, entendait la lecture de sa sentence, et devait, en descendant, quitter immédiatement le territoire vénitien.

Deux inscriptions gravées en lettres d'or, sur des tables de marbre noir, consacrent, l'une la mémoire de Tite-Live qui naquit à Padoue, l'autre celle d'une moderne Lucrèce. La première porte qu'un des bras de l'historien de Rome, est déposé dans la partie du mur qu'elle couvre. La seconde, placée au-dessous du portrait d'une belle femme, est conçue en ces termes :

LUCRETIAM DE DONDIS AB OROLOGIO
PII ÆNEE DE OBISSONIBUS ORCIANI MARCHIONIS
UXOREM.
HÆC INTER NOCTIS TENEBRAS MARITALES ASSERENS TEDAS,
FURIALES RECENTIS TARQUINII FACES CASTO CRUORE EXTINXIT ;
SICQUE ROMANAM LUCRETIAM INTEMERATI TORI GLORIA VICIT.
TANTE SUE HEROINE GENEROSIS MANIBUS
HANC DICAVIT ARAM CIVITAS PATAVINA
DECRETO
DIEI XXXI DECEMBRIS MDLXI.

Lucrèce de Dondis vivait à Padoue. Sa beauté lui attirait de nombreux hommages. Elle n'y répondait que par l'amour et la fidélité jurés à son époux. Surprise, la nuit, dans l'intérieur de ses appartemens, par un amant passionné, elle préféra la mort à la violation de la foi conjugale. Quel changement s'est donc opéré dans les mœurs, pour que l'hommage public rendu à une chasteté si héroïque, n'ait pas empêché l'établissement de ce droit italien diversement qualifié, qui autorise un assidu à s'introduire dans chaque ménage, et à se placer entre le mari et la femme?

Le tribunal suprême tient ses audiences dans une salle voisine. Au-dessus du banc des juges est placé un tableau de la Femme adultère, qui, comme celui de Bréscia, a été peint par le Titien. Combien il s'en faut qu'ici ce même sujet soit aussi bien rendu! Un sentiment pénible y domine. L'accusée ne témoigne que de la honte. Elle en est comme accablée, et peut à peine se soutenir en présence de celui qui va prononcer sur son sort. Deux hommes l'aident à marcher. Elle baisse les yeux, non pas comme une coupable qui attend son arrêt, mais comme si elle allait le subir. Il n'y a dans son maintien ni repentir ni confiance. Elle s'est fait justice à elle-même, et n'attend plus de pardon. C'est cependant le moment où chacun se détourne et va s'éloigner, car le Christ vient de dire : « Que celui d'entre vous qui est sans péché, lui jette le premier la pierre. » Quoique l'effet de cette scène touchante soit complètement manqué, les juges et les accusateurs y peuvent puiser journellement d'utiles leçons. Elle leur recommande un juste retour sur eux-mêmes, qui ne peut manquer de tourner au profit de l'innocence. J'approuve plus volontiers cet appel muet à leur impartialité, que l'usage communément suivi en France, de placer un crucifix peint ou sculpté, dans les salles des tribunaux. Cette décoration religieuse convient-elle en effet, dans un lieu où des hommes de toutes les sectes sont appelés à jurer selon leur croyance ; où se révèle souvent le scandale des familles ; où toutes les plus viles passions ne cessent de s'agiter ; où l'immoralité, le vice, le crime, viennent se défendre de la justice des hommes, et y échappent quelquefois? Combien n'avons-nous pas à faire, pour connaître et appliquer les règles d'une sage tolérance, et laisser enfin dans les temples, la religion, ses symboles et ses emblêmes !

Entre les curiosités de Padoue, ne négligeons point la maison de Tite-Live, que l'on nomme aussi la *maison des miroirs,* à cause des nombreux médaillons en marbre qui sont incrustés dans le mur de sa façade, et ressemblent en effet à des miroirs antiques. Elle est petite. On y entre par une porte bien proportionnée, accompagnée de deux fenêtres également espacées. L'étage supérieur est percé de trois autres fenêtres, perpendiculaires aux ouvertures du rez-de-chaussée. Celle du milieu, qui a plus de largeur que les deux autres, est divisée en trois parties égales, par de petites colonnes d'un joli effet. Le reste de la façade est plein, et une simple corniche la couronne. Quelque soin qui ait été donné à la conservation de cette maison, il est permis de douter qu'elle ait réelletmen appartenu à Tite-Live. On veut encore que Pétrarque et Galilée l'aient habitée : aussi personne n'en approche qu'avec respect. Chacun y vient chercher des souvenirs de l'historien dont la lecture occupe les premières années de la vie, et charme celles de l'âge mûr et de la vieillesse; du poète amoureux dont les chants sont un modèle de douceur et d'élégante mollesse; du savant enfin, qui fut l'objet des persécutions les plus absurdes, pour avoir voulu démontrer une vérité physique qu'il n'est plus permis de contester.

Plus vous parcourez la ville de Padoue, et plus vous la trouvez triste. Les boutiques enfoncées sous les portiques, cachent leurs étalages. Quand l'heure des approvisionnemens du ménage est passée, les habitans rentrent au logis. On ne rencontre presque plus alors que des mendians; le nombre en est immense. A ceux qu'ils importunent, ils n'épargnent ni le dégoût de leurs maux, ni la vue de leurs haillons, ni la fatigue de leurs instances et de leurs poursuites, ni la répétition de leurs prières à Dieu, à la Vierge, à tous les saints, pour vous, pour eux, pour tout le monde. Les ressources de leur industrie sont poussées au plus haut degré de perfection. Ils sont partout, et principalement à la porte des églises, des couvens et des hôtels. Les nobles et les riches vivent enfermés la plupart du tems, et jouissent, comme en secret, de leur rang et de leur fortune. Plusieurs ont le goût des arts. Le comte de Papafava passe pour un amateur éclairé. Son palais est ouvert aux étrangers. On y travaille encore. Un grand luxe de marbres et de dorures y sera déployé. Plusieurs galeries sont disposées pour l'exposition des objets d'art, dont l'acquisition est déjà faite. Parmi les sculptures qui ont trouvé place dans ce muséum, on en remarque une de forme pyramidale, prise dans un seul bloc, haute de cinq pieds, et large à sa base de deux pieds et demi : elle représente la Chute des Anges rebelles. Le vainqueur est au sommet, armé d'un glaive, et menaçant de frapper celui qu'il a terrassé. Les autres, en tombant, se lient avec lui et entre eux, de manière qu'ils forment de tous côtés un enlacement ridicule de jambes et de bras. La maigreur des figures ajoute à la pauvreté de cet ouvrage, remarquable néanmoins par l'habileté avec laquelle la matière a été fouillée. L'artiste, ou plutôt l'artisan, y a employé douze ans et demi de travail. Payé à raison de cinq livres par jour, il était de plus indemnisé de ses frais d'entretien et de subsistance. Il reçut en outre une gratification de trois mille sequins, dédommagement médiocre de sa patience obstinée, plutôt que récompense de son talent. Canova ne concevait pas la possibilité d'une pareille entreprise, ni surtout celle de son exécution.

Après la mort de Laure, Pétrarque se retira à Padoue. Pourvu d'un canonicat, il partageait son tems entre les devoirs de son bénéfice et les tendres souvenirs de sa maîtresse, tour à tour invoquant Dieu et sa muse. Son buste vient d'être placé dans la cathédrale. A une ressemblance parfaite, il joint l'expression d'une ame passionnée. Il a été fait par un jeune Padouan, élève de Canova, qui suit avec succès les conseils et l'exemple de son maître. Rendons grâces au clergé métropolitain de Padoue, d'avoir inauguré l'image d'un prêtre moins connu peut-être par sa dévotion, que par la mondanité de ses amours, et par la célébrité qu'ils lui ont donnée. Proposez cet exemple à quelque curé de Paris ou des départemens de la France ; nommez les Prévost, les Chaulieu ; et vous pourrez comparer et juger. Je me trompe : on voyait encore pendant les premières années de la révolution française, dans l'église de Saint-Honoré, près de la porte d'entrée, le mausolée du cardinal du Bois.

OBSERVATIONS SUR PADOUE.
LA PLACE ET L'ÉGLISE DE SAINT-ANTOINE.— LA PROMENADE PUBLIQUE.
L'ÉGLISE DE SAINTE-JUSTINE.— LA ROUTE DE PADOUE A VENISE.
LE PALAIS PISANI. — SOUVENIRS D'EUGÈNE-NAPOLÉON.
APPROCHES DES LAGUNES. — FUSINA. — LES GONDOLES.
ASPECT DE VENISE.— CANAL DE LA GIUDÉCA. — ILE DE SAINT-GEORGES.
PLACE ET ÉGLISE DE SAINT-MARC.— LE PALAIS DES DOGES.
LES GONDOLIERS. — THÉATRE DU PHÉNIX.

Venise, 1er novembre 1819.

Si dans le cours de la semaine les rues de Padoue sont désertes, il en est autrement aux jours des solennités de l'église. C'est aujourd'hui la Fête de tous les Saints. Dès l'aurore, le son des cloches s'est fait entendre. Les temples se sont remplis de fidèles. La foule s'y précipite et va s'y succéder jusqu'à la nuit. Il est permis aux voyageurs de s'y mêler. Personne ne leur demandera compte du motif qui les amène, ni de leurs opinions religieuses. La dévotion ne se scandalisera point de leur curiosité. On sait qu'ils ne viennent pas pour prier. Chacun les excuse et respecte leur privilége. Il y a là une tolérance pratique qu'on ne trouverait pas ailleurs, surtout point dans la soi-disant libérale Angleterre, sous le despotisme de ces anglicans, dont la religion est réputée si philosophique et si raisonnable. Nous entrerons donc librement dans la première église qui s'offrira ; et les custodes, occupés du service divin, ne nous importuneront ni de leur cupidité, facile d'ailleurs à satisfaire, ni de leur stupide admiration pour des tableaux, des sculptures et des tombeaux qui n'ont souvent qu'un mérite médiocre. Parmi tant d'objets d'art, l'amateur ne sait où fixer ses souvenirs. Les maîtres de l'École Italienne s'y disputent la prééminence. Le détail de leurs ouvrages dégénérerait en une fastidieuse énumération. Entre les sculptures, un crucifix en bronze, de Donatello, des bas-reliefs en marbre de Campagna, tiennent le premier rang. Parmi les tombeaux, le mausolée de Frédéric-Guillaume George, prince d'Orange, mort en 1790 à l'âge de vingt-cinq ans, déjà célèbre, malgré son jeune âge, dans la carrière des armes, se fait remarquer par sa simplicité, par le fini de son exécution et l'expression de la figure principale. C'est une œuvre du ciseau de Canova. Sous les traits d'une femme jeune et belle, la Hollande déplore la perte qu'elle a faite. Elle est assise de profil. Son bras droit accoudé sur son genou, et négligemment retenu par sa main gauche, soutient sa tête appesantie par la douleur. La pensée de la mort domine dans cette composition. Elle saisit le spectateur. Il ne peut s'en défendre, et se sent ramené par elle au regret de ceux qu'il a perdus.

Sur la place de Saint-Antoine, une statue équestre a été érigée à Jean de Nani-Gattamélata, général des armées vénitiennes, qui se rendit célèbre dans la quatrième guerre de la république contre les ducs de Milan. Sa modestie ne lui avait pas acquis moins de renommée que sa valeur; car, bien qu'il commandât en chef, il accepta de servir sous les ordres de François Sforce marquis d'Ancône, afin de l'attirer avec ses soldats, dans la coalition. Ce monument pêche par les proportions. Le cheval est colossal. La taille du cavalier, au contraire, n'excède pas la mesure commune : en revanche, ses éperons d'une longueur extrême, loin de convenir à un héros, rappellent ceux dont les Français avaient garni les talons du duc d'Yorck, lors de sa fuite à la bataille de Hondscoote.

La cathédrale vouée à Saint-Antoine de Padoue, est en ce jour l'église la plus fréquentée. La ville et la campagne y viennent adresser leurs vœux au patron du pays. Dans la nef, dans les chapelles, on se presse, on se heurte. Les pécheurs ont envahi les confessionnaux. Assaillis, pour ainsi parler, les confesseurs témoignent une sorte d'impatience. Ils semblent craindre que le secret de leurs remontrances ne soit compromis. S'ils les font à voix basse, celui qui les reçoit les entendra-t-il? Si à voix haute, quelque scandale ne s'ensuivra-t-il point? Dans cet embarras, plusieurs ouvrent la porte de leur tribunal, pour recommander que l'on s'éloigne. De leur côté, à peine absous, les pénitens courent à la table sainte, et se hâtent de prendre part à la communion. L'orgue accompagne la voix des lévites. L'encens répand ses parfums. C'est un mélange confus d'agitation et de recueillement, de distractions et de prières. Les reliques du saint attirent surtout la foule. Elles reposent dans un sarcophage de marbre, placé sur un autel. Chacun s'efforce d'en approcher. On s'y porte avec ardeur pour y faire toucher des fleurs, des voiles, un enfant, un anneau, un chapelet, pour y toucher soi-même. Nul ne doute que ce simple contact n'opère quelque miracle, n'attire la bénédiction céleste, ne procure du moins des indulgences. Bien que les plus voisins du tombeau sacré soient fortement serrés par le nombre, on n'entend aucune plainte; aucune querelle ne s'élève. Tous sont plongés dans une sorte d'extase. Je vois une vieille femme qui caresse de la main, ce marbre usé par de pieux attouchemens. Ses yeux brillent de joie, d'amour, presque de jalousie. Elle voudrait recueillir à elle seule, toute l'heureuse influence qu'elle attend. S'il dépendait d'elle, aucun autre n'y prendrait part.

Tâchons cependant d'aller porter ailleurs notre curiosité. Parcourons la promenade publique. Elle est vaste. De beaux arbres l'ombragent. Des canaux alimentés par la Brenta, la traversent. Malgré l'heure encore matinale et le brouillard, quelques curieux se sont rassemblés à l'endroit où un prêtre s'est noyé hier. Ils examinent le long du bord s'ils ne parviendront point à l'apercevoir. Cet événement a répandu l'épouvante : on le prend pour un présage funeste. Soit amour de la vie, soit esprit de religion, les Italiens ont peine à concevoir le suicide. Il leur répugne, surtout dans un homme que la sainteté de son ministère devait en éloigner. Ils voudraient du moins lui rendre les honneurs de la sépulture : tel est le sens de tous leurs discours.

L'église de Sainte-Justine donne sur cette promenade. André Riccio l'a bâtie d'après les dessins de Palladio. Sa façade est noble, ornée; l'intérieur, riche de tableaux, de fresques et de mosaïques. Elle dépendait d'un couvent de bénédictins qui a été supprimé. Ces moines célébraient avec pompe le service divin. Ils n'épargnaient rien pour exciter le zèle et l'enthousiasme religieux. Au-dessus du maître-autel ils avaient fait peindre, par Paul Véronèse, le martyre de leur patrone. L'illusion de ce supplice admirablement reproduit, attirait la foule. Aujourd'hui les portes sont fermées, et les autels abandonnés. Sainte-Justine a-t-elle donc perdu son crédit? Le don des prodiges aurait-il été refusé à ces saintes reliques qui gisent encore dans le sanctuaire désert? Son temple n'est plus qu'un objet de curiosité. La prière l'a délaissé. Sans la superstition, sait-on ce que deviendrait la religion du bas peuple?

De Padoue à Venise, on compte trois postes italiennes ou douze lieues de France. La route suit le cours de la Brenta qui coule à droite sous la forme d'un canal. Des barques montent et descendent. Cette navigation répand sur les deux rives, la vie et le mouvement. De jolies maisons, des villages charmans, des palais, des jardins, se succèdent sans interruption. Une population abondante se montre partout. Il y a du luxe dans les costumes, de la vivacité dans les allures, de la gaîté, une bienveillance empressée sur toutes les physionomies. On regrette que ce trajet soit si court. La promptitude des postillons contribue aussi à l'abréger. Une petite veste noire brodée de quelques fils d'argent, un filet à l'espagnole, un chapeau qu'ils portent de côté, et une baguette de liane dont ils se servent en guise de fouet, et qu'il leur suffit d'agiter pour doubler le pas, leur donnent l'air léger et gracieux des écuyers de voltige. Atteler, monter à cheval et courir, n'exigent pas plus de tems que je n'en mets à le dire.

Arrêtons-nous à Strà. Suivons la longue avenue d'arbres, de communs, d'écuries et de dépendances, qui s'offrent sur la gauche. Le magnifique palais qui lui fait face appartenait aux Pisani. Palladio y prodigua toutes les richesses de son art. Du rez-de-chaussée, à travers un péristyle d'un caractère grandiose, on passe dans un parc dessiné à la française. L'humidité dont la terre est imprégnée en automne, à cause de l'élévation du niveau de la Brenta, en rend les allées impraticables. Mais les serres portatives, destinées à conserver les plantations de luxe, sont déjà placées. Sous des berceaux de myrtes, de jasmins, d'orangers, de citronniers en fleurs, commence une promenade ravissante, abritée contre les intempéries de l'air et des saisons. Au-delà, sont des serres plus chaudes, remplies de plantes de tous les climats, remarquables par la variété de leur port, de leur feuillage, de leurs bouquets et de leurs parfums. Le soleil, qui pénètre à travers les vitrages, y répand une chaleur féconde, appelle dans les rameaux la sève obéissante. L'atmosphère est suave et embaumée : un bien-être voluptueux s'empare de tous les sens; on se croit sous le joug de quelque enchantement. Le souvenir d'Armide revient à la mémoire. On se surprend à la chercher dans ces bosquets toujours verts et toujours fleuris, où

    Co' fiori eterni, eterno il frutto dura ;
    E mentre spunta l'un, l'altro matura.

Nel tronco istesso e tra l'istessa foglia,
Sovra il nascente fico invecchia il fico.
Pendono a un ramo, un con dorata spoglia,
L'altro con verde, il nuovo e il pomo antico.
Lussureggiante serpe alto, e germoglia
La torta vite, ov' è più l'orto aprico :
Qui l'uve ha in fiori acerba, e qui d'or l'have
E di piroppo, e già di nettar grave [1].

Dans ces jardins, un autre Renaud se vit retenu, non point par le charme d'une magicienne amoureuse, mais par la tendresse d'une aimable compagne. Eugène-Napoléon y venait se délasser au sein d'un heureux ménage, des travaux que lui commandait l'adoption d'un héros, à l'époque déjà si reculée, où cet autre enchanteur rehaussa tant de médiocrités, enrichit tant de pauvres, et recueillit tant de trahisons pour prix de ses bienfaits. Hélas! le viceroi n'a point laissé de souvenirs flatteurs dans cette portion du vaste empire. Comment se le

---

[1] Tass., *Jérus. Déliv.*, ch. XVI.

Où avec des fruits toujours mûrs, les arbres donnent des fleurs toujours nouvelles.

Sur le même tronc, sous la même feuille, la figue mûrit à côté de la figue naissante ; la pomme qui jaunit voit croître une pomme encore verte. La vigne sur les coteaux élance ses rameaux tortueux; et près d'une grappe qui fleurit, étale une grappe déjà toute brillante d'un divin nectar.

(*Trad. de* Lebrun.)

dissimuler, puisque les Milanais l'abandonnèrent si promptement? Les vertus privées ne suffisent pas aux souverains, ou à ceux qui en jouent le rôle. L'art d'être aimé dans sa famille, ressemble moins qu'on ne pourrait le croire à celui d'obtenir l'amour des peuples et leur confiance : le dernier veut plus de précautions, exige plus de soins. Ici, comme à Milan, Eugène n'est cité que pour sa hauteur, qu'il poussait quelquefois jusqu'à la dureté. On parle encore de son économie; et on la nomme de l'avarice. Il n'a laissé que peu ou point de regrets. Cependant le joug de l'Autriche est insupportable et odieux à tous les habitans de la Lombardie; il n'y a qu'une voix à cet égard. Comment cette comparaison n'a-t-elle pas profité à la renommée de notre Français ? On le blâme surtout dans ceux qui l'approchaient : leur mémoire est maudite. Une des particularités du siècle où nous vivons, est de devancer ainsi l'opinion de la postérité. Est-il quelque souverain de l'Europe qui déjà n'assiste à l'histoire de son règne? citez-en un seul. Assis et puissans qu'ils sont sur leurs trônes, on les juge tous par avance : à plus forte raison, Napoléon, ses rois et ses lieutenans, qui en sont descendus et qui n'ont plus, pour les défendre, aucun des prestiges de leur grandeur passée, et du pouvoir éphémère dont ils furent investis.

Rendu maintenant aux douceurs de la famille et de la vie privée, Eugène-Napoléon vit à la cour de Munich. En perdant son autorité, il a retrouvé la modestie et l'affabilité qui le faisaient chérir au commencement de sa carrière militaire. La franchise, l'abandon de ses manières, lui ont concilié une popularité qui lui sera désormais inutile, si ce n'est pour lui faire regretter de n'en avoir pas toujours senti le prix, et pour le consoler de sa déchéance[1]. Soit reconnaissance envers Napoléon, soit amitié personnelle, soit reste de sympathie pour les Français, les préférences du roi de Bavière sont toutes

---

[1] Le prince d'Eichstadt, Eugène Beauharnais, est mort à Munich le 21 février 1824, à trois heures et demie du matin. Il a succombé à plusieurs attaques d'apoplexie. Pendant sa courte maladie, la cour, la ville et toutes les classes des citoyens venaient chaque jour s'informer de l'état dans lequel il se trouvait. A sa mort inattendue, le deuil fut général. Le roi de Bavière en éprouva la plus vive affliction. La population mêla ses larmes aux honneurs funèbres qui lui furent rendus; et j'ai été témoin que sa mémoire excite encore des regrets, tant il était charitable et aimé!

pour son gendre, à tel point que le prince royal, qui en a conçu de la jalousie, ne manquait aucune occasion de la laisser soupçonner. Elle éclata au milieu d'une cérémonie publique. Rentré dans le palais, Eugène, après avoir donné l'ordre de son départ pour la Russie, se hâta d'aller exposer au roi, les motifs de cette résolution, et prendre congé de lui. Rien ne fut épargné pour le retenir, ni la douleur d'une séparation si cruelle, ni les instances les plus vives, ni les expressions de la plus tendre amitié. Enfin, le roi promit que son fils témoignerait des regrets de ce qui s'était passé. Le prince royal fut appelé, censuré sévèrement. Quelques mots, en forme d'excuse, suivirent cette explication : et si, ensuite, l'union ne régna pas entre Eugène et son beau-frère, les apparences en furent au moins soigneusement gardées.

Au-delà du palais Pisani, commencent des alluvions nues, souvent stériles, coupées de fossés pleins d'eaux stagnantes et infectes. En plusieurs endroits une inondation permanente les couvre. Des saules bordent les chemins : c'est le seul arbre qu'on aperçoive à la surface de ces plaines marécageuses. Quelques huttes de roseaux sont bâties sur les points les moins submergés. Les hommes, les femmes, les enfans qui les habitent, se meuvent tristement autour de ces demeures malsaines. L'eau dont ils s'abreuvent est gâtée. Des vapeurs fiévreuses empoisonnent l'air qu'ils respirent. La plupart sont enflés, livides, convalescens ou malades. Sur cette fange inculte la santé n'a point d'asile; et la plus profonde misère peut seule condamner à y végéter.

Il n'y a dans Fusina, petit port situé sur les lagunes, que quelques cabarets, et les bâtimens dépendans de la douane, de la police et de la poste aux chevaux. Les voyageurs y laissent leurs voitures qu'ils ne pourraient loger à Venise. Il importe d'insister sur les détails du reçu qu'en donnent les préposés aux remises publiques. La méfiance la plus susceptible n'égale point l'adresse des subalternes à tirer avantage du moindre oubli, de la plus légère inadvertance. Sur le rivage, des gondoles attendent les passagers. Arrivé en poste, vous êtes tenu d'accepter celle que vous désigne le maître de la poste aux chevaux, ou de lui compter une somme déterminée, si vous préférez celles qui sont à la disposition du public. Les premières se paient comme les chevaux qui vous ont amené, et leurs matelots comme des postillons. Le prix des dernières est réglé par un tarif que des conditions particulières peuvent modifier. Les douaniers, les agens de la police, les palefreniers, les gondoliers, les porteurs vous entourent, avant même que vous ayez mis pied à terre. Ils ne vous ont pas laissé le tems d'apprendre ce que chacun d'eux vous demande, que déjà vous êtes leur proie. L'ordre finit par s'établir. En dépit qu'on en ait, il faut subir les innombrables exigences de l'autorité publique et de la cupidité privée : puis enfin, non sans beaucoup de paroles et d'impatience, ni sans une grande perte de tems, vous parvenez à vous embarquer.

Au premier abord, l'aspect d'une gondole a quelque chose de lugubre qui répugne. C'est un bateau long et étroit, au milieu duquel s'élève une petite chambre semblable à la caisse d'une voiture, tendue intérieurement et extérieurement d'un drap noir garni de galons et de houppes de laine de la même couleur. Quelquefois de larges bandes de toile grise se croisent sur l'impériale, et donnent à cette tenture l'apparence d'un drap mortuaire. Un long morceau de fer, entaillé de plusieurs crans, prolonge la quille, remonte au-dessus de la proue, et se recourbe en avant. Les matelots mettent beaucoup d'amour-propre à l'entretenir poli et brillant comme de l'acier. La chambre ne sert que pour les passagers. Quatre personnes y peuvent tenir à la fois, quoiqu'elle ne soit commode que pour deux. Elle prend jour par deux petites fenêtres latérales qui se ferment avec des glaces, des persiennes et des volets. Au-dessus de la porte est attaché un fanal en cuivre, qui s'allume pendant la nuit pour éclairer la navigation. On s'assied sur des coussins de duvet, en maroquin noir, et d'une élasticité sensuelle. Dépourvue de voiles, une gondole n'exige ni agrès, ni brusques commandemens, ni manœuvres bruyantes. Il suffit d'un seul homme pour la conduire; et sa place est à l'arrière. Si d'autres rameurs le secondent, ils se distribuent à l'avant. Tous rament debout. Le mouvement qu'ils impriment à cette barque svelte, qui glisse légèrement à la surface des eaux, est régulier, doux, presque insensible. A peine entend-on le bruit des avirons, tant les matelots s'en servent avec habileté. Le silence, le repos, les coussins moël-

Jeux, le balancement presque insensible qui naît de la résistance des flots, inspirent une rêverie délicieuse.

Venise est à cinq milles de Fusina. De dessus le port, on découvre à l'horizon le sommet de ses tours et de ses clochers. A mesure que l'on avance, ils semblent sortir du sein de la mer. Peu à peu les masses se séparent; on distingue les détails ; les palais, les maisons se dessinent ; le tableau s'anime et s'agrandit. Nous venons d'entrer dans le canal de la Giudéca, qui sépare la ville de l'île Saint-George que domine la coupole de sa belle église. D'un côté, quelques vaisseaux sont à quai, devant la douane : tout auprès est un port privilégié, que ses franchises n'achalandent plus. De l'autre, de nombreux canaux pénètrent dans la ville, la coupent en une multitude d'îlots réunis par des ponts, se croisent entre eux, et vont déboucher dans le grand canal. Des édifices, la plupart en marbre, couvrent leur double rivage. On y aborde par des escaliers. Outre ces rues d'eau, il en est d'autres qui traversent également Venise dans tous les sens : celles-ci ont si peu de largeur, que deux personnes ne peuvent s'y croiser sans se coudoyer. Elles sont garnies de boutiques et d'ateliers. On ne rencontre ni bœufs, ni chevaux, ni ânes, ni voitures d'aucune espèce ; on n'entend que la voix des gondoliers qui s'avertissent réciproquement pour s'éviter, et le sifflement léger des chaussures des passans qui effleurent les dalles du pavé.

La place de Saint-Marc a la forme d'un carré long. Elle est fermée de trois côtés, et ouverte en face de la cathédrale dont elle a reçu son nom. Vers l'extrémité, à droite, on voit une tour carrée, de trois cents pieds de haut, dont la plate-forme fut l'observatoire astronomique de Galilée, et trois mâts fixés dans des socles de bronze, le long desquels flottent de longues flammes couleur de pourpre, en mémoire de la conquête de la Morée, de Candie et de Chypre, faite jadis par les flottes vénitiennes. Le pourtour de cette place est d'une architecture fort ornée. L'administration française en a fait restaurer le petit côté. Sous les portiques du rez-de-chaussée, les gens d'affaires se rassemblent devant les cafés et dans de petites salles particulières. Chaque genre de commerce, chaque fonction civile, chaque nation a sa place marquée. Ce bazar obscur et triste passe pour un rendez-vous agréable le soir et durant les nuits d'été.

Le frontispice de l'église de Saint-Marc est du genre grec. D'immenses tableaux en mosaïque, dont le fond est d'or pur, remplissent les intervalles qu'une sculpture médiocre n'a pas surchargés de ses ornemens. Ils représentent des sujets tirés de l'histoire sainte et des annales de la république. Le quadrige de bronze doré, qui fut à différentes époques un trophée glorieux, et resta quelque tems attelé au char de nos victoires, vient de reprendre sa place au milieu du fronton. Selon quelques antiquaires, Rome l'avait ravi aux Perses dont ils prétendent qu'il est l'ouvrage. D'autres l'attribuent à Lysippe, sculpteur célèbre de la Grèce, qui vivait en l'an 350 avant J. C., et veulent qu'il ait été offert à Néron par un roi d'Arménie. Quoi qu'il en soit, il suivit Constantin dans la ville nouvelle où cet empereur transporta le siége de son empire. Les Vénitiens s'en emparèrent à leur tour, ainsi que des portes de Sainte-Sophie, lorsqu'aidés de nos armes, ils prirent Constantinople au commencement du treizième siècle; et, à l'exemple des tems anciens, ils firent entrer ces dépouilles dans la décoration de leur principale basilique. Devenus notre conquête au dix-neuvième siècle, ces chevaux antiques ornaient à Paris l'arc triomphal du Carrousel. Là s'interrompt leur brillante carrière. Venise ne les doit maintenant qu'à un odieux larcin : ils ne sont plus pour elle, qu'un gage de servitude donné par ses nouveaux maîtres, et qu'il n'a pas été en son pouvoir de rejeter.

L'intérieur de l'église de Saint-Marc est obscur, enfumé, plus imposant par son ancienneté que par sa noblesse, enrichi moins avec goût qu'avec profusion, de peintures, de sculptures, de marbres rares. Les voûtes sont revêtues de mosaïques qui n'ont rien perdu de leur perfection ni de leur éclat. Les nefs en sont également pavées. Celles-ci conservent dans toutes leurs parties la plus parfaite adhérence, malgré la dépression inégale du sol, qui leur a donné des ondulations semblables à celle des flots de la mer. Deux des colonnes du tabernacle sont d'albâtre oriental : elles appartenaient aux antiquités d'Athènes. Un sarcophage précieux contient les reliques de Saint-Marc, auxquelles la crédulité publique prête une vertu miraculeuse. Les pélerins qui les apportèrent d'Alexandrie, assurèrent qu'elles les avaient préservés d'une affreuse tempête pendant leur traversée. Accueillies alors par les Vénitiens avec un pieux enthousiasme, elles n'ont cessé d'obtenir depuis la plus grande vénération. Le doge de cette époque laissa une somme considérable pour bâtir l'église qui leur est vouée.

Le palais des Doges et les eaux de la Giudéca font le principal ornement d'une petite place contiguë à celle de Saint-Marc. Près du rivage, deux colonnes isolées portent, l'une le lion de bronze qui décora un moment la fontaine des Invalides à Paris, l'autre la statue de Saint-Théodore, terrassant un énorme serpent, emblême de quelque secte sans doute. Les bannis entendaient la lecture de leur arrêt, debout sur la pierre qu'on voit dans l'un des angles de cette place. Au centre s'exécutaient les condamnations à mort. La restauration du palais date du quinzième siècle. Parmi les colonnes du premier étage, deux sont d'une nuance plus claire : elles remplacent celles qui furent abattues pour dresser l'échafaud sur lequel un doge eut la tête tranchée. C'est dans les mansardes de cet édifice, connues sous le nom de *chambres de plomb,* que des criminels d'état, des suspects, des innocens même, se consumaient à l'ardeur du soleil : les nuits les plus fraîches ne peuvent en attiédir la toiture échauffée pendant le jour. De doubles grilles en fer garnissent à intervalles égaux la partie inférieure du soubassement. Elles ferment les soupiraux des prisons souterraines qui partageaient avec les plombs, le supplice des victimes immolées au salut public. A hauteur d'homme, le mur est percé d'ouvertures circulaires, au fond desquelles la main peut seule passer : c'est par ces meurtrières discrètes que la délation arrivait aux inquisiteurs d'état, sans danger pour les délateurs. Au milieu de la cour, une dalle paraît plus neuve que les autres. En perçant la voûte de son cachot et déblayant au hasard, un prisonnier était parvenu jusque-là. Il allait revoir le jour et recouvrer sa liberté. Des gardes aperçurent en cet endroit quelque mouvement. Aussitôt le prix de ses efforts fut perdu. Ses espérances s'évanouirent. Une clôture plus étroite lui fut infligée; et la mort mit fin à sa captivité.

Tel est, à la première vue, l'aspect du palais de ce gouvernement jadis si redouté, qui, sous le nom de la liberté, exerça le plus terrible despotisme. Les degrés par où l'on y monte, conduisirent souvent le même citoyen au trône et à l'échafaud. Sous son toit et entre les murs de ses fondations, étaient enfermés les ennemis de l'état, et plus d'une fois ceux seulement de ses agens. A son balcon, sous ses fenêtres, les bourreaux exécutaient les sentences des magistrats, et le peuple dans ses fureurs, égorgeait ses victimes. La mer, théâtre des exploits de cette république, instrument de sa domination, source de ses richesses, baigne les murs de ce vaste édifice. Aux anneaux scellés sur le rivage, le commerce attachait ses vaisseaux, la victoire ceux des ennemis. Ici s'embarquaient les doges pour aller épouser la mer, veuve maintenant de l'époux que lui donna le pape Alexandre III. De tant de puissance, il ne reste que de vains simulacres; et de tant de gloire, que d'inutiles regrets. Que signifient désormais, et ces chevaux de Corinthe pompeusement étalés, et ces portes d'une église célèbre montrées avec orgueil, et ces banderoles arborées en l'honneur de conquêtes à jamais ravies, et ce luxe de palais et de monumens? Les libéralités de l'Autriche envers les Vénitiens, sont l'esclavage et la pauvreté. Elle ne néglige rien pour comprimer leur énergie. Peut-être verra-t-elle avec joie que leur ville s'écroule, et rentre dans la fange des atterrissemens d'où elle est sortie.

Toutefois pour charmer la douleur de ce

peuple ruiné, pour le distraire de ses hideuses chaînes, ses théâtres lui sont restés. On en compte jusqu'à sept qui, à l'exception d'un seul qu'on nomme le Phénix, portent tous des noms de saints. On dit le théâtre de Saint-Samuel, de Saint-Jean-Chrysostôme, de Saint-Benoît, de Saint-Luc.—Ma gondole m'attend. Je m'embarque pour aller prendre une place au théâtre du Phénix. Ce voyage tranquille et solitaire plaît à l'ame, et favorise les doux souvenirs. De petites lumières semblables à des étoiles, courent à la surface de l'eau, s'y réfléchissent, étincellent de tous côtés. Elles appartiennent à ces barques mystérieuses, qui, plus fortunées sans doute que la mienne, couvrent quelques secrets d'amour, cachent plus d'un rendez-vous. J'écoute si je n'entendrai point une des gaies barcarolles qu'on dit si familières aux gondoliers. Ne raconte-t-on pas que dans les beaux jours, durant les douces nuits du ciel de l'Italie, ils improvisaient des concerts charmans? L'un d'eux commençait une chanson nationale; l'autre lui répondait; d'autres encore mêlaient leurs voix à ces premiers accens : et bientôt des accords harmonieux remplissaient l'air. Hélas! ces plaisirs se sont donc évanouis avec la liberté! Les gondoliers ne luttent plus que de vitesse. La seule ardeur du gain les anime. Bien que leur salaire soit convenu, que souvent ils l'aient eux-mêmes fixé, leur pensée ne tend qu'à en obtenir quelques augmentations. S'il en est par hasard, qui psalmodient un couplet, c'est d'une voix rauque et grossière. Ils se tiennent entre eux dans un état de guerre permanent, guerre de mots injurieux; car, après les plus longues et les plus vives querelles, nées d'un sujet frivole ou de la préférence d'un passager, ils se séparent comme leurs gondoles sans se toucher, et ne cessent de s'insulter que lorsque leurs cris se perdent dans l'espace. J'aborde enfin au port du théâtre. On joue un opéra sérieux, intitulé : *les Bacchanales de Rome*. Les premiers chanteurs l'exécutent. Malgré leur talent et l'admirable voix de contralto de la signora Malanotti, je suis heureux que la nouveauté de ce séjour et les souvenirs de cette journée, me dissimulent la longueur et l'ennui du spectacle auquel j'assiste.

LE SIROC. — MALAMOCCO.
L'ÎLE DE SAINT-LAZARE.— LES SERVITES.— LEUR MAISON.
RETOUR A VENISE. — THÉATRE DE SAINT-JEAN-CHRYSOSTOME.
LA GAZZA LADRA, OPÉRA DE ROSSINI.

Venise, 2 novembre 1819.

Hier les nuages étaient bas. Une lourde atmosphère pesait sur les poumons. La température était humide et tiède. Dans les rues, il ne passait presque personne. Assis à la porte de leurs boutiques, les marchands, les artisans oisifs, cherchaient à respirer plus librement. Dans leurs barques, les matelots couchés nonchalamment, n'avaient plus ni force ni activité. Redoublant d'indolence, les Orientaux qui abondent à Venise, se reposaient étendus sur les bancs des cafés, buvant des sorbets; ou bien, dans une grave immobilité, ils regardaient se dérouler la fumée de leurs pipes. Succombant de même à l'accablement général, j'essayais de le combattre, et m'étonnais que ma résistance n'eût aucun succès. J'ai fini par m'asseoir au pied de la colonne du lion de Saint-Marc, tourné vers la mer, lui demandant vainement quelque brise rafraîchissante. C'était le Siroc. Aujourd'hui l'air est léger, le ciel serein. Un souffle printanier lui a rendu sa pureté. Chacun est revenu à la vie. Profitons de cette belle journée pour visiter l'Adriatique. Nous n'en sommes qu'à une lieue de navigation. Chemin faisant, nous jetterons un regard sur les jardins que les Vénitiens doivent à l'administration française, genre d'agrément qui leur était inconnu jusqu'alors. Les plantations ont grandi. Elles donnent déjà quelque ombrage. Moins heureux que le vieillard de La Fontaine, nous nous sommes chargés d'un avenir qui n'était pas fait pour nous. Ce n'est pas le seul *long espoir*, ce ne sont pas les seules *vastes pensées*, qu'il nous ait fallu abandonner. Mais nous voici sur une côte déserte. Un quart d'heure de marche va nous suffire pour atteindre les dunes, les franchir et descendre sur la grève. Est-ce bien là cette mer dont Horace se plaisait à citer le courroux et les naufrages; qu'il montre sans cesse agitée par les autans; dont les dangers et les tempêtes lui servent à peindre les rigueurs de l'amour, et à retenir près de lui une femme qu'il aime ? Sa surface est calme. Le flot court et s'éteint silencieusement sur le sable. Aucuns débris n'y sont délaissés. La ligne lointaine de l'horizon n'est interrompue par aucune voile. Nous sommes sur le littoral, près de Malamocco, port maritime de Venise, dont le commerce a perdu le chemin, et qui n'est plus fréquenté que par le paquebot à vapeur de Trieste. Ses arsenaux sont vides. Les ateliers de sa marine se dépeuplent. On laisse sans défense les fortifications de la côte. C'est ailleurs que se portent les vues de l'Autriche. Il ne lui faut point de sujets auxquels l'esclavage ait été longtems inconnu. Qu'arriverait-il si quelques souvenirs de gloire et de république venaient à se réveiller? Elle préfère que la misère et l'ignorance lui fassent raison d'un peuple qui fut riche et éclairé. Toutes ses préférences et ses faveurs sont pour la ville et le port de Trieste.

Puisque rien ne nous retient sur ce triste rivage, rentrons dans les lagunes. A gauche est l'île Saint-Lazare. Des servites arméniens l'habitent. Leur maison est ouverte aux voyageurs qui désirent la voir, et ils les accueillent avec empressement. « Soyez les bien-venus, nous a dit celui qui avait accouru au-devant de nous;

ne craignez point de troubler notre solitude : nous aimons la visite des étrangers, et surtout celle des Français. » Il est né à Angora. Il a reçu l'ordre de la prêtrise, et se nomme A...... Ses traits ont de la noblesse et de la beauté. Son regard est spirituel, sa physionomie expressive. Une longue barbe noire comme du jais, lui donne la gravité convenable à son caractère. Il a parcouru l'Europe et l'Asie. L'usage du monde ne lui a rien laissé de monacal. Ses vêtemens sont de laine noire, fine et brillante. Il porte une soutane, et un surtout à la mode de l'Orient. Le surtout est bordé d'une bande d'étoffe en soie d'un bleu-violet éclatant. A la connaissance des langues orientales, il joint celle du grec, du latin et de l'italien. Le français lui est également assez familier, pour qu'il puisse se faire comprendre ; mais ce motif n'est pas le seul qui lui impose le devoir de faire aux Français, les honneurs du couvent. Sa prédilection en leur faveur a aussi déterminé cette préférence. Pendant nos dernières guerres, il se trouva sur un vaisseau anglais qui fut pris par un corsaire de Marseille. Le capitaine l'excepta de la prise. Touché de ce service généreux, il lui a voué, ainsi qu'à la France, une reconnaissance et une amitié dont il ne parle qu'avec émotion.

« D'ailleurs, ajoutait-il, nous n'avons jamais eu qu'à nous louer de votre gouvernement. La puissance et la gloire de votre nation ne se sont manifestées à nous que par des bienfaits. Quoique placés ici sous la protection de la Porte-Ottomane, vous sentez que la tolérance de l'Europe nous est nécessaire. Le but de notre institution est d'épier les progrès de l'esprit humain, de nous tenir au courant des productions nouvelles, et de recueillir tout ce qui peut instruire, sans porter atteinte à la religion catholique que nous professons :

>Apis Matinæ
>More modoque
>Grata carpentis thyma per laborem
>Plurimum [1].....

» Nous traduisons dans notre langue vulgaire les livres qui nous paraissent susceptibles d'être publiés. Réunis en corps d'ouvrages, nous les

---

[1] Hor., liv. IV, od. 11.

Imitant l'abeille de Matina, dont l'industrieuse activité va dérober au thym qu'elle aime, les sucs dont son miel se compose.

imprimons; et ils sont ensuite répandus dans le Levant par nos soins et par notre industrie. Vous voyez en nous les missionnaires d'une civilisation modérée. A des yeux qui ne sont pas exercés, il ne faudrait pas tout-à-coup offrir une clarté trop vive. — Lors de l'occupation de Venise par Napoléon, il y avait bien des raisons de s'attendre à des représailles, dans lesquelles tout serait confondu, rien ne serait épargné. Un décret spécial conserva notre habitation, notre église, nos autels, notre école, nos droits, et nous prêta un appui qui ne s'est jamais démenti. Pouvait-il en être autrement? Le peuple français se distingue par son goût pour les sciences et les arts; et rien n'égale notre zèle pour en agrandir le domaine. Vous combattez contre la barbarie ; et nous sommes les apôtres des principes qui tendent à renverser son empire. Comment cette conformité d'intentions et de travaux ne nous rapprocherait-elle pas? comment n'aurait-elle pas formé entre nous, des liens que personne ne chérit plus que moi? »

Ces discours avaient de quoi nous plaire. Nous ne les interrompions que par des monosyllabes, et pour répondre aux paroles affectueuses de notre interlocuteur. « Je ne vous donnerai pas la peine, a-t-il continué, de parcourir en détail toute notre maison : elle n'a rien de rare ni de curieux. Les marbres qui revêtent ses murs et ceux dont elle est pavée, ne sont point un vain luxe, mais un moyen de salubrité. Vous me permettrez seulement de vous montrer dans notre réfectoire, une belle copie de la Cène de Léonard de Vinci. » En même tems il nous précédait rapidement dans de longs corridors, à travers des salles dont la propreté était poussée jusqu'à la recherche. Puis, ouvrant une porte : « Voici, a-t-il dit, ce que nous possédons de plus précieux en tableaux. » En effet, il est impossible d'offrir une imitation plus parfaite de l'admirable peinture de Milan.

La bibliothèque de l'île Saint-Lazare est plus riche par le choix que par le nombre des volumes qu'elle renferme. Il s'y trouve des manuscrits rares, entre autres un des meilleurs écrits d'Eusèbe, évêque de Césarée. Les servites l'ont traduit en arménien et en latin, et en ont imprimé le texte avec les deux versions en regard. A côté de cet ouvrage de longue haleine, combien d'autres livres n'ont-ils pas mis en circulation? une Rhétorique à l'usage de la jeunesse, un Buffon des jeunes gens, des Grammaires, des Almanachs instructifs, etc. ? « Nous imprimons même une Gazette, a repris le père A....., en souriant. Témoins plus proches des grands événemens qui se passent en Europe, c'est à nous qu'on a recours pour les apprendre. Il faut bien se prêter au goût du siècle; car nous avons aussi nos nouvellistes. Je ne pense pas qu'ils s'occupent pour eux, de ce qui arrive au-dehors, quoiqu'on ne puisse guère mesurer l'effet de l'infiltration des opinions politiques ; mais ils s'y intéressent par une curiosité qui fait, je dois l'avouer, d'immenses progrès. La loi sous laquelle ils vivent est peu susceptible d'amélioration, à plus forte raison de changement. Ce ne sont point sans doute des exemples qu'ils cherchent. Je serais quelquefois tenté de croire qu'ils n'ont un si grand désir de connaître les agitations actuelles de l'Occident et du Nord, que pour mieux apprécier les avantages de la stabilité que leur assure le pouvoir absolu, et pour en jouir plus parfaitement. » On aurait cru qu'il cherchait à excuser son pays, de cette lecture à laquelle il feignait de trouver une frivolité au moins relative. Il y avait là quelque chose qui laissait percer la discrétion commandée par la verge autrichienne.

Indépendamment des travaux littéraires auxquels ils se livrent, les servites tiennent une école pour ceux de leurs jeunes compatriotes qui se proposent d'entrer dans leur ordre. Les classes y sont distribuées comme dans toutes les maisons d'éducation publique. Nous avons trouvé dans une salle d'étude, deux jeunes gens qui leur ont été envoyés de Constantinople. Ils corrigeaient des épreuves. L'ignorance des compositeurs en donne de tellement imparfaites, qu'on les soumet d'abord à des commençans. Ce travail les instruit, et économise les précieux momens des auteurs. Je ne sais s'il faut l'attribuer à leur timidité, à leur peu d'intelligence, ou à la règle du monastère, mais ils paraissaient plongés dans une béatitude stupide. Ils tenaient leurs yeux baissés, comme s'ils avaient eu à s'accuser de quelque faute grave. Leur attitude appartenait moins à l'humilité chrétienne qu'à l'hypocrisie. Ils étaient comme embarrassés de la résolution sérieuse qu'indiquait l'habit conventuel dont ils étaient vêtus, et qui contrastait avec leur figure imberbe. Liés d'amitié, ne s'étaient-ils rien confié touchant la franchise de leur vocation? D'autres lumières que celles de l'Esprit-Saint les éclairaient peut-être. J'aurais gagé qu'ils craignaient de ne pas trouver dans les liens religieux auxquels ils se destinaient, autant de liberté et de bonheur que l'affirmait le père A......

L'église est une chapelle fort simple. Près de la porte, et un peu au-dessus du sol, deux tombeaux sont scellés dans le mur; l'un antique, l'autre moderne. Le dernier est de marbre blanc, et décoré d'armoiries sculptées, autour desquelles on lit cette légende : *In hoc signo vinces*. C'est le don d'un Anglais. En nous l'indiquant, le père A..... a ajouté : « Nous ne savons à quoi attribuer cet acte de munificence. Nous l'avons accepté parce qu'il ne nous convient de rien refuser. Les Anglais ont souvent des idées bizarres ; leur originalité les porte à se distinguer en toutes choses. Nous présumons que le dessein de celui qui nous a envoyé ce tombeau, est de se faire enterrer chez nous. Il en sera ce qu'il lui plaira. De notre part, ce n'est, au reste, qu'une simple conjecture. »

L'imprimerie des servites n'a que deux presses. Je m'étonnais qu'elles pussent suffire aux nombreuses éditions qui en sortent. « Vous avez raison, a répliqué le père A..... ; cependant nous n'éprouvons aucun retard dans nos entreprises, bien que nous ayons parmi nous beaucoup d'hommes instruits et laborieux. La vie du cloître en effet, est longue pour le travail, quand on veut la bien employer. Si les couvens ont produit des livres inutiles ou ridicules, quels services n'ont-ils pas aussi rendus aux sciences? Dans les siècles où l'instruction y était concentrée, bien des arguties y furent à la vérité analysées gravement; mais la raison leur doit aussi des progrès. C'est en cela que nous cherchons à les imiter. Il ne faut être, à leur égard, ni flatteur aveugle, ni ingrat censeur. »

Il a parlé ensuite à un Français qui se trouvait là, et envers qui il montrait de la familiarité. « C'est notre fondeur de caractères, a-t-il dit en s'adressant à moi, et lui frappant amicalement sur l'épaule. Il est d'Avignon. Vous voyez en lui un des braves de vos armées : il a fait la campagne de Russie. A son retour de Moscou, passant à Venise, il nous a donné des échantillons de son art, et nous l'avons retenu. Son seul défaut est de faire payer cher ce qui est bien, et trop cher ce qui n'est pas parfait. Nous ne pouvons réussir à lui persuader de mettre plus de modération dans ses prix. Il voit que nous nous attachons à lui chaque jour davantage, et nous regretterions qu'il ne profitât pas de notre confiance, mais il ne faudrait pas en abuser : n'est-ce pas, messieurs? » En nous soumettant ainsi ce reproche, il pensait lui donner plus de poids. Cependant il regardait l'ouvrier avec finesse et bienveillance. La crainte de l'éloigner ou de le décourager, combattait le penchant qu'il avait à défendre les intérêts de sa maison. Il prenait un ton caressant; il adoucissait le son de sa voix. Nous les avons laissés achever leur entretien, commencé en quelque sorte par notre intermédiaire; et nous avons pris congé, après avoir acheté quelques-uns des livres dont le débit entre dans les revenus du monastère. J'en ai rapporté un petit volume in-18 contenant l'Oraison Dominicale en dix-sept langues différentes : il est également remarquable pour la beauté et la netteté des caractères.

La Gazza ladra, opéra demi-sérieux de Rossini, avait attiré aujourd'hui un grand concours de spectateurs au théâtre de Saint-Jean-Chrysostôme. Cet ouvrage fut accueilli dans l'origine avec enthousiasme. Chaque nouvelle représentation y fait découvrir de nouvelles beautés. Quelle verve ! quelle abondance de chants gracieux, énergiques, gais ou mélancoliques ! quel luxe d'accompagnemens, bien qu'un peu bruyans quelquefois ! Tous ces motifs, toutes ces richesses d'harmonie, ont quelque chose de facile qui les grave dans la mémoire. Le peuple les retient, les chante : on les entend répéter partout.

SOUVENIRS DE L'HISTOIRE DE VENISE.
INTÉRIEUR DU PALAIS DES DOGES. — CANOVA.
LE PALAIS DES SCIENCES ET DES ARTS.
LE THÉATRE DE SAINT-BENOÎT.

Venise, 3 novembre 1819.

Pour échapper aux incursions des barbares du Nord, une partie de la population de la Lombardie orientale se réfugia dans les îles incultes, formées à l'extrémité septentrionale de l'Adriatique. Cette colonie s'établit vers le cinquième siècle, sur le point le plus élevé qui se nommait Rialto. Successivement d'autres îles se peuplèrent. Des ponts les unirent entre elles, et Venise naquit. Soumise d'abord, comme nous l'avons dit, aux magistrats de Padoue, elle devint libre lorsque cette ville fut ruinée par les Huns. L'amour de l'indépendance caractérisa dès l'origine les Vénitiens. Ils adoptèrent le gouvernement démocratique. Chaque île nommait un tribun. Réunis, ces élus du peuple faisaient les lois. L'un d'entre eux les exécutait.

Quelques bornes que l'on eût mises à son autorité, les droits qu'elle lui donnait ne tardèrent pas à la rendre redoutable. Pour en diminuer les dangers apparens ou réels, on la divisa. Elle fut d'abord remise à deux tribuns, puis à douze, puis à sept, selon qu'on y voulait plus d'unité, plus de garanties, ou une action plus prompte et plus uniforme. Ces tribuns ne pouvaient d'ailleurs agir sans le concours et l'appui d'un conseil de quarante citoyens, auquel on donna le nom de *Quarantie,* et qui était en outre chargé de la distribution de la justice.

Deux classes se formèrent dans l'état. Une sorte de patriciat s'éleva. Il se composait des citoyens qui avaient rempli les fonctions publiques, et de ceux qu'une illustration quelconque ou leur richesse tirait de la ligne commune. Les plébéiens s'en trouvèrent naturellement séparés. Des rivalités éclatèrent entre les deux partis. La lutte se continua ainsi, inclinant tantôt vers la démocratie, tantôt vers l'aristocratie : les partisans de cette dernière forme de gouvernement, cherchant à s'attribuer de la prépondérance dans les élections, source de tous les pouvoirs; ceux de la dernière s'efforçant de la leur disputer. La haine des patriciens pour les démocrates, celle des plébéiens pour les aristocrates, poussa les uns et les autres vers une espèce de monarque, dont l'élection parut à tous modifier les dangers. Un chef fut donné à la république sous le nom de *doge*. Cette magistrature était à vie. Elle inspira bientôt des craintes, et fut remplacée par la création d'un chef-de-milice qui dura peu. L'on en revint au dogat, où chacun trouvait un moyen d'arrêter les prétentions qu'il voulait détruire. Mais l'instinct jaloux de la liberté était incompatible avec cette institution monarchique. Selon les opinions que professait le doge, il ne rencontrait que des ennemis dans les rangs auxquels il n'appartenait pas. Cédant à la pente accoutumée du pouvoir, et à l'attrait qui en est inséparable, il ne résistait pas toujours au vœu d'étendre son autorité. Quelquefois il ne cachait pas assez le désir de la rendre héréditaire: de là, l'envie des patriciens, la méfiance des plébéiens, et une inquiétude, une surveillance unanimes, obstacles continuels au bien-être général. En butte à des attaques ouvertes ou secrètes, quand le doge échappait à un jugement régulier, dont le peuple ne refusait jamais la confirmation, il succombait à des émeutes populaires, ou se voyait forcé de s'exiler lui-même. Les succès ne lui étaient pas moins funestes que les revers. Heureux, il tombait victime de sa bonne fortune ou de son habileté, dont on redoutait encore plus l'abus qu'on n'en appréciait les résultats; malheureux, il portait la peine d'une impéritie vraie ou fausse. Plusieurs eurent les yeux crevés, abdiquèrent, moururent dans l'exil, ou furent massacrés, et quelques-uns périrent sur l'échafaud, sans que tant d'exemples menaçans laissassent jamais le trône vide.

Ces dissentions intestines, ces agitations constitutionnelles ne nuisaient point aux progrès de la puissance nationale. La désunion opérée au-dedans par la turbulence inséparable d'une éducation démocratique, disparaissait au-dehors pour faire place à l'unité des vues, à l'accord des volontés, à une noble émulation de patriotisme. Dépendante à sa naissance de l'empire d'Occident, la république de Venise avait passé sous la protection de celui d'Orient. Pour se donner un doge, il lui avait fallu obtenir l'aveu de l'Empire et de Rome. Charlemagne chassa les Lombards. Selon leurs desseins, les doges exilés recouraient à Constantinople ou à la cour de France. Vers la fin du huitième siècle, un traité, conclu entre l'empereur et Pepin roi de Lombardie, stipula l'affranchissement des Vénitiens qui surent depuis le maintenir sans aucun appui, jusqu'à la fin de leur existence politique. Le roi d'Italie leur reconnut plus tard le droit de battre monnaie. Puis, pour les secours qu'ils donnèrent à l'empereur d'Orient contre les Normands, ils exigèrent qu'il renonçât à tout exercice de souveraineté, sur les provinces de la Dalmatie qu'ils avaient conquises depuis un siècle.

La même forme de gouvernement se maintint à peu près pendant sept cents ans. Quelques modifications seulement avaient été introduites dans la confection des lois, qu'on avait jugé convenable de soumettre à une sorte de *veto*. Trois avocats de la république l'exerçaient, tribunat à l'instar de celui de Rome, et que l'on nommait *avogadori del comun*. La faculté qu'ils avaient de renvoyer le projet de loi ou d'ordonnance, devant l'autorité qui s'y opposait, les rendait arbitres uniques de la législation. Cependant les patriciens supportaient plus impatiemment que jamais les formes populaires imposées à la plupart des actes publics. Ils affectaient de prendre pour de l'anarchie, les mouvemens naturels d'une république. Profitant de la versatilité du peuple, des scènes sanglantes qu'amenait la chute ou la nomination des doges, et de l'autorité précaire de ces magistrats, ils parvinrent à en attribuer le choix, en cas d'urgence, aux Quarante qui, pendant les interrègnes, réunissaient déjà tous les pouvoirs. Or, il y avait urgence quand les partisans des divers candidats ne s'accordaient point. Dans tous les cas, l'élection devait être confirmée par le peuple. Ce nouveau mode fut suivi après l'assassinat de Vital Michiéli II. Celui qui réunit les suffrages, ne les obtint qu'à la condition d'accepter une loi, qui ne laissait plus au peuple que la confirmation ou l'annulation du doge élu. Cette loi ôtait en outre au doge, la nomination de ses conseillers. Elle lui en adjoignait six dont il ne pouvait augmenter le nombre, et sans l'approbation desquels aucun décret n'était valable. Elle les faisait élire par les membres de la Quarantie qui prenaient le nom de *sénateurs*, et dont elle portait le nombre à cent. Enfin elle obligeait les plébéiens de déléguer l'exercice de leurs droits, à un grand conseil composé de quatre cent soixante-dix citoyens qui pouvaient être destitués par leurs commettans, mais dont le choix était réservé exclusivement à douze électeurs pris parmi les habitans de la cité. L'aristocratie parvint ainsi à se substituer à la démocratie, qui, jusque-là, avait à peu près été la base de cette organisation sociale. Le deuxième doge, élu en conformité de cette loi, amena l'usage de jeter de l'argent au peuple dans la cérémonie de son intronation. Cette prodigalité humiliante fit dire que les plébéiens ramassaient dans la boue le prix de leur liberté.

Les croisades achevèrent d'affranchir Venise de l'empire d'Orient. Elle leur fournit des vaisseaux, s'associa à la quatrième guerre des croisés, et s'attacha à la ruine de Constantinople. La possession de la Morée et de Candie fut le résultat de cette coopération. En même tems, ses relations mercantiles prirent un plus grand accroissement. Elle acheta du St.-Siége, qui trouvait en elle des défenseurs, le droit, interdit par les bulles, de commercer avec les infidèles. En vertu de cette concession, elle traita avec les califes, institua des comptoirs dans l'Inde et dans la Nubie. Maîtresse de l'Adriatique, son dessein était de s'emparer du Delta, et d'ouvrir un canal entre la mer Rouge et la Méditerranée dont elle projetait l'asservissement, au préjudice des Pisans, des Siciliens et des Génois, qui ne lui résistèrent point. Les papes et les empereurs se disputaient alors la domination de l'Italie. Obligé de fuir devant les armes de Frédéric-Barberousse, le pape Alexandre III s'étant réfugié chez les Vénitiens, crut s'acquitter de l'asile qu'ils lui avaient donné, en consacrant la puissance maritime de ses hôtes, qui jusque-là s'étaient passé de cette formalité. Dans une cérémonie solennelle, sa sainteté remit au doge un anneau béni, en signe d'autorité maritale sur l'Adriatique, et voulut que, chaque année, un simulacre de mariage fût pompeusement célébré entre ces nouveaux époux. Venise n'en demeura pas moins libre dans ses alliances et ses entreprises. Appuyant tour à tour la couronne impériale et la tiare, elle finit par soustraire entièrement le nord de l'Italie à la domination des empereurs.

Vers la fin du XIIIe siècle, la lutte des Guelfes et des Gibelins divisa les Vénitiens, comme elle divisait les Florentins et les Génois. Le parti des Guelfes comprenait la classe moyenne de la population, ceux qui, enrichis par leur travail, appuyés par la clientelle inséparable de l'industrie, voulaient avoir part au gouvernement de l'état. Celui des Gibelins se composait de ceux qui, à raison de leur naissance ou de leur fortune, possédaient à peu près seuls l'autorité, et la regardaient comme leur patrimoine. Instrument ou dupe des uns et des autres, la populace passait alternativement dans les rangs opposés, selon le caprice ou l'impulsion du moment. Comme aujourd'hui les utiles étaient aux prises avec les oisifs. Mais des poids inégaux pesaient dans la balance. Les industriels tenaient aux dernières classes du peuple par des liens plus étroits : au contraire, les nobles n'avaient avec elles aucun rapport, et se les aliénaient, en nommant avec dédain spéculations sordides, les professions qui les faisaient vivre et même leur procuraient de l'aisance. La position de ces derniers était critique. Ils profitèrent d'un interrègne pour modifier dans leur sens l'élection du doge. Aux scrutins des privilégiés, on mêla le sort. Personne ne doutant que cette intervention du hasard, dans une opération si importante, ne déjouât l'intrigue, tous en conçurent une sécurité qui apaisa un moment les querelles, et satisfit les ambitions diverses.

Contre l'attente des patriciens, un Guelfe,

zélé défenseur des droits du peuple, Jean Dandolo, fut élu doge malgré la combinaison qui promettait un résultat différent. Ils espérèrent néanmoins que, séduit par son propre intérêt, il se prêterait à instituer l'hérédité des fonctions publiques. Il résista. Les plébéiens se rapprochèrent de lui, et leurs adversaires s'en éloignèrent. Des démêlés avec Rome étant survenus, la nécessité d'affranchir la république de l'influence étrangère, le força de recourir à ceux qu'il avait mécontentés. Favorisés par cette déférence, ceux-ci marchèrent invariablement à leur but, tantôt ouvertement, tantôt en secret. Une nouvelle élection leur offrit les moyens de l'atteindre. Elle était tombée sur Pierre Gradénigo. Selon l'usage, un des sénateurs le proclama à l'une des fenêtres du palais, et prononça la formule : *Le doge est élu, si vous l'approuvez ;* mais il se retira sans attendre aucune réponse ; et cette innovation ne laissa plus d'incertitude sur le dessein d'écarter l'intervention du peuple dans le choix du premier magistrat. Gradénigo, jeune, d'un caractère ferme, d'une brillante réputation militaire et d'une naissance illustre, accepta les innovations que son prédécesseur avait refusées. Les priviléges de l'aristocratie devinrent héréditaires. Il fut statué que nul autre que ceux qui en faisaient partie, n'entrerait à l'avenir dans le grand conseil, composé alors de quatre cents citoyens; que cette prérogative passerait à leurs descendans; et que les membres de toutes les autorités seraient pris dans cette assemblée. C'était y réunir, par le fait, tous les pouvoirs. Une conjuration éclata contre le novateur : il la réprima, et mourut, dit-on, empoisonné.

Le patriciat lui devait trop pour laisser impunis les conjurés : dix membres du grand conseil national reçurent la mission d'informer. Établis d'abord pour deux mois, leurs pouvoirs furent renouvelés pour un, cinq et dix ans, et finirent par se perpétuer. De cette perpétuité à envahir l'omnipotence, il n'y eut pas loin. Le complot du doge Marino Faliéro servit de prétexte. Pour le juger, le conseil des dix s'érigea en tribunal suprême, avec la faculté de créer, d'interpréter et d'abroger les lois. Faliéro lui fut déféré, tant à cause de la part qu'il avait prise au projet d'exterminer la noblesse, que pour s'être montré indocile aux vues du parti dominant. On le condamna à mort. Le président du nouveau tribunal parut au balcon de la salle des audiences; il tenait d'une main un damas ensanglanté, de l'autre la tête de l'infortuné vieillard, et s'écria : « Le coupable vient de subir la peine due à ses crimes! » La ruine des libertés suivit de près cette exécution, dont les formes mystérieuses amortirent tout esprit public. Les doges devinrent les ilotes de la république. Sous peine de mort, nul ne pouvait plus en refuser le titre, ni y renoncer volontairement. Ils représentaient la nation, sans exercer aucune autorité. Présens à toutes les solennités, ils recevaient des honneurs qui n'ajoutaient rien à leur considération personnelle. Eux et leurs familles formaient une caste séparée. Leurs fils étaient exclus de toutes les fonctions civiles. Ils ne pouvaient se marier qu'à des Vénitiennes. Employés près du trône, on les nommait les chevaliers du doge.

L'état se trouva alors gouverné par la noblesse, et par les notabilités plébéiennes qu'on nommait *la citadinance*. Le grand conseil exerçait la souveraineté. Les nobles y siégeaient héréditairement, dès l'âge de vingt-cinq ans. Les formes, les lenteurs de ses délibérations en excluaient l'inexpérience, l'enthousiasme et les mouvemens passionnés qui finissent par dégrader les assemblées délibérantes. Il était présidé par le doge, accompagné de ses conseillers et des chefs des différens corps. C'était lui qui sanctionnait les lois, réglait les impôts, conférait plusieurs droits de cité et nommait à toutes les places. L'exécution des lois résidait dans le sénat, dont le doge était encore le président. Quatre tribunaux, ou quaranties, administraient la justice. L'un, criminel, réunissait à la répression des crimes et des délits, d'autres attributions propres à lui donner un caractère plus imposant. La distribution de la justice civile était confiée aux trois autres. Enfin, venait le conseil des dix, dont ressortissaient à la fois la justice et la police, et auquel on adjoignit le doge et ses conseillers, pour prévenir les empiétemens de son autorité.

Unique dépositaire des pouvoirs, l'aristocratie ne se trouvait pas encore satisfaite. Quelques formes populaires subsistaient, non plus dans l'élection du doge, mais dans sa proclamation. L'assentiment du peuple, attendu d'abord, négligé depuis, cessa d'être demandé. Le sénateur qui annonça la nomination du doge François Foscari, supprima les mots jusque-là conservés : « Si vous l'approuvez. » Ce ne fut pas tout. Le conseil des dix, que l'adjonction du doge et de ses conseillers portait à dix-sept membres, parut être trop nombreux. On n'y trouvait ni l'unité, ni le secret convenable à un parti ombrageux, qui ne se maintenait déjà que par la terreur. Deux de ses membres et un des conseillers du doge en furent extraits, et la sûreté de l'état leur fut spécialement confiée. Les aristocrates s'occupaient plus de se maintenir au timon des affaires, qu'ils ne craignaient de voir la constitution dégénérer en oligarchie. La certitude du présent l'emportait sur les conjectures de l'avenir. Telle fut l'origine de l'inquisition d'état dont la puissance ne connut bientôt aucune borne.

On nomma inquisiteurs noirs ceux qui avaient été pris dans le conseil des dix, et inquisiteur rouge celui qui était sorti du conseil du doge. Leurs noms étaient ignorés. Ils délibéraient à huis-clos. L'exécution de leurs sentences ne recevait point de publicité. Ils encourageaient la plainte, récompensaient l'espionnage et accueillaient la délation. Tout était de leur ressort : la police, la justice, le gouvernement intérieur et extérieur. La présence d'un seul de leurs agens suffisait pour maintenir l'ordre dans les lieux publics, et le rétablir s'il était troublé. Ils en avaient partout, et de toutes les conditions, qui surveillaient la population entière, et se surveillaient entre eux sans s'en douter. Les chefs mêmes de l'état n'échappaient point à leur investigation. Quelques relations à l'étranger devenaient-elles suspectes? les inquisiteurs s'emparaient de la correspondance avec l'ambassadeur de la république, négociaient et traitaient à leur gré, sans en rendre compte. Toutes les peines étaient à leur discrétion : la prison, la torture, le bannissement et les divers genres de mort. Les condamnés subissaient leur supplice la nuit, sans connaître la plupart du tems ni leurs crimes, ni leurs accusateurs, ni leurs juges, qui souvent ne les connaissaient pas davantage. Le geolier, deux témoins et le bourreau y assistaient seuls. L'annonce de la vacance d'un emploi, suffisait pour que l'on procédât au remplacement de celui qui l'avait exercé. Nul ne se serait impunément enquis de lui ni de tout autre individu tombé dans les liens de l'inquisition. Le droit des gens lui-même n'affranchissait pas de ses jugemens. Si un étranger, quelque mission qu'il eût, à quelque rang qu'il appartînt, fût-il même sur le trône, était condamné, des assassins et des empoisonneurs se chargeaient de l'atteindre et de le frapper. Le prince de Craon passait à Venise. La curiosité seule l'y avait attiré. Une bourse de soie contenant cinq cents ducats, lui fut volée. Il se plaignit de la police qui, préoccupée, disait-il, d'inquiétudes réelles ou imaginaires, ne savait ni découvrir ni punir les voleurs. Après un court séjour, il partit. Au milieu des lagunes, ses gondoliers s'arrêtent et virent de bord. Il leur demande le motif de ce changement de direction. « C'est, répond l'un d'eux, que cette barque que vous voyez nous ordonne d'arriver. Elle porte une flamme rouge qui est le signal de l'inquisition; et nous obéissons. » Le prince se rappelant aussitôt le propos qu'il s'est permis, en appréhende quelque suite funeste. Aucun moyen de salut ne se présente à sa pensée. La fuite est impossible. On approche. Une voix sinistre lui ordonne de passer dans la barque redoutée. Interrogé sur le fait du vol, il déclare que ses soupçons se sont arrêtés sur un valet de place. « Le reconnaîtriez-vous ? lui demande-t-on. — Je le crois. » A ces mots, l'interlocuteur soulève avec son pied un manteau, et découvre un homme mort : c'était le voleur. Il tenait la bourse de soie dans sa main. « Voilà la justice faite, dit le familier de l'inquisition; voilà votre argent; reprenez-le, partez et souvenez-vous qu'on ne revient pas dans un pays, quand on a méconnu la sagesse de ceux qui le gouvernent.» Un de nos poètes a peint cette institution mystérieuse et terrible :

> Ici, même au sein des plaisirs,
> Dans tous les lieux, sans cesse ouvrant l'œil et l'oreille,
> En paraissant dormir, le gouvernement veille.
> Ténébreux dans sa marche, il poursuit son chemin,
> Muet, couvert d'un voile, et le glaive à la main.
> Il cache au jour l'arrêt, la peine, la victime,
> Et punit la pensée aussitôt que le crime.
> Ici, dans des cachots l'accusé descendu,
> Pleure au fond d'un abîme, et n'est point entendu.
> D'un mot ou d'un regard, l'état ici s'offense;
> Et toujours sa justice a l'air de la vengeance.
> Un homme peut périr, la loi peut l'égorger,
> Sans qu'un parent, qu'un fils ait connu le danger.
> La mort frappe sans bruit. Le sang coule en silence;
> Et les bourreaux sont prêts quand le soupçon commence [1].

A l'abri de cette terreur, sous ce niveau redoutable, Venise prospérait et conservait son indépendance. Rien ne lui coûtait pour que ses guerres fussent glorieuses. Plusieurs se termi-

---

[1] Ducis, tragédie d'*Othello*.

nèrent par des accroissemens de territoire. Les tems de paix se passaient à embellir la capitale, à construire des monumens nouveaux, à réparer les anciens. La puissance de la république consolait les citoyens de la perte de leurs droits. Tous se créaient des motifs de s'assouplir au joug qu'aucun ne pouvait plus secouer. Les plébéiens, voyant que les rigueurs inquisitoriales n'admettaient aucune exception, trouvaient dans cette communauté de servitude des jouissances d'égalité qui les flattaient. De leur côté, les patriciens, sans oser trop se féliciter de leur propre ouvrage, se complaisaient dans leur prééminence sociale ; mais moins obscurs, et par cette raison plus surveillés, ils étaient obligés de cacher leur vie. Modestes dans leurs vêtemens, discrets dans leur conduite, économes, il ne leur était permis de se montrer prodigues ou généreux qu'envers les courtisanes qui ne thésaurisaient point, aidaient à la circulation, et devenaient un obstacle au danger des trop grandes fortunes. Les dépenses utiles eussent été suspectes, parce que toute popularité devenait criminelle. Ainsi, la corruption des mœurs était mise à profit, pour arrêter la corruption politique. Toutefois, l'usage du masque ne fut jamais aboli pendant la durée du carnaval. Les affaires, les plaisirs, le deuil même, ne l'excluaient pas. Il servait de sauve-garde, éloignait un moment l'espionnage; et, loin de s'en inquiéter, la loi l'autorisait : il trouvait partout protection et secours.

La crainte n'enfante tôt ou tard que de la haine. Le gouvernement vénitien n'inspirait plus d'autre sentiment à ses peuples, long-tems avant d'en ressentir les effets. Quand Venise fut menacée dans son existence; quand ses magistrats se virent contraints d'opter entre la France et l'Autriche; quand des explications, des réponses catégoriques leur furent demandées les armes à la main, l'explosion des longs ressentimens qu'ils avaient inspirés se fit de toutes parts. Les anciennes discordes, les ambitions déchues ou trompées se réveillèrent. Divisés dans le sein de leur capitale, les Vénitiens ne trouvèrent aucun appui dans leurs sujets de la terre ferme, qu'ils avaient tenus sans cesse écartés de l'administration des affaires publiques. L'aristocratie appela vainement la démocratie à la défense de la patrie commune. La force lui manquant, elle employa les subterfuges de la faiblesse. Le vainqueur s'approchait-il? on recourait à la ruse et à la temporisation. S'il s'éloignait, de secrètes machinations étaient ourdies contre lui ; des résistances même se tentaient, à l'aide de soldats étrangers et d'une populace séduite. Comme à Vérone, des Français furent assassinés. Au retour de celui à qui rien ne résistait alors, ni la duplicité, ni les excuses, ni le repentir, ne purent conjurer l'orage ou reculer le terme fatal. L'heure de l'antique Venise avait sonné; sa durée de quatorze siècles allait finir. Le grand conseil la déclara réunie à la république française. Mais ses résolutions ne réglaient plus les destinées du pays. D'autres intérêts en disposaient sans sa participation. Les soldats l'emportaient sur la magistrature ; et le sort des nations se décidait dans les champs de bataille.

L'armée française entra à Venise, le 16 mai 1797, lorsque déjà son gouvernement éprouvait tous les symptômes d'une entière désorganisation : des émeutes avaient éclaté. Chaque parti croyant obtenir l'accomplissement de ses prétentions, implorait le vainqueur. L'abdication des autorités avait encouragé l'anarchie. Quelques institutions précaires, sans force et sans considération, les remplaçaient. Le premier soin du général Baraguey-d'Hilliers fut d'ouvrir les prisons de l'inquisition. Il ordonna que les grilles en fussent enlevées, et qu'une inscription consacrât ce retour vers le principe de la liberté individuelle. On y trouva deux prisonniers : un prêtre dont la captivité datait de trente ans ; un Esclavon qui y avait déjà passé dix-sept années de sa vie. J'ai inutilement cherché à connaître les causes de leur emprisonnement. Tous deux ont vécu long-tems après leur délivrance; mais le dernier était devenu aveugle en revoyant le jour. Ces cachots souterrains ne sont plus, comme les mansardes de plomb, qu'un objet de curiosité ; cependant on n'y pénètre pas sans une sorte d'effroi. Creusés au-dessous du niveau des eaux, ils s'ouvrent sur des couloirs obscurs. Leurs dimensions uniformes n'excèdent pas dix pieds de long sur cinq pieds de large. Quelques ais de chêne appliqués contre les murs, pour repousser l'humidité, se couvrent continuellement d'une moisissure infecte. Un lit de camp jonché de quelques brins de paille, l'absence de toute clarté, une nourriture grossière, une surveillance importune, des portes épaisses fermées à grand renfort de serrures et de cadenas, telles étaient les conditions de ces horribles demeures. A travers un guichet rond de huit pouces de diamètre, le gardien donnait au détenu des alimens, sans lui parler, et suspendait une lanterne extérieurement, en face de cette ouverture, pour éclairer son triste et prompt repas; puis des verroux tirés immédiatement en-dehors, le plongeaient de nouveau dans la solitude et dans l'obscurité. Les murs sont couverts de lignes irrégulièrement tracées en langues et en caractères différens, qui toutes expriment la douleur, la rage, le désespoir, en prose, en vers, en citations de l'Écriture-Sainte ou des historiens. La mort seule mettait un terme à cette étroite clôture. Dès qu'elle était prononcée, on conduisait le condamné sur un pont, nommé *le Pont des Soupirs*. Là, le secrétaire des inquisiteurs lui lisait sa sentence, et l'exécution ne passait pas la nuit suivante. Elle se faisait au haut d'un escalier, dans une petite chambre carrée qui n'avait pas plus de six pieds dans tous les sens. Le bourreau asseyait le condamné contre une grille qui cachait l'appareil du supplice, et en face de laquelle on voit encore de nombreuses taches de sang.

L'occupation de Venise par les Français ne fut que transitoire. Elle dura environ six mois, pendant lesquels les passions s'agitèrent violemment, et les vengeances ne furent pas toujours comprimées. Le traité de Campo-Formio mit fin à toutes les incertitudes, trompa toutes les attentes, et déconcerta toutes les intrigues. L'Autriche devenue maîtresse du territoire vénitien, en prit possession le 18 janvier 1798. Elle y règne aujourd'hui, non par l'amour et la justice, mais par la puissance de ses baïonnettes.

Démocratique d'abord, le gouvernement des Vénitiens devint aristocratique, et dégénéra de fait en oligarchie, lorsque l'inquisition d'état fut constituée. Leur existence en corps de nation a duré depuis le 4ᵉ jusqu'au 18ᵉ siècle. Habiles à profiter de la paix comme de la guerre, successivement maîtres de l'Adriatique et de la Méditerranée, ils étendirent à la fois et leur commerce et leur domination. Leur histoire sert de lien entre l'histoire romaine, celle du moyen âge et celle des tems modernes. A ces différentes époques, le succès couronna leurs entreprises, plus encore qu'ils n'essuyèrent de revers. On les a vus tour à tour maîtres et dépossédés du Péloponèse, de plusieurs îles du Levant, et d'une grande partie de l'Italie septentrionale. L'amour de la liberté les avait réunis; plusieurs causes ont contribué à leur ruine : l'invasion des Turcs en Orient, l'expédition des Portugais dans l'Inde, la découverte du Nouveau-Monde, l'accroissement des forces militaires en Europe, l'occupation de l'Italie après trois siècles de contestation armée, et surtout la perte de leurs institutions libérales, qui anéantit à la fois leur patriotisme et leur énergie morale et physique. Venise agrandit le domaine des sciences. Ses académies et ses universités se sont signalées par les progrès qu'elles firent faire à la géométrie, à l'astronomie, à la géographie, à la chimie et à la médecine. L'étude de la philosophie et de la morale n'y était point négligée. Elle revendique le premier livre imprimé en Italie. Plusieurs historiens ont contribué à son illustration. On lui doit des imitations de la tragédie grecque, qui influèrent utilement sur la renaissance et le perfectionnement de l'art dramatique. Ce fut elle qui importa du Levant la culture du mûrier. Entre les objets qui sortaient de ses manufactures, les glaces, les verreries, les soieries et la bijouterie en or, exclurent long-tems toute concurrence dans les différens marchés du continent. C'est chez elle que s'est long-tems fabriquée la meilleure thériaque; il se fait encore aujourd'hui un débit immense de cette composition médicinale, dans une pharmacie située au bas du pont de Rialto. Aux progrès rapides des sciences et de l'industrie se mêlait la culture des arts. Les Vénitiens avaient apporté de leurs premières excursions en Grèce des fragmens d'architecture, qui, imités d'abord grossièrement, enfantèrent le goût de cet art, et celui de la sculpture. Des palais et des monumens s'élevèrent, seuls restes maintenant de l'ancienne magnificence de leur capitale, et que l'on doit craindre de voir un jour ensevelis sous les eaux qui en minent les fondemens. Leur école de peinture acquit aussi une grande célébrité : elle a eu et elle conserve de nombreux admirateurs. Ses caractères distinctifs sont la franchise du dessin, l'originalité de la composition, la perspective aérienne et un brillant coloris. Non-seulement des peintres renommés sont nés à Venise ; mais elle accueillit, encouragea et employa ceux qui, venus pour étudier ses modèles, ont laissé des chefs-d'œuvre dans ses temples, dans ses musées et dans ses palais. Le Titien et Paul Véronèse y sont morts. Le premier repose dans l'église des Cordeliers, sous une simple pierre qui ne rappelle que son nom. Le tombeau du second est dans celle de Saint-Sébastien. Un autre artiste répand maintenant sur Venise un nouvel éclat. Canova, l'un des premiers sculpteurs du siècle, est né en 1757, à Possagno, village des états vénitiens [1]. Quoiqu'il soit fixé à Rome, qu'il y reçoive les hommages des étrangers, et que ses ouvrages y rivalisent ceux de l'antiquité, rien ne le détourne du pays natal. L'amour de la patrie l'y ramène sans cesse, comme s'il voulait la consoler par sa brillante renommée, du néant dans lequel elle languit. Il lui envoie des épreuves de ses ouvrages, la visite souvent, et orne dans ce moment Possagno, d'une église qui passe pour un modèle de bon goût et de noble simplicité.

Outre les trophées, les peintures et les sculptures destinées à retracer les faits mémorables de l'histoire vénitienne, le palais des Doges contient aussi de nombreux tableaux et quelques marbres antiques. Parmi ces derniers, on distingue deux gladiateurs, l'un mort, l'autre terrassé et faisant des efforts pour se relever; une Léda debout, près de céder aux caresses

---

[1] Il est mort à Venise en novembre 1822, après une longue et douloureuse maladie.

du cygne amoureux; Ganymède enlevé par l'aigle de Jupiter.—Les gladiateurs conservent dans leurs attitudes la grâce qu'exigeaient les lois de leur gymnastique. — Le cygne se presse contre Léda, la serre de ses larges pieds, l'embrasse de ses ailes. Tandis qu'une des mains de la jeune fille s'égare dans les étreintes de son amant, l'autre saisit et cherche à éloigner, avec le peu de force qui lui reste, ce long cou qui s'étend amoureusement sur son sein. Quelques plumes se sont glissées entre ses genoux qu'elle tient étroitement unis. Sa tête, penchée en arrière, craint et semble chercher la volupté. Elle résiste encore; elle va succomber. —Quant au Ganymède, il est déjà dans les airs. L'aigle divin qui l'emporte, a déployé ses ailes. Rien n'arrêtera son vol. Vous allez le voir fendre la nue, et déposer le jeune et bel échanson sur les marches du trône de son maître.

Le palais des Sciences n'est pas moins riche en objets d'art que celui des Doges. Entre les tableaux, il en est un de Bonifazio, élève de Piètre de Cortone, aussi touchant par le choix du sujet qu'il est précieux par la beauté de son exécution. Il représente le Lazare demandant au mauvais riche les miettes qui tombent de sa table. Dans une salle richement décorée, à la manière de Paul Véronèse, un banquet somptueux est servi. Des courtisanes figurent parmi les convives. Elles sont vêtues de robes brillantes et parées de pierreries. Assises dans des attitudes voluptueuses, leur attention vient d'être attirée par le pauvre Lazare, couvert de plaies et de haillons, couché près de la porte et tendant la main. Elles le regardent avec indifférence. Leur beauté, les prodigalités qu'elles recueillent, leur semblent ne devoir finir jamais. Elles ne conçoivent pas les angoisses de la misère et du besoin. Le riche, irrité de voir troubler ses plaisirs, repousse avec dureté la prière de l'indigent. Cette scène a de la vie, presque du mouvement. L'expression des figures est d'une vérité surprenante. L'air, la lumière, agrandissent l'espace ; et l'harmonie la plus parfaite règne dans le coloris.

Au théâtre de Saint-Benoît, on ne joue que la comédie. On y représentait ce soir une pièce dont le principal personnage est un bourru bienfaisant. Plusieurs individus qui se trouvent dans des situations pénibles ou délicates, viennent lui demander son appui et des conseils. Ils l'étonnent, l'intéressent, émeuvent sa sensibilité par leur douleur ou par leurs prières, sans jamais lui expliquer la cause de l'embarras qu'ils éprouvent, ni le sujet qui les afflige. Livré à un combat continuel entre son obligeance et sa brusquerie, il passe alternativement de l'attendrissement à l'impatience, des regrets au dépit et à la colère la plus burlesque. Quand l'acteur, chargé de ce rôle, se défendait des trivialités grossières et des grimaces qui excitaient dans la salle un enthousiasme général, son jeu était du meilleur comique; mais alors il recevait peu d'applaudissemens. En France, les huées accueillent les gestes équivoques. Un mot à double entente, s'il n'est adroitement gazé, passé en usage, ou autorisé par le génie, blesse les spectateurs. Ici cette chasteté du parterre n'existe point et serait presque une inconvenance.

ASPECT DU GRAND CANAL DE VENISE.
LE PONT DE RIALTO. — LE CONSUL DE FRANCE. — LE PALAIS MANFRINI.
LE THÉATRE DE SAINT-LUC.

Venise, 4 *novembre* 1819.

Les plus beaux palais de Venise bordent le grand canal. Sa surface est couverte de toutes sortes de barques qui apportent des rives prochaines, les denrées nécessaires à la consommation journalière. C'est le grand marché de la ville. On y voit des bateaux pontés pleins d'un vin noir et épais; d'autres plus légers, chargés de viandes découpées; d'autres encore au-dessus desquels s'élèvent des pyramides de plantes potagères et de fruits, nuancées de mille couleurs. Il en est qui ne contiennent que d'énormes courges dont le peuple est avide, et qu'il mange cuites dans le four, sans aucun apprêt et sans pain. A l'entour se groupent, circulent, s'empressent, les nombreuses gondoles des chalands. Ce tableau animé se dessine sur les murs de marbre du pont de Rialto, qui passe d'un rivage à l'autre et unit les deux moitiés de la souveraine détrônée de l'Adriatique. Bien qu'il ne soit que d'une seule arche, ce pont n'étonne ni par la hardiesse de sa courbure, ni par aucun ornement architectural. Les échoppes dont il est surchargé, nuisent à son effet et le font à l'extérieur paraître lourd et désert. Pour tout passage, elles laissent entre elles une ruelle coupée transversalement par des escaliers de quelques marches, et bordée dans toute sa longueur, de boutiques de mercerie, de petite jouaillerie, et surtout de ces chaînes d'or qu'on ne tresse nulle part aussi bien.

Le consul de France demeure sur le grand canal. Son abord froid, sa politesse dédaigneuse, la préoccupation que lui donnent ses fonctions dont il a du penchant à s'exagérer l'importance, disposent peu en sa faveur. S'il rachetait un peu par de bonnes manières, la désobligeance de son accueil, il serait possible de la lui pardonner; mais c'est un homme commun, comme le nom qu'il porte, et que pour cette raison je ne veux point citer. Je ne sais de quelle race il est issu. Il affecte de ne connaître aucun Français, s'il n'est comte, duc ou marquis : un nom bourgeois mérite à peine qu'il daigne le prononcer. Hors les gens titrés, il se persuade que le reste des Français ne voyage que pour éviter les rigueurs, selon lui, très-nécessaires, de la restauration. Dans les phrases passablement mal construites qu'il veut bien laisser échapper, perce l'inquiétude d'un soupçon vague qu'il met probablement au rang des devoirs de son emploi. Il ouvre cependant ses bureaux, à ceux qui viennent y remplir des formalités, dont la rétribution pécuniaire est dévolue à sa chancellerie. Quant à sa maison, elle est bien et dûment fermée. Tout entier aux vertus monarchiques, dont il ne cesse de faire parade, c'est sans doute en haine des républiques qu'il n'exerce point l'hospitalité qu'on leur disait si familière. Renfermé dans l'intérieur de son ménage, il y vit seul, ignoré, et se plaint que personne ne l'accueille et ne le recherche. J'étais pour ma part bien pressé de le quitter; et je suis sorti de son cabinet, convaincu qu'il mérite l'indifférence qu'on lui témoigne, peut-être même l'éloignement dont il se plaint.

Les villes maritimes ont toutes un aspect qui leur est propre. Les quais, les jetées, la plage de la mer, attirent et retiennent les promeneurs. Ils s'intéressent à l'arrivée et au départ des vaisseaux. Pour étrangers qu'ils soient aux passagers, le bonheur du retour, les adieux, leur donnent de douces émotions : et quand le commerce vivifie le port, que les habitans prennent leur part des travaux et des profits qui l'accompagnent, que les pauvres y gagnent leur vie, et que les riches y trouvent une source de jouissances nouvelles; on s'associe à ses espérances, on médite sur ses calculs, on partage la joie de ses succès, la peine de ses revers. Ces sensations sont nulles à Venise. Tout y est mort comme les eaux qui la baignent. Vous ne rencontrez nulle part aucune trace des armemens qui l'enrichirent jadis. Les comptoirs sont vides ainsi que les magasins. Excepté les comestibles, presque rien ne trouverait de débit. La population vit, pour ainsi dire, sur elle-même. Il n'y a plus ni importation ni exportation, dont la balance tourne à l'avantage du pays. Le découragement paraît général. En revanche, le nombre des rôtisseurs, des pâtissiers, des charcutiers, des boulangers et des fruitiers, est fort considérable. Quoique leurs étalages se touchent presque, l'émulation gastronomique n'a perfectionné ni les mets ni les boissons. La viande est insipide, le poisson flasque. Les raisins sont purgatifs; et les huîtres donneraient la mort, si l'on n'en mangeait fort modérément. On ne s'abreuve que de l'eau de la pluie, recueillie et affadie dans les citernes. Le gros vin qu'on y mêle est épais et doucereux: Enfin les exhalaisons des lagunes infectent l'air; et, après un court séjour, on n'éprouve d'autre désir que celui d'en changer.

Cependant les amis de la littérature, des sciences et des arts trouvent encore ici de quoi satisfaire leurs goûts. Des bibliothèques riches en vieux manuscrits, des collections particulières de tableaux et de statues, des monumens publics, s'offrent à leur curiosité. La galerie du palais Manfrini, entre autres, suffirait au luxe d'une capitale. A des peintures des plus grands maîtres, elle réunit des marbres admirables. On y remarque la statue d'une prêtresse de Vesta, aussi belle par la modestie de sa pose que par la pureté virginale de ses traits. Le voile qui l'enveloppe est léger et transparent comme de la gaze. Il suit le mouvement de ses formes gracieuses, et s'en détache, comme s'il eût été jeté sur elle, après qu'elle fut sortie des mains de son auteur. On serait tenté de le soulever, si la consécration de cette vierge n'inspirait une chaste retenue, et ne la préservait de cette témérité. Des coquilles rares, des pierres précieuses, des échantillons de minéraux remplissent divers autres cabinets, et complètent ce musée. En l'absence du maître, des serviteurs restent à la ville pour en faire les honneurs. L'un d'eux, plus spécialement préposé à sa conservation, dit les noms des sculpteurs et des peintres, explique les sujets de leurs ouvrages, guide les ignorans, aide la mémoire des amateurs, et scandalise peut-être les artistes par un injuste éloge ou par une censure déplacée. Des siéges commodes vous attendent, vis-à-vis des tableaux sur lesquels on présume que votre attention s'arrêtera plus long-tems, quelquefois pour l'attirer, et épargner à votre amour-propre une inadvertance qui accuserait vos lumières. Sur les tables, dans chaque salon, vous trouvez des cornets de fer-blanc accouplés, noircis intérieurement, semblables à de doubles étuis de lunettes d'approche : leur but est de préserver vos yeux des reflets du jour, de fixer exclusivement vos regards sur l'objet que vous considérez. Des Anglais s'en servaient devant moi, et en prenaient un air de connaisseurs si ridicule, que j'ai craint de le devenir moi-même en en faisant usage. Soit tournure chagrine de mon esprit, soit que je fusse impatienté de tant de précautions et de prévenances, cette hospitalité minutieuse me semblait n'être point exempte d'ostentation. Il est rare que le plaisir d'un grand luxe ne consiste pas à exciter un peu d'envie. Posséder un palais, de riches ameublemens, de vastes domaines, des antiques, des médailles, des livres, ne suffit pas. On veut en avoir des témoins, en être félicité, et que le bruit s'en répande. Il arrive que le maître d'un beau jardin s'y promène seul avec moins d'agrément, que lorsqu'il en indique à quelqu'un le dessin, les sites, les arbres, les fleurs et les fruits:

Il ne vous fera pas grâce d'une laitue[1],

dit avec raison le poète. Voire même, et cela se rencontre fréquemment, le mari d'une femme jolie veut la montrer et qu'on la connaisse pour sienne, bien que souvent il en soit peu épris ou qu'il ait cessé de l'être, et que cette vanité ne soit pas toujours sans danger ou sans accident. D'un autre côté, dérobez-vous vos jouissances, votre bonheur, votre vie? d'autres reproches

---

[1] Gresset, com. du *Méchant*, acte ii.

vous seront adressés. Comment donc faire ? je ne sais. Pour ma part, la curiosité m'importune autant et plus que la flatterie. Je me reproche d'être mieux partagé que d'autres par la fortune. Je m'en cache pour m'en absoudre, pour essayer de l'oublier moi-même. Quand on l'ignore, j'en jouis davantage. Est-ce égoïsme? j'en serais bien fâché : si c'est modestie, tant mieux !

Le théâtre de Saint-Luc est exclusivement réservé à la tragédie. Je n'ai pu écouter en entier celle que l'on représentait ce soir. Les Italiens gesticulent trop, pour exprimer avec énergie les passions des héros et des rois. Les nobles pensées, les mouvemens impétueux de l'ame se délayent et se dissolvent, en quelque sorte, dans cette mobilité physique : il y faut plus de concision, un accent plus arrêté, un regard et une attitude plus fixes.

LE DÉPART DE VENISE.
FUSINA. — MONSÉLICE. — LA ROUTE DE FUSINA A ROVIGO.
SOUVENIRS DE PÉTRARQUE A ARQUA. — ROVIGO.
SOUVENIRS HISTORIQUES.

Rovigo, 5 novembre 1819.

Le jour commençait à poindre quand je suis parti de Venise. Mieux instruit qu'à mon arrivée, j'avais gardé mes gondoliers pour traverser les lagunes : ceux de la poste auraient coûté cinq fois autant, et ne m'eussent pas servi avec le même zèle et les mêmes soins. En m'éloignant du bord, je considérais les sommités de la ville qui se dessinaient à l'horizon, sur des nuages teints des clartés de l'aurore. Je cherchais dans ce profil, les monumens qui m'avaient laissé des souvenirs, la coupole élancée de Saint-George, et les minarets de Saint-Marc. Malgré les progrès de la lumière, la distance ne m'a bientôt plus permis de rien distinguer; qu'une ligne sombre et confuse qui, dans quelques instans, disparaîtra tout-à-fait. C'est ainsi que la vie s'éteint par degrés, et finit par s'évanouir. Dans un âge avancé, nous en voyons de même se confondre les diverses époques. Plus elles sont reculées, et moins elles laissent de traces, jusqu'à ce qu'enfin elles s'effacent entièrement. N'arrivons-nous pas au terme, presque seuls? et dans quel état encore! le moral dépourvu d'énergie, le physique sans force. Nos amis nous ont devancés. Souvent notre famille est détruite; ou bien elle a déserté notre vieillesse et ses infirmités. Toutes les illusions sont dissipées. De tristes réalités restent seules, qui n'inspirent que de l'indifférence. C'est une ville étrangère que l'on va quitter. Déjà moi-même, lorsque je me laisse ramener au tems que j'ai vécu, je sens que ma mémoire ne m'en reproduit que faiblement les années les plus heureuses. Dans le nombre, il en est que je ne me rappellerais qu'avec douleur, et je ne les lui demande pas; mais d'autres m'échappent malgré le charme que je trouverais à les faire renaître, si mon imagination pouvait me les retracer encore. Je n'ai plus qu'une idée vague des émotions, du trouble, du bonheur que me donnaient les tendres amitiés de l'enfance, les amours passionnées de la jeunesse. Il me faut aujourd'hui des affections plus solides, plus réelles. Je n'ai pas de tems à perdre en craintes frivoles, en espérances légères. Que faire du passé ? son expérience me sera bientôt inutile ; de l'avenir ? il ne m'en reste presque pas. A mesure que le tems fuit, le présent absorbe tous les soins ; il est la vie tout entière. Pensons donc aux lieux où je suis ; livrons-nous aux plaisirs de ce voyage tant souhaité. Que chaque moment suffise à sa durée ! et puissent ceux qui me sont comptés s'écouler aussi doucement, que ma gondole glisse à la surface des eaux paisibles qui la portent !

Je revois Fusina, ses habitations rares et éparses, et ses tristes habitans. Quelques heures vont se passer à reprendre notre voiture, à mettre en règle nos expéditions, à subir les perquisitions des douaniers, à faire les apprêts du départ. Heureux les voyageurs qui ne se trouvent pas retenus sur ce rivage, et qui surtout y arrivent en bonne santé ! car le moindre retard expose aux influences de son climat mortel. Sur trente personnes qui y végètent, à peine une seule évite la fièvre d'été, que terminent des obstructions, l'hydropisie et la mort. Vous entendez raconter ces détails par des hommes d'un teint livide, d'une complexion débilitée, qui, sortant d'un accès de fièvre, vous diront d'une voix affaiblie qu'ils sont acclimatés. Trompés par le moindre relâche de la maladie, ils s'imaginent entrer en convalescence. Pour eux, la santé n'est qu'un état valétudinaire, plus près de la mort que de la vie. L'intérêt seul les retient dans ce marais empesté ; et l'on ne peut expliquer l'avidité de ces mourans, pour quelques pièces d'argent qui ne leur procurent aucune jouissance, et qui ne leur serviront qu'à se faire enterrer.

Passons rapidement devant le palais Pisani, le long des bords pittoresques de la Brenta. Ne nous arrêtons plus à Padoue, où nous quittons la route que nous avons déjà parcourue. Celle qui s'ouvre devant nous conduit à Rovigo. Elle est nouvellement tracée, dans un pays d'alluvion peu favorable aux voyageurs. Sur le sol mouvant et fangeux, on s'est contenté de répandre une couche épaisse du sable le moins gras des environs, et qui l'est encore beaucoup. La pluie en a composé une espèce de glaise détrempée. Les efforts des chevaux y enfoncent plutôt nos roues qu'ils ne les meuvent. Cette chaussée que l'on parcourt à petits pas, sert de digue, dans toute sa longueur, à une rivière, à un canal, ou à des fossés par où s'écoulent, sans s'étancher, les eaux dont la terre est imbibée. S'il n'en était point ainsi, pourrions-nous ne pas nous détourner sur la droite, auprès de Monsélicé, pour aller à Arqua, visiter le tombeau de Pétrarque? Admirons du moins les champs fertiles qui nous environnent, et dont l'horizon seul marque la limite. L'humus végétal n'a presque pas de fonds. Des charrues sans nombre le sillonnent dans tous les sens. Chaque attelage se compose de trois paires de bœufs d'une proportion colossale. On s'amuserait de ces travaux champêtres, si la lenteur des relais ne ramenait sans cesse l'impatience d'arriver.

Les souvenirs d'antiquité que réveille Rovigo, ne compensent point le dégoût qu'on éprouve en y entrant. Les uns disent ce gros bourg bâti avec les débris de l'antique Adria, qui fut fondée par une colonie étrusque, puis habitée par une colonie romaine. Selon d'autres Adria subsiste encore; et située jadis au bord de l'Adriatique, elle s'en trouve maintenant à six lieues, à cause des atterrissemens du littoral. Rovigo est triste et mal construit. En 1405, le marquis d'Este en vendit le territoire à la France. Les Vénitiens le lui rendirent ensuite; et le duc de Ferrare, à qui il était échu, le remit en 1484, au pouvoir de la république de Venise. Après avoir de nouveau passé sous diverses dominations, il est tombé en partage à l'Autriche, en vertu du traité de Campo-Formio. Ces transmissions, ces échanges de nations et de villes, sont aujourd'hui fort communs. Le bon sens individuel, comme la raison publique, les réprouve. Si les gouvernemens étaient uniformes, on comprendrait la possibilité de mêler à un nouvel empire, des peuples qui ne lui appartiennent pas; mais, pour donner les hommes, on ne change ni les mœurs, ni les contrats basés sur d'autres lois, ni les opinions. La Prusse est-elle sûre des Provinces Rhénanes qui lui sont échues, entre nos dépouilles? L'Autriche se croit-elle bien maîtresse de la Lombardie? Gênes n'inquiète-t-elle pas le roi de Sardaigne? et l'autocrate des Russies peut-il compter sur les Polonais? Il n'y a dans ce commerce politique dont le sang humain est le signe représentatif, rien de stable, ni pour le bonheur de l'humanité, ni pour le repos des souverains. La France eut aussi ses affiliés pendant qu'elle fut victorieuse. Rome, dans sa plus grande puissance, ne vit pas ambitionner aussi ardemment ses droits civiques, que nous ne pourrions citer d'enthousiasme à la seule vue de nos drapeaux, pour voler dans nos rangs et combattre à nos côtés. Au jour des revers, que devinrent ces héros de dévouement et de fidélité, que l'histoire a déjà flétris de son burin ineffaçable? ils coururent avec le même zèle trompeur, porter à d'autres leurs armes traîtresses et leurs perfides secours.

POLÉSELLA. — LE PÔ. — PONTÉ DI LAGOSCURO.
TROUPES AUTRICHIENNES. — ASPECT DU FERRARAIS.
FERRARE. — SOUVENIRS DE L'ARIOSTE ET DU TASSE. — BOLOGNE.
LE CARDINAL SPINA. — LE THÉATRE DE BOLOGNE.

Bologne, 6 novembre 1819.

La riche culture que nous admirions hier, se prolonge jusqu'au-delà de Polésella. Puis commencent d'immenses pâturages, couverts de bestiaux. La route, toujours moins praticable, tourne enfin vers le couchant, et suit la rive gauche du Pô. Que les distances sont longues, et lentes à parcourir sur ce rivage monotone ! Quoique elle coule rapidement, l'eau bourbeuse du fleuve semble comprimée par une pesante atmosphère. Aucune trace de navigation ne vivifie ses bords. On ne voit ni barques ni bateaux. Le pays offre de tous côtés le même aspect : aucun accident, aucune construction champêtre n'en embellit les sites. La solitude et le silence y règnent. En proie à l'ennui de cette uniformité, on arrive en face de Ponté di

Lagoscuro. Là, à l'aide d'un pont volant, on passe dans le Ferrarais. Enfin, nous voici hors des possessions autrichiennes! de nouvelles armoiries signalent un nouveau souverain. L'aigle à deux têtes et aux serres aiguës a disparu. Dans un écu surmonté de la tiare, le mot *pax* se marie avec les clefs de saint Pierre. Pourquoi donc encore ces soldats de l'Autriche? que font-ils ici, mêlés à ceux de Pie VII? Il y en a, nous dit-on, une garnison jusque dans Ferrare. Est-ce le commencement d'une occupation impériale? Le pape a-t-il besoin de ces étrangers contre ses sujets? ou bien la Sainte-Alliance se serait-elle arrogé la mission de garder le vicaire de Jésus-Christ? Certes, il n'en a pas besoin. L'infanterie papale se ressent encore de l'éducation militaire qu'elle reçut de Napoléon. Elle a marché dans les rangs français. Sa contenance est assurée. L'uniforme qu'elle porte n'a rien que de guerrier. Ses armes brillent et résonnent au moindre mouvement. En entendant prononcer le nom de la France, les regards de ces braves s'épanouissent. Les plaisanteries qu'on en a faites seraient désormais déplacées. La liberté de leurs allures contraste fièrement avec l'air inquiet et contraint, qu'inspire à la troupe autrichienne, le bâton suspendu à la main de son caporal, et qui commande une docilité plus voisine de la bassesse que de la subordination.

Les formalités de cette frontière étrangère sont promptes et peu coûteuses. Quelle activité, quelle industrie agricole et commerciale animent la route! elle est encombrée de voitures de roulage, traînées par des bœufs, chargées de chanvre, de lin, de soie, de vins, de toutes sortes de denrées méridionales. Les champs qui donnent ces riches récoltes, se disposent déjà à les renouveler. Dans les cantons ensemencés, un vert naissant nuance les sillons. Ailleurs, les travaux ont été retardés, et le laboureur se hâte de les terminer. La charrue ouvre la terre; une main exercée y jette le grain, et la herse aussitôt le recouvre. Ces mystères de Cérès se célèbrent à l'ombre des mûriers, des érables et des saules, qu'unissent entre eux, par des festons charmans, les pampres d'une vigne féconde. Chaque feuillage a pris les teintes automnales qui lui sont propres. Des grappes de raisins d'un noir velouté, relèvent l'éclat de ces brillantes couleurs. Quel dommage que cette riche vendange ne donne qu'une liqueur détestable! Soit défaut de goût, soit indolence, les Italiens ne tentent, ni de renouveler les ceps, ni de perfectionner la fabrication. Dès que le moût sort du pressoir, on le verse presque compacte dans de grandes cuves, d'où il s'écoule dans les tonneaux après une courte fermentation, pour être presque aussitôt livré aux consommateurs. Les vapeurs qui s'exhalent des celliers où l'on fait le vin, dénoteraient quelque préparation qui le dénature. Leur odeur suffocante et nauséabonde s'attache aux organes de l'odorat, et cause un long dégoût.

La première ville que l'on rencontre est Ferrare. L'Arioste y vécut long-tems. Il avait fait construire une maison modeste, où il se retira après avoir purgé du brigandage qui l'infestait, une province de l'Apennin dont il avait été nommé gouverneur. L'amitié et les muses le consolaient de sa vieillesse et de sa pauvreté. Atteint d'une maladie de langueur, il mourut en 1533, âgé de soixante-un ans. Il laissa deux fils de sa maîtresse Alessandra, qu'il n'avait point épousée afin de conserver les bénéfices ecclésiastiques dont il était titulaire : fraude pieuse qui donnait à sa tendresse presque conjugale, le charme d'un secret lien d'amour. Ses restes, déposés d'abord dans l'église des Bénédictins, furent, de nos jours, transportés à la bibliothèque publique. Après lui, une illustration semblable était réservée à la capitale du Ferrarais. Le Tasse y vint chercher la liberté nécessaire à l'essor de son génie. Sa renommée l'avait devancé. Admis à la cour, protégé par elle, il aima la sœur du duc de Ferrare. Dès-lors tout repos fut perdu pour lui. De basses intrigues lui suscitèrent des persécutions. Sa raison s'égara. On voit la prison dans laquelle il fut enfermé. C'est de là qu'il s'enfuit pour aller, après plusieurs voyages et de cruelles traverses, mourir à Rome le 15 avril 1595, âgé de cinquante-un ans, au moment de recevoir le laurier triomphal qui lui avait été décerné par Clément VIII, dans une assemblée de cardinaux, et la veille même du jour fixé pour son couronnement.

Pressés par le tems, nous n'avons fait que nous arrêter un moment à Ferrare, dans l'excellente auberge des *Trois Maures*, qui se recommande par toutes les qualités hospitalières qu'on ne trouve presque point en Italie, et que fort rarement ailleurs. Il nous tardait d'arriver à Bologne, de saluer la ville où le même siècle vit naître Annibal Carrache, le Dominiquin, le

Guide, l'Albane et le Guerchin. La province du Bolonais est gouvernée par le cardinal Spina. Les habitans se louent de sa douceur et de son équité. La facilité de ses mœurs lui a concilié les suffrages des gens du monde, sans lui aliéner ceux des rigoristes et du clergé. Il passe la plupart de ses soirées au théâtre, dans la loge du gouvernement. Son éminence n'assistait point aujourd'hui à la représentation de *Richard Cœur-de-Lion*. La musique italienne de cet opéra est médiocre. Grétry en a rendu la répétition difficile. Il serait donné à peu de compositeurs de faire oublier les motifs variés et spirituels du musicien liégeois, la légèreté et la grâce de ses accompagnemens, et surtout les accens de la touchante romance de Blondel. La salle est petite, et sa décoration ridiculement bigarrée. Chacun peint ou orne sa loge selon son goût. Il en résulte une confusion de draperies et de couleurs qui fatigue la vue.

L'ÉGLISE DE SAINT-LUC. — LE CIMETIÈRE NEUF.
LE MÉRIDIEN DE CASSINI DANS LA CATHÉDRALE DE BOLOGNE.
UNE FONTAINE. — LES DEUX TOURS. — LA VOIE ÉMILIENNE. — IMOLA.
FAENZA. — FORLI. — LE CARDINAL SAN-SÉVÉRINO.

Forli, 7 novembre 1819.

Au sommet du coteau élevé qui domine la ville de Bologne, est bâtie une église où l'on conserve précieusement un portrait de la Vierge, renommé pour les miracles qu'on lui attribue, et qui passe pour avoir été peint par saint Luc lui-même, patron de cette basilique et des barbouilleurs. Un portique long d'une demi-lieue, et composé de six cent cinquante arcades, y conduit. Les nobles, les diverses corporations de métiers et les domestiques, se sont cotisés pour le faire construire. La propriété s'en trouve ainsi morcelée, entre ceux qui en ont fait les premiers frais et qui demeurent chargés des réparations. Le nom de chaque propriétaire, la date de sa participation à cet acte pieux, le nombre des arcs qu'il possède, sont écrits dans des médaillons, surmontés d'armoiries, de légendes, de citations de la Bible, d'images de saints, de madones, d'emblêmes divers de superstition et de crédulité. Une multitude de mendians, couchés ou agenouillés sur le pavé, y attendent les passans, et les obsèdent de leurs instances et des litanies ou des psaumes qu'ils récitent.

L'heure du service divin appelait les fidèles. L'église en était déjà pleine. Dans le nombre il n'y en avait aucun qui n'appartînt aux dernières classes du peuple, et ne vînt sans doute chercher à se consoler des rigueurs de son sort. Mais leur dévotion ne serait pas satisfaite s'ils n'assistaient de très-près à la célébration des saints mystères. Tous s'attendent à être témoins d'un miracle, tant on vous dira qu'ils sont fréquens dans ce temple. Nul ne veut manquer l'occasion de le voir. Aussi, que d'efforts, que de brusquerie, que de brutalité même, pour approcher de l'autel! La foule l'environne, s'y presse, devant, derrière, à côté, dessus. J'ai vu de ces curieux, debout entre les cierges. A peine si le prêtre a la faculté de se mouvoir. Malheur aux faibles! s'ils ne sont pas renversés, la chaleur les suffoquera. L'image de la Vierge a son sanctuaire à part. Dans les grandes solennités, les robustes seuls peuvent y pénétrer; et, maîtres une fois de ce poste sacré, personne ne serait bien venu à les en chasser. Là, ils se prosternent. A la porte du tabernacle, pend une bannière dont l'étoffe usée a perdu sa couleur. Ils se la disputent; ils se l'arrachent pour la tenir, la baiser, la poser sur leur front, la promener sur leur tête. Tant de bonheur est attaché à cette possession d'un moment, qu'il éclate en accens joyeux, caressans, plaintifs. C'est un concert d'élans, de soupirs, d'oraisons et d'extases, qu'on prendrait pour une image des félicités célestes. Au travers de la cohue, circulent en grand nombre les membres de la confrérie du lieu, dévots privilégiés que le commun des assistans ne regarde qu'avec une sorte de vénération, bien que sous leur costume religieux ils aient un air assez mondain. Familiers de cette église, ils affectent, dans leur démarche, un air d'aisance et de liberté qui impose aux plus crédules, et les leur donne pour des ames dont le salut est assuré. On leur porte presque envie. Ils sont vêtus d'une longue tunique, dont le collet rabattu est parsemé de larges coquilles. Sur leur poitrine, repose un reliquaire.

Ils marchent appuyés sur un bourdon, au sommet duquel s'agitent une gourde et des rubans de plusieurs couleurs. L'un d'eux est resté longtems prosterné en face d'un confessionnal. Après avoir donné audience à d'autres pénitens, le confesseur est sorti, a posé ses deux mains sur les épaules de ce pélerin, l'a entendu et lui a donné l'absolution. Il a paru que cet aveu public de ses fautes produisait sur les autres une impression profonde, bien qu'aucun n'ait imité son exemple.

Avant l'occupation de l'Italie par les Français, on enterrait les morts dans les églises. Une ancienne Chartreuse, située à deux milles de Bologne, a été convertie en cimetière public. Plusieurs cloîtres en divisent l'emplacement. L'administration vend à perpétuité ou à tems, les caveaux ouverts le long des murs. Des mausolées, des bas-reliefs, des peintures allégoriques, de simples pierres tumulaires, distinguent entre elles ces dernières demeures. En voyant d'après les inscriptions, tant de créatures vertueuses, chéries, regrettées, on serait tenté de croire que la meilleure moitié de l'humanité est montée au ciel, et n'a laissé sur la terre que celle qu'il réprouve. Heureusement il n'en est rien; et parmi les morts, quelques-uns cachent leurs défauts, comme nous voyons faire les vivans. Ces galeries n'en sont pas moins curieuses à parcourir. On y lit des douleurs de veuvage qui ont fait place à des joies nouvelles ; des regrets qui ne coûtent plus de larmes ; peut-être aussi, et il serait pénible d'en douter, l'expression de constantes amours, d'amitiés qui ne seront jamais trahies. Les artistes y ont épuisé les attitudes du désespoir. En voici un qui s'est contenté de placer à la porte d'un tombeau, une belle figure de l'Espérance, assise, et dont la contenance patiente et le regard vague ouvrent l'ame à la consolation. Ici, l'égalité règne telle que la nature l'a faite : celle-là n'admet aucune exception. Tous les rangs sont confondus. Le riche dort à côté du pauvre, le faible à côté du puissant. La sépulture de la Banti, chanteuse célèbre, touche à celle des Marescalchi, où repose maintenant celui qui fut, sous le règne de Napoléon, ministre des affaires étrangères d'Italie, et qui est encore cité à Paris, pour son exquise politesse et sa loyauté. Toutefois on n'y mêle point les âges et les sexes : les hommes, les femmes, les filles, les garçons, occupent des cloîtres séparés. Puis, vient celui des prêtres. Par une bizarrerie singulière, les capucines en ont un pour elles seules; et un ossuaire a été réservé pour les crânes des capucins, qui sont rangés sur des rayons, comme les livres d'une bibliothèque. Une bande de papier collée sur l'os frontal de chacun, indique le nom et le nombre d'années de celui auquel il appartenait. Les protestans, les juifs ont de même des enceintes particulières. Toutes les religions, toutes les sectes sont réunies à ce rendez-vous commun. Les places ont été distribuées; mais aucune intolérance n'a prononcé d'exclusion. Nul ne s'est établi juge entre la divinité et les hommes, la vie et la mort, les réalités et les mystères de l'éternité.

Ces diverses galeries communiquent entre elles par des portes à claire-voie qui restent toujours ouvertes. On marche sur de grandes dalles de pierre blanche, jonchées d'un sable fin. Des gardiens y tracent tous les matins des dessins qu'ils refont à mesure qu'on les efface. Des socles de formes différentes, des tronçons de colonnes portent des vases de fleurs. Les murs d'appui, les croisées en sont garnis. On ne rencontre sous ces voûtes ni des cyprès, ni des ifs. Les chrysenthemums, les géraniums odorans, les rosiers, les jasmins, les orangers, y prodiguent leurs parfums. Une sorte d'élégance, une propreté poussée jusqu'à la recherche, éloignent les tristes idées d'une séparation éternelle. On se plaît à méditer sur les soins de ce culte mélancolique et tendre. Tous les ans, au jour des Morts, chaque habitant allume des cierges devant le tombeau de sa famille, et vient offrir des bouquets à ceux qui y sont déjà descendus : l'illumination est générale, le concours immense. Quelques-uns apportent sans doute le tribut de leurs regrets et de leurs larmes. Pour la plupart, ce n'est malheureusement qu'un spectacle, où se déploient le luxe et la vanité. En même tems, des prières publiques se font dans un oratoire construit en face de la porte d'entrée. On y arrive par deux cours successives. Son seul ornement est une grande croix de bois placée sur l'autel, et qui semble destinée à protéger indistinctement toutes les ombres errantes dans ce champ de repos. La translation des morts à cette ancienne Chartreuse, ne se borna pas à ceux des tems modernes. On y transporta également tout ce que l'on trouva d'antiques sépultures éparses dans les églises. Leurs débris remplissent une vaste salle, qui est très-fréquentée par les antiquaires et les amis des arts.

L'astronome Cassini a tracé un méridien dans la cathédrale de Bologne. Une fontaine en bronze par Jean de Bologne orne une des places publiques. Elle se compose d'un Neptune, groupé avec quatre Naïades qui donnent de l'eau par les seins. Le dieu des mers a l'air fanfaron, et ses nymphes m'ont paru ignobles. Cet ouvrage pèche surtout par le manque de proportions : on n'y reconnaît pas le célèbre auteur du Mercure qui s'envole au souffle d'un des fils de Borée. Enfin, au milieu d'un carrefour, deux tours ont été bâties : l'une dite des *asinelli*, trop haute pour sa base, commence à s'éloigner de la perpendiculaire ; l'autre, que l'on nomme *la garisenda* ou *torre-mossa*, tour penchée, haute de cent quarante pieds, porte dès son origine huit pieds de surplomb : elle ressemble au fameux clocher de Pise, non pour l'élégance de sa forme et de ses ornemens, mais pour sa surprenante inclinaison.

Les voies antiques prenaient le nom de ceux qui présidaient à leur confection, ou qui en faisaient les frais. La plupart étaient ouvertes pour des motifs d'utilité publique, ou pour assurer par des communications plus faciles, la domination de Rome sur des peuples vaincus. D'autres n'avaient pour objet que de consacrer la gloire et la magnificence des consuls qui en dirigeaient les travaux. Enfin on en compte plusieurs créées par les armées romaines : elles conduisaient leurs généraux à de nouvelles conquêtes, dans des contrées où la nature du sol eût rendu la victoire plus coûteuse. Celle où nous venons d'entrer est de ce nombre. Elle se nomme la voie émilienne, du nom de M. Æmilius, qui la fit ouvrir en l'an de Rome 565, lorsque, après avoir pacifié la Ligurie, il se disposait à conduire ses soldats dans les Gaules. Une rectitude parfaite est tout ce qui la distingue. De hauts peupliers d'Italie, semblables à des obélisques de verdure, la bordent et l'ombragent. Elle traverse quelques villes et plusieurs rivières, Imola sur un bras du Santerno, le Sénio, Faenza sur le Lamoné, Forli sur le Montoné, Césène sur le Savio; et elle s'arrête à Rimini, où la Marcochia entre dans l'Adriatique. Le cardinal Chiaramonti était gouverneur et évêque d'Imola, quand il fut promu au pontificat, sous le nom de Pie VII. Né à Césène, il avait fait ses vœux dans l'ordre des bénédictins qui possédait une église sur un coteau voisin de la ville. Faenza est célèbre par le perfectionnement qu'elle donna à la poterie grossière usitée dans les ménages : c'est de là qu'est venu le nom de *faïence,* par analogie avec celui du lieu où cette industrie avait fait des progrès.

Forli date de l'an de Rome 545, après la victoire que les consuls M. Livius et P. Claudius Néron remportèrent sur Asdrubal, près du Métaure. Elle se nommait *Forum Livii*, dont on a fait Forli. Le cardinal San-Séverino y réside en qualité de gouverneur. Il a assisté ce soir au spectacle : les visites se sont constamment succédé dans sa loge. Il accueillait les dames avec une galanterie qui ne se sentait ni de la gravité de son habit, ni de l'élévation de son rang. Les scènes amoureuses qui se jouaient sur le théâtre, le faisaient sourire sans affectation comme sans hypocrisie. Il en disait son sentiment à ceux qui étaient auprès de lui, et paraissait s'y connaître. Je me suis bien plus amusé de cette nouveauté, fort étrange pour moi, que de l'opéra, dont l'orchestre m'a empêché d'entendre la musique.

CÉSÈNE. — UN PÉLERIN. — LE RUBICON.
SOUVENIRS HISTORIQUES DE JULES CÉSAR. — RIMINI.
FRANÇOISE D'ARIMINO. — LA RÉPUBLIQUE DE SAINT-MARIN. — LA CATOLICA.
UN COTTAGE APPARTENANT A LA PRINCESSE CAROLINE,
RÉGENTE D'ANGLETERRE. — PÉSARO.

Pésaro, 8 novembre 1819.

De Forli à Césène, on passe par Forlimpopoli, petite ville peu digne de remarque. On entre dans Césène par un beau pont qui traverse le Savio. Une place environnée de portiques; une fontaine qui n'attire l'attention des voyageurs, ni par sa beauté, ni par l'abondance de ses eaux; une statue colossale de Pie VI, engagée dans la façade du casino des nobles, où elle est à la fois déplacée et sans effet, sont les seuls ornemens de cette ville.

Au sortir de Césène un pélerin nous devance. Il se rend à Lorette. Pour obtenir les indulgences qu'il va chercher, il devrait marcher pieds nus; mais il s'est muni de bons souliers, et se repose de cet adoucissement à ses mortifications, sur l'ardeur de son zèle et la sincérité de sa foi. Comment ne remarquerions-nous pas la différence de sa condition par rapport à la nôtre? Puisse-t-il, dans les rigueurs de son voyage, se réjouir que la voie du salut éternel lui ait été rendue plus facile par la privation des biens terrestres ! Combien je le lui souhaite ! pourquoi ne s'applaudirait-il pas de n'avoir à se défendre d'aucune des tentations de la fortune, à éviter aucun de ses piéges, à repousser aucune de ses jouissances? Comme la religion, la philosophie lui donnerait de semblables conseils. Que l'espérance d'un meilleur avenir lui prodigue des compensations ! Elle saura le délasser de ses fatigues. J'ai besoin de me le persuader, et d'apprendre à respecter la pénitence qu'il s'impose. En le plaignant, je le scandaliserais peut-être. Si c'était un militaire qui rejoignît l'armée, accablé sous le poids de ses armes et de son sac, ou bien un de ces marchands ambulans qu'on rencontre chargés du ballot de leur petit commerce, et qui portent sur leur physionomie l'empreinte d'une honnête activité, comme le soldat celle de la bravoure, je ne résisterais point au plaisir de les soulager un moment de leur fardeau, de leur épargner quelques lieues de marche; mais un dévot qui ne porte rien, qui mendie, qui ne défend pas l'état et n'enrichit son pays d'aucune industrie, il faut lui laisser le soin de proportionner sa peine à ses forces. La terre ne doit point intervenir dans ce qui regarde le ciel. Il ne manquera pas de s'arrêter à tems, et il arrivera toujours assez tôt.

Aussi bien d'autres pensées vont nous occuper. C'est ici que doit se trouver le Rubicon. Les savans, et les habitans eux-mêmes, ne le reconnaissent plus entre les sept ruisseaux qui ont partagé son lit, et se disputent son nom et sa renommée. Il en est de lui comme des rois que l'histoire recommande à la postérité : souvent leurs descendans trouvent plus commode de s'en réclamer à tout propos, que de s'illustrer par une gloire personnelle. Je voudrais voir l'endroit où s'arrêta César, avant de faire le premier pas vers la hache des licteurs ou vers la couronne. Je voudrais trouver quelque témoignage des indécisions auxquelles sa grande ame était livrée. Doué des qualités qui justifient les hautes ambitions, Rome l'avait vu jeune encore, revêtu des premières dignités de la république. Il avait été prêtre de Jupiter à l'âge de dix-sept ans, tribun des soldats par les suffrages de peuple après avoir combattu en Asie et reçu une couronne à la prise de Mitylène, puis, à diverses époques consécutives, questeur, édile, grand pontife, préteur, consul, et toujours voué au peuple ou aux tribuns, qu'il jugea, dès l'origine, devoir seuls contribuer à son élévation. C'est ainsi que durant sa préture, quittant avant le tems le gouvernement de l'Espagne, il revient à Rome, seconde le soulèvement des colonies latines qui prétendent au droit de bourgeoisie, et entre dans une conjuration contre le sénat, laquelle échoue par la mort du jeune Pison; que, plus tard, briguant le commandement de l'Égypte, il se sert du peuple qui le favorise, pour humilier les patriciens dont il n'a pu obtenir le suffrage; qu'il expose sa vie dans le sénat pour arracher Catilina à la mort; qu'il appuie les lois séditieuses; que, privé de sa préture par le sénat, et le peuple le suppliant tumultuairement de la reprendre, il la refuse, convaincu que les sénateurs s'empresseront de la lui rendre de leur propre mouvement, et que cet acte de faiblesse amoindrira leur autorité; que, devenu consul, il partage des terres, en distribue aux pauvres, pères de deux ou trois enfans; gouverne seul, soumet tout, emprisonne Caton qui lui résiste, et ne pardonne à Lucullus, qui l'a bravé, que lorsque celui-ci le lui demande à genoux. Des largesses immodérées ne lui ont rien coûté pour arriver à ce degré de puissance et de popularité. Il a prodigué sa fortune, celle des citoyens qui ont partagé ses dignités, celle même de l'état, pour se faire des partisans, et éblouir par sa magnificence et sa générosité. Par lui, des places publiques ont été décorées, des temples élevés. Il a fait construire au Capitole, des portiques destinés à enivrer le peuple par l'étalage des présens qu'il lui destine ou qu'il lui fait. Les jeux, les combats d'animaux, les spectacles de gladiateurs, ont été, par ses ordres, donnés à profusion, jusquelà que les sénateurs, effrayés du grand nombre d'athlètes qu'il avait réunis dans Rome, fixèrent le nombre de ceux qu'il serait permis d'y introduire à l'avenir.

Cependant il craint en cessant d'être consul, que ses ennemis ne demandent la révision de ses actes. Il ne se repose point sur son alliance avec Pompée à qui il a marié sa fille Julie, ni sur l'appui de Pison dont il est devenu le gendre. Sa politique lui conseille de rapprocher Pompée et Crassus. Il les détermine à accepter ensemble le consulat, et n'y met pour condition que d'assurer au gouvernement de la Gaule qu'il va prendre, une prorogation de cinq ans.

Il part : et dans l'espace de neuf années, il réduit en provinces romaines, tout le pays situé entre le Rhône et le Rhin, entre les Pyrénées, les Cévennes et les Alpes. Il traverse le Rhin sur un pont dont il dirige lui-même la construction, triomphe des Allemands, passe en Angleterre, en obtient des contributions et des otages, voit périr ses vaisseaux dans une tempête, et assure son retour avec une hardiesse de conception et une promptitude d'exécution dignes de son génie militaire, de son expérience et de son courage.

Crassus avait été tué par les Parthes. Pompée et César restaient seuls, rivaux de gloire et d'ambition. L'un s'appuyait sur les patriciens et le sénat, sur quelques partisans, et sur le prestige de la liberté, qui n'avait plus ni le même éclat, ni le même empire; l'autre, sur le peuple, les tribuns, de nombreux amis, une immense clientelle, et sur des soldats aguerris, victorieux, comblés d'argent et de faveurs. Le moment de la lutte approchait. Les troubles, précurseurs des grands événemens politiques, agitaient les esprits. Le sénat ne veut plus qu'un consul, et penche pour Pompée. Les tribuns insistent pour que César partage avec lui cette dignité : mais la guerre des Gaules n'est point finie ; il veut la terminer, et obtient la permission d'exercer la candidature, quoique hors de Rome et à la tête d'une armée.

Aussitôt, des largesses publiques et particulières s'écoulent de sa main comme d'une source intarissable. Sa munificence ne connaît point de bornes. Un marché est bâti à ses frais. Les plus dispendieux apprêts annoncent au peuple des fêtes splendides. La paie des légions est doublée à perpétuité. Des distributions de blé sont faites avec profusion. Les soldats reçoivent en don des terres et des esclaves. Des citoyens de tous les rangs affluent dans le camp de César. Il les comble de présens, eux et leurs affranchis. Sa tente devient l'asile de tous ceux qui craignent à Rome l'atteinte des lois, pourvu toutefois que leur faute ne soit pas irrémissible. Il s'attache les rois et les provinces, orne de monumens publics, les Gaules, l'Italie, l'Espagne, les plus puissantes villes de Grèce et d'Asie.

A la noblesse, à la grandeur, à l'autorité de cette forme inusitée de candidature, il était facile de reconnaître des prétentions plus élevées que celles d'une magistrature temporaire. Si le peuple se laisse éblouir par la gloire de son favori, le peu qui reste de vrais citoyens romains, s'indigne à l'aspect de la tyrannie naissante. Le sénat s'en effraie; et Pompée, qui aurait pu attaquer, n'a plus qu'à se défendre.

M. C. Marcellus, consul, accuse César d'avoir abusé de l'autorité militaire, et demande qu'on lui donne un successeur avant le terme de son gouvernement. Il veut qu'on l'exclue de la candidature comme absent, que son armée soit licenciée; et il retire le droit de bourgeoisie à une colonie que César avait fondée. Des débats s'élèvent. Pompée les favorise de son silence, et de sa confiance dans les ressources sur lesquelles il compte. Les tribuns défendent César. Il fait des propositions qui sont rejetées. Caton jure qu'il le citera en justice. De vagues inquiétudes l'agitent lui-même. A la nouvelle que les tribuns ont échoué dans leurs efforts, en apprenant qu'ils sont sortis de Rome, il se dispose à les défendre à main armée, et passe les Alpes. Quelques cohortes reçoivent l'ordre de le devancer. Elles se mettent aussitôt en mouvement. Pour lui, préoccupé, sans doute, de la gravité des circonstances qui l'environnent, il se livre, avec son abandon accoutumé, à la discussion du plan d'une salle d'escrime dont il projette la construction, au plaisir d'un spectacle public, à la joie d'un festin. Puis, quand la nuit est venue, quittant ses convives, il monte dans un chariot et s'éloigne. Les flambeaux qui éclairaient sa marche, s'éteignent. Il s'égare. Au point du jour, il retrouve un guide; et seul avec lui, à pied, par des sentiers difficiles, il rejoint ses avant-postes sur le rivage du Rubicon.

C'est après cette fatigue, et troublé par ces grands intérêts, qu'il se trouve sur la limite de son commandement. Encore un pas, et les lois sont violées. Rome ne verra plus en lui qu'un factieux ou un maître. Il suffisait de son génie et de son audace pour fixer la détermination importante qu'il va prendre; mais, dans ces tems reculés, la superstition veut que de tels événemens soient amenés par des prodiges. On rapporte qu'un homme d'une taille et d'une force extraordinaires, apparut tout-à-coup. Il jouait de la flûte. Des soldats se réumirent pour l'écouter. Il se saisit du clairon de l'un d'eux, en sonna avec violence, se lança dans le fleuve et le traversa. « Allons donc, s'écria César, où nous appellent la voix des dieux et l'injustice de mes ennemis. Le sort en est jeté. » Son armée le suit. Il reçoit les tribuns exilés, invoque ses trophées, implore le secours de ses soldats et les associe à sa destinée. Pompée s'émeut alors : il est trop tard. César le poursuit en Italie, dans les Gaules, en Espagne. Rien ne résiste à sa fortune. Il paraît à Rome en vainqueur, court en Macédoine, investit son rival, et le défait dans les plaines de Pharsale.

Pardonnez-moi cette analyse d'une histoire classique qui n'est ignorée de personne. Me trouvant à l'endroit où le sort décida des libertés romaines; cherchant l'emplacement du camp de César, le gué même où il passa; je n'ai pu résister au plaisir de me rappeler les faits principaux dont sa résolution fut précédée et accompagnée. Ces souvenirs auront du moins servi à nous distraire du triste aspect des bords solitaires et incultes du Rubicon.

On entre à Rimini, l'antique *Ariminum*, par un beau pont de marbre blanc, jeté sur la Marcochia, et d'une conservation parfaite. Il date des règnes d'Auguste et de Tibère. De ses cinq arches, quatre sont à plein cintre : celle du milieu est un peu moins arquée. Les assises des parapets se composent de blocs à peine dégrossis. On n'a taillé avec quelque soin, que celui destiné à recevoir l'inscription qui relate l'origine de ce monument. Au milieu, finit la voie émilienne, et commence celle qui conduit de Rimini à Rome. Le consul Flaminius la fit paver en l'an 533. Elle en garda le nom de voie flaminienne. Un arc triomphal, consacré à Auguste, décore son entrée. Rimini était jadis un port considérable. La mer s'est éloignée de la ville. L'anse formée à l'embouchure de la Marcochia n'est fréquentée que par des barques de pêcheurs.

Des portiques d'inégales dimensions, surmontés d'édifices dépourvus d'une architecture régulière, environnent la place principale de Rimini, qui est ornée d'une fontaine et d'une statue de Camille Borghèse, Paul V. La fontaine ne mérite aucune mention. Quant au bronze du pape, il en est autrement. Bien que l'intention de sa main droite étendue ait de l'incertitude, la noblesse de sa pose, le caractère de sa tête appartiennent bien à celui qui se montra à la fois le défenseur des droits de la tiare et le protecteur des lettres et des arts ; qui recueillit les monumens anciens, et, pour les conserver, les plaça sous l'égide de la religion catholique; qui embellit Rome de fontaines et de constructions monumentales, y rassembla les plus beaux ouvrages de peinture et de sculpture connus alors, et termina le frontispice de la basilique de Saint-Pierre et le palais de Montécavallo. Sous son pontificat, les jésuites furent exclus à perpétuité des états vénitiens. La médiation de Henri IV, dans le démêlé qui s'était élevé à leur sujet entre le sénat de la république et le saint-siége, ne les sauva pas de la proscription dont ils demeurèrent frappés ; et ce grief peut être mis au nombre de ceux qui aiguisèrent leurs poignards contre notre Béarnais.

Dans une des parties latérales du marché, on voit une pierre antique, taillée en forme de piédestal, et posée sur un socle moderne. Elle passe pour avoir servi de tribune à Jules César, lorsqu'il harangua ses soldats après le passage du Rubicon. Les traces d'une inscription dont quelques lettres sont à peine lisibles, ne suffisent point pour confirmer cette tradition historique. Nous allons désormais parcourir des pays où la foi aux antiquaires est une des vertus indispensables du voyageur.

La cathédrale de Rimini fut commencée par la famille des Malateste. La mort arrêta ses fondateurs dans leurs travaux. Il n'y en a qu'une moitié d'achevée. C'eût été un édifice superbe. Dans son état actuel, il ne se fait remarquer que par la collection de bas-reliefs dont les murs d'une de ses chapelles sont incrustés. La plupart de ces sculptures représentent des scènes ou des divinités mythologiques. Vénus, l'Amour, Bacchus, Cérès, tout l'Olympe est là rassemblé, et contraste étrangement avec les saints mystères qu'on y célèbre. Entre ces images profanes, les regards s'attachent plus attentivement sur la figure d'une sibylle. L'âge a sillonné de rides profondes son beau visage. Ses yeux sont levés vers le ciel; elle y découvre les secrets de l'avenir. Sa bouche va prophétiser. On se sent retenu près d'elle pour l'écouter, tant il y a d'inspiration dans son attitude et dans ses traits.

Comme moi, n'aimerez-vous pas à vous souvenir ici des amours infortunées de la fille du prince de Ravenne? Mariée au tyran de Rimini, Françoise aima son beau-frère. Le Dante, dont les vers l'ont immortalisée, l'interroge, et répond ensuite pour elle :

>Ma dimmi : al tempo de' dolci sospiri,
>A che, e come concedette amore,
>Che conoscest' i dubbiosi desiri?
>   Ed ella a me : nessun maggior dolore,
>Che ricordarsi del tempo felice
>Ne la miseria; e ciò sa'l tuo dottore.
>   Ma s'a conoscer la prima radice
>Del nostr' amor tu hai cotanto affetto;
>Farò, come colui che piange e dice.
>   Noi leggevam' un giorno per diletto,
>Di Lancilotto, com' amor lo strinse :
>Soli eravamo e senz' alcun sospetto.
>   Per più fiate, gli' occhj ci sospinse
>Quella lettura, e scolorocci' l viso;
>Ma sol un punto fù quel, che ci vinse.
>   Quando legemmo il disiato riso
>Esser basciato da cotanto amante,
>Questi, che mai da me non fia diviso,
>   La bocca mi basciò tutto tremante :
>Galeotto fù il libro, e chi lo scrisse :
>Quel giorno più non vi legemmo avante [1].

[1] DANTE, l'*Enfer*, liv. v.

Mais dites-moi, Françoise, quand vos soupirs secrets se taisaient encore, comment l'amour a-t-il osé vous parler son coupable langage?

« Tu as appris d'un sage, me répondit-elle, que le souvenir de la félicité passée aigrit encore la douleur présente ; et cependant, si tu aimes à contempler nos infortunes dans leur source, je vais, comme les malheureux, pleurer et te les raconter.

» Nous lisions un jour, dans un doux loisir, comment l'amour vainquit Lan-

Ces deux amans ne se cachaient point. L'époux de Françoise les surprit. Le même coup leur donna la mort à tous deux.

De Rimini à Ancône, la route passe entre les Apennins et l'Adriatique. A droite, s'étendent des champs fertiles, que la culture dérobe à l'onde amère, que la tempête elle-même respecte, qui se couvrent de riches moissons, et sont maintenant parés de la plus belle verdure. A gauche, la vue embrasse la mer qu'aucune voile ne sillonne; et le voyageur cherche sur le rivage, quelque établissement propre au commerce ou à la navigation. A ce double aspect, sa pensée se partage entre les jours paisibles du laboureur et la périlleuse carrière du matelot; entre le retour presque régulier d'une modeste aisance, et les coups de fortune qui donnent, sans discernement, la misère et la richesse. Il est, tour à tour, attiré doucement par les charmes de la vie champêtre, ou bien il s'aban-

---

celot. J'étais seule avec mon amant, et nous étions sans défiance : plus d'une fois nos visages pâlirent, et nos yeux troublés se rencontrèrent; mais un seul instant nous perdit tous deux. Lorsqu'enfin l'heureux Lancelot cueille le baiser désiré, alors celui qui ne me sera plus ravi, pressa sur ma bouche ses lèvres tremblantes, et nous laissâmes échapper ce livre par qui nous fut révélé le mystère d'amour. »

(*Tr. de* Rivarol.)

donne aux illusions des hasards et de l'espérance. Mollement balancé sur cette plage unie, sous l'influence d'une température suave, et rafraîchi par une brise légère, il médite. Son imagination s'égare, et lui fait oublier le tems, les distances, et les lieux même qu'il parcourt. C'est ainsi que Saint-Marin a passé inaperçu près de moi. J'ai négligé de jeter un regard sur le territoire de cette république-modèle. Son exiguité la protégera peut-être. Plus populeuse, plus riche, elle eût succombé depuis long-tems. De quel danger serait-elle? aucune ambition ne s'en contenterait, de même qu'elle ne peut exciter aucune envie. Quel maître y trouverait assez d'espace pour exercer sa puissance? Bonaparte lui-même la traita en souveraine, quand il guidait ses soldats vers les états de l'église. L'immensité de ses desseins la lui fit ensuite oublier. Mais s'il dédaigna cette conquête inutile, il en pressentit d'autres dans le voisinage de l'Adriatique, dont l'importance ne pouvait échapper à sa sagacité. Entre elles, il faut compter le beau village de la Catolica, ainsi nommé pour avoir, lors du concile de Rimini, donné asile aux évêques orthodoxes qui combattaient l'arianisme. La Catolica est située sur une haute colline, dont le versant descend jusqu'au bord de la mer. C'est là que finit la Romagne, et que commence le duché d'Urbin. Avant d'avoir pris possession de la Marche d'Ancône, Napoléon se souvint de cette position. La côte y est naturellement abritée des orages. Quelques batteries eussent suffi pour la défendre. Tout indiquait la convenance et l'utilité d'y créer un port. Des ingénieurs reçurent la mission d'en lever les plans. Ils commencèrent leurs travaux. Une ville serait née. Les habitans calculaient déjà leurs profits. « Ce n'a été qu'un rêve, » me disaient-ils avec douleur, en racontant ces projets qu'ils agrandissaient de tous les écarts de leur imagination exaltée. Combien d'autres n'ont fait que rêver comme eux!

Avant d'arriver à Pésaro, sur la gauche de la grande route, s'élève une maison élégante et fraîchement bâtie. On y monte par un sentier tortueux, à travers une pelouse du gazon le plus fin. Des massifs de verdure, des bouquets d'arbres artistement distribués, donnent à ce paysage factice, la grâce et le désordre harmonieux de la nature. Des barrières peintes en blanc, bordent les allées, entourent les prairies, les bosquets. Partout se montrent le soin, l'ordre, la propreté, si rares dans les jardins d'Italie. On y reconnaît le goût anglais. C'est une ferme ornée, à la manière de celles qui embellissent les bords de la Tamise, et de plus, l'ouvrage et la propriété de la femme du prince de Galles. Pour charmer les rigueurs de son exil, cette princesse a cherché à se procurer quelques souvenirs de l'Angleterre, du royaume dont elle attend la couronne. Qui pourrait la blâmer de cette illusion, de cet innocent plaisir? Chacun au contraire, aimerait à lui rendre des devoirs, à la consoler, à la suivre dans les sentiers de cette belle solitude, si, uniquement occupée de pensées dignes de son rang et de ses royales aventures, elle passait dans la retraite les heures lentes et douloureuses d'une proscription non méritée. Loin de là; de même qu'à Milan, elle s'est dégradée en ces lieux, par sa familiarité ignoble avec le favori qu'elle a adopté. Aussi, n'y a-t-elle pas fait un long séjour. Hardie à braver les convenances, elle a été promptement séparée des hautes classes de la société. Les Anglais, ses futurs sujets, n'en parlaient qu'avec dédain. Par égard pour son origine allemande, ses compatriotes citaient avec éloge les vertus dont elle était parée, avant qu'elle fût mariée.

Ils imputaient hautement à son noble époux de lui avoir donné des exemples et des leçons, dont ils n'osaient nier qu'elle eût trop profité; et, comme si ce concert de clameurs et de justes censures ne lui eût pas suffi, elle ne craignit point de se compromettre dans une querelle de coulisse. Rossini est né à Pésaro. Elle avait obtenu de lui la promesse de la dédicace d'un opéra. Cet hommage ne se réalisant point, elle prit, pour se venger, la direction du théâtre, et refusa de laisser représenter aucun ouvrage du célèbre *maestro*. Un soir que, passant pour se rendre à Naples, Rossini assistait au spectacle, les commensaux et les valets de la princesse le couvrirent de huées et de sifflets. Le public répondit à cet outrage par des acclamations. La lutte s'échauffa. On en vint aux injures, aux menaces. Le sang aurait coulé peut-être, si la victoire eût pu rester un moment indécise. Cette dernière avanie la bannit des lieux qu'elle s'était plue à embellir; et elle continue de promener de ville en ville, sans pouvoir s'arrêter nulle part, ses ennuis qui ne touchent plus personne, et ses amours que l'on méprise.

Il fait nuit. Le grand marché de Pésaro est encombré d'une telle affluence de peuple, qu'il est presque impossible de le traverser. Des torches, des flambeaux l'éclairent. Ce n'est ni une fête, ni un spectacle. Le poisson frais vient d'arriver; les marchands ont peine à suffire au débit. Je ne puis concilier l'extrême frugalité des Italiens, avec le plaisir qu'ils goûtent à voir des comestibles, à les toucher, à les marchander, à s'établir juges de la qualité et du prix, lors même qu'ils ne veulent pas acheter, ou que la moindre provision leur suffit.

Il n'y a point de théâtre dans cette ville de moyen ordre. En revanche on y compte huit couvens d'hommes et quatre de filles. Je ne me suis heureusement permis à ce sujet aucune exclamation suspecte, devant le maître d'auberge qui m'instruisait, selon l'usage, des particularités du lieu. Au contraire, je lui avais, à tout hasard, témoigné une sorte de satisfaction de voir la vie religieuse jouir d'une telle vogue. Encouragé par cette approbation équivoque, il s'est hâté d'ajouter : « Nous avons aussi la sainte inquisition, Dieu merci ! — C'est fort bien fait, en vérité », me suis-je écrié aussitôt. Et rompant brusquement cet entretien, j'ai annoncé que je partais le lendemain de très-grand matin. J'ai prié que nos passe-ports fussent expédiés sur-le-champ; que l'on commandât les chevaux pour la première heure du jour, et que rien ne retardât notre départ. La sainte inquisition ! grand Dieu ! ses feux sont, il est vrai, un peu amortis; mais j'en tiens les cendres pour chaudes encore, et ne veux point risquer d'y poser mes pieds. Non, non : il ne faut rien avoir à démêler avec elle. Je ne parlerai plus que pour stimuler le zèle des postillons; mon accent ne me protégerait pas. J'éprouve un malaise qu'il me tarde de voir finir.

PÉSARO. — FANO. — SINIGAGLIA.
ANCÔNE. — SOUVENIRS HISTORIQUES. — LE PORT D'ANCÔNE.
LES ARCS DE TRAJAN ET DE BENOÎT XIV.
LA STATUE DE CLÉMENT XII.
LA CATHÉDRALE.

Ancône, 9 novembre 1819.

Tout dort encore, en dépit du voisinage des saints inquisiteurs. N'en est-il pas de même au pied des volcans ? Pour moi le sommeil a été léger. J'ai devancé l'aurore, et nous allons profiter des apprêts du départ pour parcourir la ville. Suivons le cours de la Foglia, jadis le fleuve Isaure, qui la traverse : il nous conduira au port, sur le rivage de la mer. Quelle délicieuse matinée ! que l'air est pur et léger ! la sommité des falaises commence à s'éclairer. Les premiers rayons du soleil teignent d'orange et de pourpre les flots qu'agite un vent frais. Ce spectacle repose l'esprit comme les sens. Quel silence ! la vague court sans bruit sur la plage. A l'horizon, quelques voiles se dessinent ; ce sont celles des pêcheurs qui viennent de lever ou de tendre leurs filets. Puissent les premiers rapporter une pêche abondante! aux Autres, je n'ai rien à souhaiter : qu'ajouterais-je aux rêves de leurs espérances? quel métier pénible pour n'avoir que du pain, quelquefois bien grossier, en échange des poissons rares et exquis, destinés à la table des riches! Cette résignation du pauvre m'a toujours ému. Quel doit être l'empire de la probité et des lois, pour le contenir dans les limites de sa triste destinée? Travailler sans relâche, exposer ses jours, pour vivre de privations, pour ne jamais changer d'état, et ne se reposer que dans la tombe! De telles conditions d'existence ne sont-elles pas bien trop rigoureuses? Ah! que l'humanité n'est pas aussi méchante que le prétendent des observateurs chagrins!

Les Anglais ont fait sauter le fort qui protégeait les approches de ce rivage. Napoléon en a construit un plus voisin du port. On l'aperçoit sur la droite à la surface de la mer. Il est dépourvu de canons, de munitions, même de gardiens : sa défense est abandonnée. Que servirait au successeur de saint Pierre cet appareil guerrier? Le mot *pax*, écrit sur son écu, doit être désormais sa plus sûre égide. Quelles victoires remporteraient les foudres de son artillerie, lorsque celles du Vatican sont presque éteintes? Il lui convient de recourir désormais à la persuasion, à la douceur : le tems des violences est passé. Les peuples qui écoutent sans répugnance de charitables exhortations, opposeraient peut-être une résistance funeste, à des injonctions et à de la colère. Ce n'est pas que des préventions anti-religieuses dominent : la tolérance seule a fait des progrès. Pour prix de celle qu'il accorde, chacun la veut pour soi. Il faut en convenir; jusqu'ici le gouvernement papal ne s'est manifesté à nous par aucune sévérité inutile ou gênante. Hors les précautions dont on entoure le visa des passe-ports, et que les subalternes exagèrent pour mettre les voyageurs à contribution, la police ne serait pas aperçue. Aussi, soit maladresse, soit négligence de sa part, les Apennins sont, dit-on, infestés de voleurs. Toutefois, le bruit est public qu'on doit les traquer le mois prochain; et les timides comptent sur cette battue générale, malgré l'indiscrétion de ceux qui la publient. Pour moi, je ne crois ni à la précaution qu'on veut prendre, ni au danger qu'elle a pour objet de dissiper. Un seul malencontreux voyageur se plaint plus haut, que cent autres ne se félicitent de leur heureux voyage. Les émotions que donnent ses récits se propagent avec rapidité. Après les avoir éprouvées, on veut les transmettre à d'autres. Plus le lieu de la scène s'éloigne, plus les détails prennent un caractère effrayant. Aucun narrateur ne veut demeurer en reste de la peur qu'on lui a faite. Il a besoin d'en causer un peu plus qu'il n'en a ressenti lui-même ; et la simple rencontre d'un mendiant qui aura demandé l'aumône avec instance, passera quelques lieues plus loin pour la menace d'un brigand armé, avant-coureur perdu d'une bande à laquelle on n'a échappé que par la rapidité des chevaux et l'adresse des postillons. Poursuivons donc notre dessein avec sécurité, malgré les sinistres récits dont nous sommes obsédés. Combien d'autres sentimens m'agitent, que la crainte d'être arrêté et dévalisé ! Si les lieux que je parcours n'ont rien qui m'intéresse, les souvenirs de patrie, de famille, d'amitié me viennent aussitôt, remplissent ma pensée et mon cœur ; et quand le mauvais tems, un chemin rude, un gîte incommode, me font regretter les aises du logis, je repasse en moi-même avec délices, toutes les douceurs qui m'attendent au retour. La peine aura fini : le plaisir sera long.

Une fontaine, et, derrière elle, une statue en marbre d'Urbain VIII, ornent la place principale de Pésaro. Le dessin de la fontaine est mesquin. L'eau coule, plutôt qu'elle ne jaillit, d'une gerbe qui en forme le point culminant ; et quatre chevaux marins lancent une multitude de jets, trop grêles pour produire aucun effet. Le pape, dont la postérité a voulu conserver les traits, vivait dans le dix-septième siècle. Sa statue est pauvre de formes et d'expression. Il cultivait la poésie, et se rendit recommandable par la pratique des vertus chrétiennes. Ce fut lui qui supprima les jésuitesses, et qui défendit par une bulle de prendre du tabac dans l'église, sous peine d'excommunication : singulier assemblage d'esprit, de raison et de futilité !

En quittant Pésaro, l'on continue de côtoyer l'Adriatique jusqu'à Ancône. On traverse successivement les villes de Fano et de Sinigaglia. Celle-ci, fondée par les Gaulois sénonais, n'a rien qui mérite d'être cité ; si ce n'est sa position pittoresque près de la mer, et sur la Misa, petite rivière dont les bords sont charmans. L'autre, vouée dans l'origine au destin, se nommait *Fanum Fortunæ*, temple de la Fortune. Elle est arrosée par le Métaure, et renferme quelques antiquités. On y voit, au centre d'une fontaine, l'image de la Fortune, sous la forme d'une jeune fille nue et debout. Son voile, qui se déploie au gré du vent, a trop d'ampleur, comparativement à sa petite stature. Le théâtre de Fano était autrefois le plus vaste de l'Italie. On y entre par un portique obscur et bas, surmonté de quelques fenêtres en ogive, éparses sur un grand mur de façade. Enfin, les restes d'un arc consacré à Auguste, terminent une des avenues qui conduisent à la ville. On n'aurait eu, d'après ces ruines, qu'une idée imparfaite du monument auquel elles appartiennent. L'ensemble en a été dessiné; et, pour satisfaire la curiosité des amateurs, les habitans de Fano en ont fait tracer l'épure en plâtre, sur un mur voisin. La partie inférieure était percée de trois portes également espacées. Dans le haut, il y avait sept arcs semblables à ceux d'un aqueduc. Cette composition a de la lourdeur, et manque de régularité dans son ordonnance.

Ancône, bâtie sur le penchant d'un coteau escarpé, est exposée au nord. A la voir de loin, on la croirait jolie et bien percée. Au-dedans elle est hideuse et impraticable. Ses rues sont rapides, boueuses. Il faut sans cesse les gravir avec effort, ou les descendre avec précaution. Il y en a dans lesquelles on a construit un escalier, pour donner la facilité de les parcourir avec moins de fatigue. Même dans celles qui sont le plus spacieuses, deux voitures ne peuvent se croiser. Quelques fortifications protègent cette ville. Ce sont les restes de celles que le général Monnier et ses braves compagnons d'armes défendirent si vaillamment, en l'an VIII de la république française. Kray et Suvarow avaient reconquis la vallée du Pô. Ruffo occupait Naples. La Toscane révoltée s'était affranchie de nos armes. Les royalistes napolitains, réunis par des intérêts différens, à des soldats de l'Autriche commandés par le général Frœlich, venaient de s'emparer de Rome. De toute l'Italie il ne restait à la France, que Gênes à l'occident avec le littoral qu'on nomme sa rivière, et Ancône à l'orient. Pendant long-tems Monnier était parvenu à tenir la campagne. Soutenues par les ouvrages qu'il avait créés, par des batteries multipliées et par une activité infatigable, ses sorties étaient fréquentes, heureuses; et les ennemis pouvaient calculer que sa résistance serait longue, si le succès ne la couronnait pas. De leur côté, les assaillans redoublaient d'ardeur, irrités d'un obstacle qu'ils s'étaient flattés de vaincre facilement. Des troupes régulières, les populations environnantes soulevées et en armes, renouvelaient journellement leurs attaques du côté de la terre. Une escadre de vaisseaux turcs, russes et autrichiens, se présenta devant le port et les seconda. Contre tant de forces réunies, les Français faisaient bonne contenance. Ils continuaient de remporter des avantages; et leurs lignes de défense n'étaient point entamées. La défection du général cisalpin Lahoz, qui, dans la mêlée, paya de sa vie l'abandon de la cause de la liberté, et l'arrivée de Frœlich à la tête de ses troupes que la capitulation de Rome avait rendues disponibles, changèrent la face des affaires. Monnier n'avait dès l'origine que trois mille hommes. Les combats, les travaux et les rigueurs du siége en avaient nécessairement diminué le nombre. Des prodiges de valeur y suppléèrent d'abord. Mais bientôt le cercle de la défense fut resserré, plus encore par les calculs des assiégés que par les progrès des assiégeans. Ramené enfin dans les murs de la ville, le général français, après avoir combattu de nouveau avec éclat, ne céda qu'au renversement des bastions de la citadelle, à la destruction des débris de son artillerie, au manque de vivres, et à l'épuisement de sa garnison. Une capitulation honorable lui fut accordée. Ce qui lui restait de soldats sortit avec les honneurs de la guerre, et libre de retourner en France par la route qui lui conviendrait, sous la seule condition de ne servir qu'après les échanges d'usage. Échangé lui-même peu de tems après, Monnier signala de nouveau dans nos camps, les vertus militaires dont il était doué.

Le port d'Ancône, où il se fait quelque cabotage, est assez fréquenté, malgré le peu de sûreté qu'il offre contre les coups de vent, et le peu de débouchés qu'y trouve le commerce. Les vaisseaux de petit tonnage qui mouillent le plus communément dans ses eaux, viennent des côtes de l'Adriatique, des îles Ioniennes et de l'Archipel. Un lazareth, un môle, un phare, quelques ouvrages en pierre que Napoléon avait hérissés de canons et de mortiers, en marquent l'enceinte. Il s'envase journellement. Des forçats travaillent sans cesse à le nétoyer, sans jamais y réussir : vrai supplice digne de prendre rang parmi les tourmens des enfers, dont il est une image. Ces misérables ne sortent de la vase infecte où ils sont plongés pendant les heures de travail, que pour être entassés dans un bagne empesté. Leur nombre était si grand, que le gouvernement papal a été obligé dernièrement d'en envoyer une partie à Civita-Vécchia. Il en reste encore six cents. La peine des travaux forcés à tems est fort commune dans les états romains. Les moindres délits y sont soumis. L'Espagne offre seule l'exemple d'une telle prodigalité de honte et de flétrissure pires que la mort. Cette observation, touchant les deux pays où les mœurs catholiques ont le plus de force, mériterait d'appeler les méditations des législateurs. Avec des criminels qui croyent s'absoudre par un acte de dévotion, et des galériens qui rentrent dans la société, repoussés par l'opinion et corrompus par la chaîne, on conçoit ce que peut devenir un empire et ce que l'humanité doit attendre. La déportation anglaise a prévenu ce danger et résolu le problême.

Sur le quai qui conduit au môle s'élèvent deux arcs triomphaux, l'un consacré à l'empereur Trajan, l'autre au pape Benoît XIV : celui-là, remarquable par sa forme élégante et légère, celui-ci par la noble simplicité de sa coupe. Le second est dépourvu d'ornemens. Dans le premier, ils avaient été prodigués si l'on en juge par les pierres déchirées dont on les a probablement arrachés, et où des portions d'agrafes demeurent suspendues à des restes de scellemens. Ces monumens qui se touchent presque, n'ont dans leur position respective aucune symétrie. Placés comme au hasard, ils se nuisent par leur voisinage. Toutefois cette circonstance aide à étudier en eux, la décadence ou les progrès de l'art, à l'époque de leur construction. On se plaît non-seulement à les comparer dans leur ensemble et dans leurs détails, mais encore à rapprocher les hommes célèbres en l'honneur desquels ils ont été érigés. L'un, payen, nourri dans les camps, pénétré de la grandeur de ses destinées, amant passionné de la justice et de la vertu, appliqué aux affaires publiques, modeste et populaire, fut surnommé le père des soldats et de la patrie. L'autre, vicaire de Jésus-Christ, après avoir parcouru les premiers emplois de l'église, ne parvint aux plus hautes dignités qu'en se jouant. « Il faut, disait-il, croire bien fermement à l'infaillibilité du pape, pour se persuader qu'il ait pu faire une éminence d'un aussi petit homme que moi. » Il ajoutait que la papauté lui était dévolue, si l'on voulait faire choix d'un bon compagnon. Son esprit était enjoué, léger, orné. Il abandonnait le soin de ses états au cardinal Valenti, son ministre, et s'attachait à dissimuler son rang par un extérieur poli et familier. On attribue l'hommage qui lui fut décerné, à la modération, à l'équité, à l'esprit d'indulgence et de paix qui caractérisèrent son gouvernement. Quant à Trajan, ce tribut de la vénération publique s'explique de lui-même. La chrétienté le lui aurait dû comme le paganisme, pour la tolérance dont il usa envers elle. Avant son règne, les lois romaines recherchaient les sectateurs du Christ, les poursuivaient, les frappaient aveuglément. Il proscrivit la délation aux fureurs de laquelle ils étaient en proie, et leur fit trouver une sorte de sécurité, dans les peines dont il menaça ceux qui portaient de fausses accusations contre eux.

A l'extrémité d'une place publique, une statue en bronze représente un vieillard vêtu des ornemens pontificaux. C'est l'image du pape Clément XII. Ancône lui doit son lazareth et la franchise de son port. Une inscription concise rappelle ces deux actes de son administration.

Aucune parole pompeuse ne s'y mêle. Ce n'est que l'expression naïve de la reconnaissance publique.

La cathédrale, qui remonte à une haute antiquité, domine la ville entière. On y monte par des degrés combinés de manière à rendre l'ascension moins pénible. De là elle semble surveiller les mœurs et la piété des habitans. L'aspect des environs est magnifique. La vue embrasse à la fois, les montagnes, le rivage et la mer. Cette perspective est la seule compensation de la fatigue qu'on s'est donnée, car l'église n'offre rien de curieux au-dedans ni au-dehors. Sa façade, surchargée de moulures, de sculptures et d'arcs gothiques, n'a ni la grâce ni la finesse qui caractérisent ce genre d'architecture. Au-devant de la porte principale, quelques colonnes grêles portent une voûte en avant-corps, qui abrite un petit porche. Leur base repose sur des lions de rouge antique, où l'art n'a point surpassé la matière, et dont le corps fluet et alongé est aussi ridicule que l'usage auquel on les a employés.

DÉPART D'ANCÔNE. — OSIMO. — LORETTE.
SON COMMERCE. — STATUE DE SIXTE-QUINT. — L'ÉGLISE DE LORETTE.
LA SANTA-CASA. — LE TRÉSOR. — RÉCANATI.
MACÉRATA. — TOLENTINO.

Tolentino, 10 novembre 1819.

Aux portes d'Ancône commence la chaîne secondaire des Apennins. Le pays change d'aspect. Les côtes sont plus lentes à gravir, plus difficiles à descendre. Des torrens grondent au fond des vallées. Leurs bords sont déchirés. Pour échapper aux fréquens débordemens des eaux, la population n'habite que le sommet ou le penchant des collines. Les villages, les hameaux, sont entourés d'arbres. Le voyageur aime à découvrir le clocher qui pointe au-dessus du feuillage. Sa curiosité est d'autant plus vive, à cette époque de l'année, que le soleil manque de force pour dissiper les brouillards qui couvrent la campagne. Les yeux fixés sur la carte, il mesure les distances, calcule l'effet des sinuosités, détermine en idée la position des lieux remarquables, la cherche, et jouit doublement lorsqu'une éclaircie lui permet de vérifier la justesse de ses conjectures. Tout à l'entour et jusqu'à Osimo, le pays est gras et fertile. Une végétation puissante se manifeste de toutes parts. La terre cède sans effort au labourage, et multiplie et varie ses dons à l'infini. Aucune roche, aucun caillou n'arrête ni ne soulève seulement la charrue. Partout la même culture se reproduit sans que le paysage en contracte aucune monotonie. Les champs sont ombragés d'oliviers chargés de fruits, d'érables encore verts, de vignes ondoyantes, de pêchers et de figuiers à haute tige. Quelques chênes immenses, vigoureux, dispersés çà et là, conservent leur parure d'été, et se dessinent majestueusement dans l'espace. Aucune clôture n'indique, ne sépare et ne protège les héritages. L'âge d'or ne se reconnaissait pas à d'autres signes. Mais cette richesse tient à la fertilité du sol; cette confiance, à la vaste étendue de chaque domaine qui éloigne le voisinage et en prévient le danger. Voyez en effet combien sont rares les corps de ferme, les habitations, même les chaumières. Si les lois qui régissent la propriété, ne la concentraient pas dans un petit nombre de familles, pensez-vous que cette contrée féconde serait presque déserte? Les habitans auraient-ils l'air si pauvre? Regardez-les : à peine quelques haillons cachent leur nudité. Les enfans eux-mêmes n'en ont pas assez pour se couvrir. Les femmes marchent la tête découverte, les jambes et les pieds nus. Les hommes seuls sont moins mal vêtus et se chaussent chaudement. Comment arrive-t-il que, dans les dernières classes du peuple, les plus faibles soient ainsi plus exposés aux rigueurs des saisons? Cet usage n'est que trop commun. Nous le trouvons également en France dans nos fermes, dans le ménage de nos artisans. Les ouvrages dégoûtans, les privations, sont pour ceux que leur condition devrait précisément en exempter. La compagne du laboureur, de l'ouvrier, ne mange, ne se couche, ne dort, qu'après son mari; heureuse quand elle n'est pas obligée de devancer son réveil, de lui éviter quelque fatigue, ou de partager ses plus rudes travaux. En Lorraine, la mère de famille s'attelle avec l'âne et la vache, pour tirer une pesante charrue à travers des terres dures, ingrates et mêlées de craie, qui déchirent ses pieds. Il y a de la barbarie dans les mœurs qui ne laissent pas exclusivement le travail à la force, le repos à la faiblesse. Telle est l'intention de la nature. La dignité de l'homme ne gagne rien à n'être point partagée par la femme. Diriger la maison, donner l'existence au péril de la sienne propre, élever l'enfance, protéger la jeunesse, charmer l'âge mur, égayer et soulager la vieillesse, n'est-ce donc pas une vie assez laborieuse, semée d'assez de peines, de dangers et de soins?

Soit que le passage et le séjour des Français en Italie aient modifié les costumes, ou qu'ils différassent peu de ceux de France, on n'aperçoit qu'à Osimo quelque léger changement dans l'habillement des femmes : elles se coiffent d'un mouchoir de couleurs vives, posé carrément sur leur tête, et retenu à l'aide d'un voile écarlate dont elles s'enveloppent les bras et la taille. Cette coiffure et le jeu de ce voile éclatant ne manquent ni de grâce, ni d'une élégante recherche. Les jeunes filles savent y donner une tournure, que, plus tard, l'âge et les soucis domestiques leur font oublier ou négliger. Alors cet ajustement rend une matrone plus grave, comme auparavant il favorisait la gentillesse et l'étourderie. La prude se fait un manteau du tissu que la coquette laissait voler autour d'elle.

L'une se dérobe avec la même égide, dont l'autre se servait pour se laisser voir. Dans ce manége, aucune peut-être n'est innocente. Toutes tendent au même but ; et les hommes regretteraient beaucoup qu'elles ne cherchassent pas à l'atteindre.

Nous approchons de Lorette : trève aux pensées profanes. La route serait charmante ; mais il n'en est que d'affreuses par le mauvais tems qu'il fait. La pluie d'ailleurs en a augmenté les difficultés. Profitons d'un rayon de soleil pour mettre pied à terre. Encore quelques centaines de pas, et nous aurons gravi la montagne ; nous entrerons dans la ville sainte, objet de tant de vénération, terme de lointains pélerinages. Hélas ! quelle misère l'environne ! Il faut que la certitude d'obtenir les faveurs célestes, compense une si cruelle absence des biens de ce monde. Comptant sur la charité des passans, chaque ménage s'est voué à la mendicité. D'aussi loin que le bruit d'une voiture se fait entendre, les enfans de tous les âges sortent de leur masure, s'élancent sur la route, barrent le passage, entourent les voyageurs, et les sollicitent avec une insistance incroyable. D'abord prosternés la face contre terre, vous les entendez prier ardemment. Puis se relevant, barbouillés de poussière et d'ordure, ils forment des vœux pour votre bonheur; et bientôt, se croyant exaucés, ils se hâtent d'ajouter : « Vous arriverez à bon port. La madone vous écoutera; vous obtiendrez d'elle tout ce que vous désirez : elle est toute puissante dans le ciel. » Voulez-vous des enfans? vous les aurez; des richesses? une main divine vous les prodiguera. Ambitieux, vous pouvez demander une couronne : rien ne leur coûte. Tout cela m'a été offert, promis, assuré : je n'avais qu'à choisir; mais je me suis tenu dans les bornes de ma discrétion accoutumée. Ils croient à l'accomplissement de leurs promesses, comme il vous est permis d'en douter. Leur charité est inépuisable, leur foi entière, leur espérance sans bornes. Ils donnent à leur voix, les divers tons du sentiment qui les agite, et l'accompagnent de gestes expressifs, variés, énergiques. Leurs yeux s'élèvent vers le ciel. Ils étendent les bras, les croisent sur leur poitrine, les avancent comme pour vous bénir, mêlant à ces simagrées un air d'inspiration, des contorsions et des soupirs dont on rirait, si l'on n'en était importuné à l'excès. Ils vous suivent, vous entourent, vous pressent, vous étourdissent, et finissent par vous arracher une aumône, que, jusque-là, leurs fatigantes instances vous avaient seules empêché de donner.

La ville de Lorette compte six mille habitans qui ne vivent que du passage des voyageurs et des pélerins. Une grande rue la partage. On y trouve quelques hôtelleries médiocres, et de nombreuses boutiques de chapelets, d'agnus, de croix, de rosaires, d'amulettes de métal, d'os et d'ivoire. Debout à l'entrée de leur maison, les aubergistes attendent la préférence des arrivans. Quant aux marchands, ils emploient leurs femmes pour se la disputer. A la vue d'un étranger, elles sortent, s'avancent vers lui d'un air prévenant, et l'invitent à venir chez elles, à y choisir les objets qui conviendront le mieux à sa dévotion : elles en tiennent un assortiment complet et à des prix raisonnables. Leur regard, leur sourire, leur langage vous arrêtent-ils? elles insistent avec douceur, vous prennent affectueusement les mains, et cherchent à vous emmener. Ailleurs, il serait loisible de se méprendre à ces agaceries ; mais ici elles sont purifiées par la sainteté du lieu et de leur motif. A peine entré chez ces dévotes sirènes, vous n'avez plus affaire qu'au mari. C'est lui qui fait les honneurs du magasin. Il débat avec avidité les conditions du marché, exagère la valeur de sa marchandise, et rançonne les chalands, en raison de la peine que son engageante moitié s'est donnée pour les attirer.

Sur une place, dont on prétend que Michel-Ange a donné les dessins, se trouvent une fontaine, et une statue en bronze de Sixte-Quint. A la mort de ce pape, celle qu'on lui avait érigée à Rome fut renversée. Les rigueurs de sa justice, qu'il poussa souvent jusqu'à la cruauté, étaient encore récentes. Il avait créé de lourds impôts qui indisposaient les Romains. Le peuple donna dans son image, un avis à celui qui lui succédait. Cette vengeance ne nuisit cependant pas à sa renommée. On ne conserva bientôt plus de lui, que le souvenir de la fermeté qu'il avait mise à réformer les abus de l'autorité, et à purger ses états du brigandage qui les infestait.

L'église de Lorette donne sur la place. Michel-Ange passe pour en avoir restauré la façade. On y monte par plusieurs degrés. Les portes sont en bronze, et d'un travail précieux, dû à Lombard, artiste liégeois du seizième siècle. Les compartimens qui en divisent la surface, renferment des bas-reliefs, dont les sujets sont extraits de la Bible. La nef, la coupole, les bas-côtés, ont de belles proportions. La maison de la Vierge est derrière le grand autel. On l'a revêtue extérieurement de feuilles de marbre de Carrare, sur lesquelles la sculpture a retracé les faits principaux de l'histoire de la Sainte Famille. L'intérieur ne répond point, comme il est aisé de le supposer, à ce luxe de matière et d'art. Il a trente pieds de long, treize de large et dix-huit de haut; et les murs, construits en briques, sont à nu et fort enfumés. La lumière y pénètre par une fenêtre grillée. Vis-à-vis est une cheminée en bois, à côté de laquelle s'ouvre une petite armoire. Une croix placée au-dessus de la fenêtre; une image en ébène de la Vierge; un autel sur lequel un prêtre dit la messe tous les jours, ont suffi pour convertir cette chambre en une chapelle. Des lampes suspendues au plafond y brûlent continuellement; et les dévots et les curieux ne cessent d'en remplir l'enceinte.

Ne venez-vous que par pure curiosité? le démonstrateur de cette relique vous en détaillera les dimensions, la maçonnerie, le bois, le fer, et vous fera remarquer à quel point elle est bien conservée. Il décrit jusqu'au moindre des brillans dont la madone est parée, s'extasie sur la valeur des lampes qui sont toutes d'or ou d'argent, cite les artistes habiles qui les ont ciselées, et affecte de ne parler que du matériel confié à sa garde. Si c'est la foi qui vous amène, le moindre custode en surplis vous racontera les mystères de cette demeure révérée, et les miracles qui s'y opérèrent. Vous n'échapperez point à leur énumération circonstanciée. « La *Santa-Casa,* comme on l'appelle, a été apportée à Lorette par des anges ailés, qui ne se reposèrent en route que trois fois. Des bergers, en gardant leurs troupeaux pendant la nuit, l'ont vue parcourir les airs. Elle venait de Nazareth même. On connaît positivement le jour de son arrivée. Son identité a été constatée sur ses propres fondations, par des envoyés dignes de foi. Des apparitions de la Vierge ont confirmé ce rapport. C'est à travers la fenêtre qui l'éclaire, que l'ange Gabriel apparut à Marie, et lui annonça la parole divine : elle était près de la cheminée quand elle reçut le messager céleste. Sa statue ornait cette chambre quand on y entra pour la première fois. On trouva dans l'armoire une écuelle de bois qui servait à l'enfant Jésus : elle y est encore. C'est le dernier débris des ustensiles du saint ménage. Les objets précieux qu'on y voit briller, proviennent tous de vœux qui ont été accomplis. Le récit de ces prodiges serait d'une longueur interminable; et quelque sentiment qui vous guide, il vous suffira d'être venu, pour remporter des indulgences sans nombre. » Si vous insistiez, on vous indiquerait presque la place qui vous est destinée en paradis, tant on paraît bien informé de toutes ces choses-là. Voltaire en parle aussi quelque part, et trop légèrement sans doute.

> Enfin portés sur les bords du Musône,
> Près Ricanate, en la marche d'Ancône,
> Les pèlerins virent briller de loin
> Cette maison de la sainte madone,
> Ces murs divins de qui le ciel prend soin ;
> Murs convoités des avides corsaires,
> Et qu'autrefois des anges tutélaires
> Firent voler dans les plaines des airs,
> Comme un vaisseau qui fend le sein des mers.
> A Loretto les anges s'arrêtèrent ;
> Les murs sacrés d'eux-mêmes se fondèrent ;
> Et ce que l'art a de plus précieux,
> De plus brillant, de plus industrieux,
> Fut employé depuis par les saints pères,
> Maîtres du monde, et du ciel grands vicaires,
> A l'ornement de ces augustes lieux.

Quel que soit au reste le motif de votre pèlerinage, vous ne manquerez point de faire bénir les pieuses frivolités dont vous n'aurez pu vous empêcher de faire emplette : ce serait un scandale de le négliger. Cette bénédiction se donne dans la sainte maison même. Aucune pompe ne l'accompagne. Le prêtre n'a sur sa soutane, qu'un surplis de batiste et un camail rouge et noir. Celui que je vis officier était un jeune homme d'une figure douce et ingénue. Il arriva gaîment, prit l'écuelle sacrée, la baisa, y déposa les amulettes que lui remirent les assistans, les bénit, les rendit avec un aimable sourire, rebaisa l'écuelle, la renferma, et s'en retourna lestement comme il était venu, nous laissant tous aussi surpris de la briéveté de cette cérémonie que du laconisme de ses prières.

La garde du trésor de Lorette est confiée à un chanoine. « Nos richesses sont bien diminuées, dit-il; le passage des armées françaises nous a ruinés. Toutes les parures de notre madone lui furent ravies. Elle-même se trouva comprise dans le butin. Le Saint-Père réussit à nous la faire restituer; mais elle nous revint entièrement dépouillée. Quoique la piété des souverains ait commencé à réparer une partie de nos pertes, ne vous attendez pas à ce que la renommée a dû vous dire de nous. » Après ce préambule, il ouvre de grandes armoires, une multitude de tiroirs, et explique complaisamment tout ce qu'ils contiennent : de riches ornemens d'église, brodés par des reines, par des princesses ; des vases sacrés en argent, en or, enrichis de pierreries, et donnés par des rois, par des princes, entre lesquels il cite avec reconnaissance Murat, Beauharnais, la vice-reine d'Italie, et la royale épouse de Joseph Bonaparte. «Voici, ajoute-t-il en découvrant un écrin, une perle fort grosse et d'une forme miraculeuse. Elle représente la Vierge tenant son fils dans ses bras. Un plongeur la trouva dans la mer, à une place où l'on ne soupçonnait pas qu'il y en eût. Le propriétaire de ce rivage était seul persuadé du contraire. Une vision céleste le lui avait appris, et vous sentez bien qu'ici tout est prodige. En mémoire de ce mystérieux événement, on en a déposé la preuve entre nos mains. » Vous chercheriez vainement dans les irrégularités de cette perle, les images qu'y voit distinctement celui qui la montre. Son illusion est complète ; et s'il s'aperçoit qu'elle ne soit pas partagée, il témoigne une grande surprise. On ne peut prévoir ce qui arriverait, si l'on osait élever le moindre doute sur l'authenticité du fait qu'il raconte? A quoi bon d'ailleurs le dissuader, lors même qu'il serait possible d'y parvenir? Sa croyance ne tire à aucune conséquence fâcheuse. Au reste, soit que Lorette ait perdu de sa réputation et de son crédit; soit que les pélerins attendent le printems pour s'y rendre : au dire des gens du pays, l'affluence des visiteurs n'est plus si considérable. On se plaint généralement que le commerce des bijoux de dévotion a beaucoup diminué, et que, de jour en jour, le pays s'appauvrit davantage.

Les fontaines de Lorette sont abreuvées par les eaux de la montagne de Récanati : un aqueduc les leur transmet. La longue file de ses arcs traverse la vallée prochaine, et embellit le paysage. De Récanati, la route passe à Macérata, et conduit à Tolentino, petite ville célèbre par la paix que Napoléon y conclut avec Pie VI, en l'an v de notre république : c'était alors l'aurore de sa gloire. Elle a vu depuis Murat infidèle au malheur, fuyant devant les Autrichiens commandés par le général Bianchi : ce fut un épisode des revers qui nous accablèrent, et dont la France ne put plus se relever.

ASPECT DES APENNINS. — SERRAVALLÉ.
COLFIORITO. — FOLIGNO. — LE TEMPLE ET LA VALLÉE DU CLITUMNE.
SPOLETTE.

Spolette, 11 novembre 1819.

Les scènes riantes de la nature, les champs cultivés s'interrompent à Tolentino. S'il reste quelques indices d'un sol fertile, ils s'arrêtent à mi-côte, où la douceur du climat seconde encore les travaux de l'agriculture. L'Apennin commence. Ses montagnes arides, entrecoupées de précipices, étonnent le voyageur, et semblent ne lui donner passage qu'avec effort. La route, tracée comme au hasard, tantôt monte à pic, tantôt descend presque perpendiculairement vers des profondeurs effrayantes. L'art n'en a point déguisé les dangers, ni aplani les obstacles. A entendre les postillons et les maîtres de poste, on ne saurait trop prendre de précautions, ni surtout assez de chevaux. Il n'y a point d'exagérations auxquelles ils ne se livrent, pour obtenir la permission de renforcer l'attelage. Encore, vaut-il mieux céder à leur prétention, tout injuste et inutile qu'elle soit. Il y a toujours du profit à payer ainsi le tems qu'on aurait perdu à défendre sa bourse. L'esprit italien, si délié, si intéressé, est merveilleusement habile à tourner à son avantage, le sens ambigu des réglemens. Ignorez-vous la langue? vous êtes à la discrétion du premier venu, qui prend votre silence pour un acquiescement à ce qu'il exige. La savez-vous? il s'en félicite, admire le choix des mots dont vous vous servez, la pureté de votre prononciation, et vous accable de basses flatteries. Ensuite les argumens se multiplient, les interprétations abondent, des gestes d'une mobilité fatigante vous éblouissent, et vous vous rendez. Il eût fallu commencer par là. Car, si les mendians sont importuns, la cupidité du reste de la population est insatiable. Tout est organisé pour la satisfaire. Dans les auberges, par exemple, à la mode de l'Angleterre, le service se divise à l'infini, afin d'en augmenter le prix. Ce qu'un seul serviteur n'eût pas osé demander en masse, plusieurs le font payer en détail : c'est le maître d'hôtel que vous ne voyez qu'un instant, et seulement quand vous n'en avez pas besoin ; le domestique, dont vous n'avez pu stimuler la paresse; l'homme de peine, qui vous a laissé porter votre bagage; le garçon d'écurie, qui n'a pris aucun soin de votre voiture; sans compter le palefrenier, dont vous n'avez que faire, et les officieux qui vous poursuivent, épiant vos moindres mouvemens et jusqu'à vos regards, pour vous prêter quelque inutile secours. Au moment du départ, cet essaim vous environne et monte sur les marche-pieds de la voiture. Tous parlent à la fois. Ceux qui ont reçu leur salaire réclament celui des autres : et vous ne pouvez partir que le silence n'ait annoncé la fin de cette curée. Quant à l'hôte, ne vous attendez pas même à l'apercevoir : il s'exempte ainsi du soin de justifier les articles de son mémoire. On voudrait lire dans les itinéraires, quelques expédiens pour se soustraire à ces vexations. Ils devraient signaler les auberges où on les épargne le moins; mais nul ne veut se plaindre de peur d'être taxé de parcimonie. Il y a aussi des gens qui se consolent de leur ennui, par celui que les autres prendront après eux. Je ne suis pas de ce nombre; et je donne au moins le conseil de prévenir les exigences par quelques générosités, et de regarder cette dépense comme l'une des plus indispensables du voyage.

Plus on avance dans l'Apennin, plus les montagnes augmentent d'élévation. Bientôt leur cime se couvre de nuages. La neige y séjourne rarement. Il n'y croît point de sapins. Le bruit d'aucune cascade, d'aucun torrent, n'interrompt le silence qui y règne. Les vallées ne sont arrosées que par les pluies d'orage. Quelques bouquets de chênes verts, épars sur les hauteurs moyennes, font ressortir l'aridité des régions supérieures. Le peu d'habitations que l'on rencontre, n'abrite qu'une hideuse misère. Telles sont les approches du hameau de Serravallé, situé dans un défilé large de quelques toises, et qui sépare la Marche d'Ancône de l'Umbrie. Nous déjeunions dans un cabaret, la seule hôtellerie du lieu. Une voiture s'est arrêtée devant la porte. Deux Anglaises en sont descendues, l'une âgée, l'autre jeune et jolie. Elles venaient de Rome, sous la conduite d'un voiturin, peu sûr peut-être, indifférentes aux inconvéniens comme aux hasards du long trajet qui leur restait à faire. La recherche de leur toilette a attiré nos regards. On eût dit qu'elles s'étaient parées pour quelque promenade publique ou quelque réunion du matin. A peine avaient-elles mis pied à terre, qu'à notre grand regret elles ont disparu. Nos Françaises ne supportent pas sans humeur, les contrariétés d'un déplacement continuel, et le séjour des mauvaises auberges. Elles ne savent pas, comme les Anglaises, concilier les habitudes et les aises du logis, avec le désordre inséparable d'une vie errante et incommode ; mais du moins, ne craindraient-elles pas autant les rencontres fortuites, et n'eussent-elles pas montré la même sauvagerie.

Au détour d'une corniche étroite, maintenue par des remblais mobiles, l'apparition du charmant village de Colfiorito, fait diversion au pays sauvage et stérile que l'on vient de parcourir. Ses toits irrégulièrement découpés, les arbres qui l'ombragent et son clocher, se dessinent au fond d'une riante vallée. Les roues de quelques usines à papier, construites en amphithéâtre, sont mues par une source qui descend du haut des montagnes. La vue de l'eau, le bruit de sa chute, le mouvement de cette petite industrie récréent un moment. Les habitations deviennent plus nombreuses. Les plantations se multiplient. Quelque aisance se montre dans les ménages. La route s'incline vers des régions moins élevées; et la température s'adoucit. Jusque-là les oliviers étaient épars; ici l'on en rencontre des forêts. Mais leur écorce arrachée, leurs troncs déchirés, leur feuillage pâle, leurs fruits bruns, attristent le paysage. L'ombre qu'ils répandent ne convient qu'à la mélancolie. Les Grecs, en effet, n'avaient pas seulement voué cet arbre à la paix. Il l'était aussi à Apollon et à Minerve; et, après que le laurier et le palmier furent devenus la récompense du génie, on le réserva pour exprimer le deuil et la détresse. Rome avait adopté cet usage. Les vaincus, les supplians, en tenaient des rameaux dans leurs mains. Lorsque Carthage demanda la paix à Scipion, les agrès du vaisseau qui portait ses envoyés, en étaient entremêlés.

Foligno n'est qu'à six lieues de Spolette. Continuons notre route. Laissons le relais suivant qui se nomme les Véné. Hâtons-nous. Quel est cependant ce temple adossé à la chaussée? Ses formes gracieuses rappellent l'architecture antique. Il est bâti à la source du Clitumne et lui fut dédié. On n'y retrouve rien de la description qu'en donne Pline le jeune. Il parle d'une statue du fleuve en habit romain, qui rendait des oracles; de plusieurs petites chapelles où des offrandes lui étaient faites, et qui toutes abritaient une fontaine ou l'origine d'un ruisseau. Il cite un pont qui séparait ces eaux sacrées de celles qui étaient profanes. De toutes ces constructions il ne reste qu'une petite chambre carrée, dont la façade se compose d'un fronton en saillie, orné de sculptures, supporté par quatre colonnes dont deux sont cannelées et deux taillées en écailles de poisson. Placé sur les marches du péristyle, le voyageur s'arrête pour considérer le cours du fleuve qui serpente à travers d'immenses prairies, dans un vallon délicieux. Virgile a célébré ces gras pâturages et la Naïade qui les arrose. Les Romains y choisissaient les victimes d'élite.

> Hinc albi, Clitumne, greges, et maxima taurus
> Victima, sæpè tuo perfusi flumine sacro,
> Romanos ad templa deùm duxere triumphos [1].

Entrons dans le temple, dont le catholicisme s'est emparé. La blancheur de ses murs a dis-

---

[1] Virg., *Géorg.*, liv. II.

> Là, paissent la génisse et le taureau superbe,
> Qui, baignés d'une eau pure et couronnés de fleurs,
> Conduisent aux autels nos fiers triomphateurs.
>   (*Trad. de* Delille.)

paru sous d'innombrables inscriptions en vers et en prose, tracées la plupart au charbon. Ce sont des essais bucoliques dans toutes les langues, des hommages au cygne de Mantoue, des tableaux plus ou moins emphatiques de ce site enchanteur. On en lit jusque sur l'autel grossier où chaque jour la messe est célébrée par un prêtre du voisinage. Non-seulement le culte de ces lieux a changé; mais le Clitumne lui-même a perdu son nom. La Marogia seule y est connue, petite rivière qui prend sa source auprès de Casigliano, passe au pied du mont Falco, et se jette dans le Tibre, près de Torsciano au midi de Pérouse.

La nuit est venue depuis long-tems. Son obscurité ne nous permet pas de distinguer les objets les plus rapprochés. Tous nos vœux se portent vers Spolette; et quel que soit le gîte qui nous y attende, nous y entrerons avec joie.

SOUVENIRS HISTORIQUES DE SPOLETTE.
LE TEMPLE DE LA CONCORDE. — LA PORTE D'ANNIBAL. — L'AQUEDUC.
STRETTURA. — TERNI. — SA CASCADE. — LA VALLÉE DU VÉLINO.
NARNI. — OTRICOLI.

Otricoli, 12 novembre 1819.

En l'an de Rome 512, une colonie latine s'établit à Spolette. Cette ville prit un grand accroissement. Sa fidélité à la république romaine éclata dans plusieurs circonstances, et lui donna une célébrité que les historiens ont consacrée. Aujourd'hui ce n'est plus qu'un gros bourg, mal construit, hérissé de clochers et médiocrement peuplé, sinon de moines, de mendians et de prêtres. Sa meilleure hôtellerie est détestable. Hors de ses murs, au sommet d'un coteau, était jadis un temple de la Concorde. Voué maintenant au crucifix, il a été abandonné à des capucins qui le desservent. Son péristyle, décoré avec goût, est resté intact, et sert de porche à l'église du couvent. Le reste de l'édifice n'existe plus. L'entablement, les frises, les sculptures, les colonnes, leurs chapiteaux, leurs socles, ont été employés comme de simples matériaux de maçonnerie. Une barbarie insigne en a défiguré les proportions et interverti l'assemblage.

Le pont qui traverse la Marogia à l'entrée de la ville, date, dit-on, du règne de Tibère. Deux des arches primitives se sont conservées, et compteraient par conséquent une durée de dix-huit siècles. Les autres appartiennent à des tems modernes. Après la bataille de Trasimène, Annibal victorieux assiégea Spolette. La résistance des citoyens le força de renoncer à son entreprise. Il fut mis en fuite, et laissa son nom à l'une des portes. Tel est le motif de l'inscription qu'on y lit: *Cæsis ad Trasimenem Romanis, insigni fugâ nomen fecit.* Les Spolétans montrent avec orgueil, ce trophée de la gloire de leurs aïeux. Un aqueduc de sept arches abreuve la ville. Sa forme, la solidité de sa construction et sa hauteur qui n'est pas dépourvue de hardiesse, le firent long-tems attribuer aux Romains. Il prend l'eau des sources d'une montagne voisine, et la verse dans une fontaine qui la distribue dans les divers quartiers, à l'aide de canaux souterrains. Un mascaron colossal est le principal ornement de cette fontaine. La noblesse de ses traits, le courant qui sort de sa bouche, le bruit des eaux qui tombent avec abondance dans un grand bassin, forment un tout large et grandiose, digne de ce genre de monumens publics.

Au reste, ce n'est point la peine de prolonger son séjour à Spolette, pour en parcourir les alentours et les ruines. Le plaisir de cette promenade n'équivaut pas à la fatigue qu'elle donne, dans des chemins montueux, le long de rues escarpées, sur des pavés aigus, mal assortis, désunis. Mieux vaut hâter sa marche vers Rome, soit pour éviter de se trouver à la nuit dans la campagne qui l'environne, soit afin de jouir plus tôt du nouveau climat dont l'influence commence à se faire sentir. Le trajet de quelques milles a suffi pour nous montrer une végétation plus active. Les haies, les buissons, les bosquets, se composent d'arbres et d'arbustes nouveaux. Le laurier garni de ses baies noires, l'arbousier et ses fraises de pourpre, le laurier-thym couronné de ses bouquets blancs, le figuier, l'olivier, le chêne vert, croissent sans soin, sans abri, sans culture. Sur le gazon, de hautes bruyères élèvent leurs fleurs d'un gris-cendré nuancé de teintes rouges. Un printems continuel mêle ses douceurs à ce spectacle inattendu.

Strettura, village resserré dans une gorge étroite, précède Terni sur le Vélino, jadis *Interamna*, bourg célèbre par la cascade à laquelle il a donné son nom. Sans cette merveille, comme les Italiens la désignent, qui pourrait descendre à l'auberge de Terni, s'exposer à la rapacité de ceux qui la tiennent, et de la foule des serviteurs dont ses avenues sont encombrées? Lenteurs, méprises, instances, rien n'est épargné pour vous retenir et vous rançonner. Le gouvernement lui-même prend sa part de l'impôt levé sur les passans. Il s'est arrogé le monopole de leur transport au sommet de la montagne d'où tombe le Vélino. Le prix de cette course est fixe et très-élevé. L'ordonnance qui l'a réglé se termine par ces mots : « Telle est l'irrévocable volonté de son Éminence Monseigneur le Cardinal camerlingue de sa Sainteté : » et, certes, nul n'oserait y contrevenir. Vous montez donc dans une espèce de charrette. Des chevaux vicieux vous emportent au galop. Le cocher les presse vivement, sans s'inquiéter des cahots ni des ornières. Attendu au retour par d'autres curieux, il n'a qu'un but, celui de multiplier le nombre de ses courses, au risque de verser et de briser ceux qu'il mène. A la moitié du chemin il les dépose, et leur en laisse faire à pied la portion la plus rude et la plus difficile. Après une heure de marche, un bruit confus commence à se faire entendre. Des obstacles dérobent encore la vue de la cascade; mais on ne tarde pas à la découvrir, d'abord sous la forme d'un groupe de nuages, puis se dessinant par intervalles à travers leur vapeur légère et mobile. Vous arrivez enfin au bord du fleuve. C'était autrefois le lac *Velinus*. Le cours paisible de ses sources et de ses affluens fertilisait les environs. Une rosée presque continuelle, produite par les vapeurs des lacs et des fleuves voisins, entretenait la verdure des prés et les émaillait de fleurs. La contrée en avait pris le nom de plaine fleurie, de vallée des roses : ce séjour était délicieux. Cependant à la suite des hivers pluvieux et durant les orages, les eaux débordaient fréquemment. Rassemblées par l'inclinaison du terrain, sous les murs d'*Interamna*, elles y causaient de grands ravages. M. Curius qui vivait en l'an de Rome 468, leur donna une issue en faisant ouvrir la montagne. La ville, en effet, fut moins exposée aux inondations; mais la campagne en souffrit davantage. De là des plaintes réitérées contre les citadins, au profit desquels cette précaution avait été prise. Ce procès qui se renouvelait sans cesse, durait encore au tems de Cicéron qui embrassa la défense des paysans. « Le même jour, écrit-il à » Atticus, les habitans de Réaté m'emme- » nèrent dans leur pays charmant, pour plaider » en leur faveur contre les habitans d'Inter- » amne, devant un consul et dix commis- » saires [1]. »

Ce n'est pas des bords du Vélino que l'aspect de sa chute est le plus imposant. Pour en admirer les beautés, il faut s'aller placer successivement aux diverses stations qui ont été ménagées. L'une d'elles surtout, pratiquée vers le milieu de la cascade, abritée par le toit rustique d'un kiosque, permet de la considérer dans toute son étendue. Semblable à une masse de cristal, le fleuve tombe sur un immense rocher. Il se brise avec fracas, rejaillit en mille jets, retombe sur des roches nouvelles, et s'enfonce en écumant, dans un gouffre dont l'œil ne peut

---

[1] Cic. à Att., liv. IV, lett. 15.

mesurer la profondeur, et au-dessus duquel s'élèvent des tourbillons humides d'une blancheur éblouissante. Un attrait invincible retient le spectateur à cette place. Il regarde. Il écoute. Sa vue se trouble. D'un accident il passe à un autre, revient à chacun d'eux, et se surprend quelquefois comme frappé de vertiges. J'éprouvais cette préoccupation, cette extase dont on rapporte qu'au même endroit des voyageurs ont été victimes; et je ne m'occupais guère de ce qui se passait autour de moi. On lit dans les voyages d'Italie, qu'il faut se méfier des rencontres que l'on fait dans ce lieu solitaire, où la trace d'un crime serait promptement effacée. Un homme s'est trouvé à mon côté. Sa présence a éveillé mes soupçons; et je l'ai examiné attentivement. Ses traits étaient durs et sauvages. Il paraissait doué d'une force athlétique. Il avait la barbe longue, noire et épaisse. Dans ses yeux se peignaient l'assurance et la férocité. Quelques haillons l'enveloppaient à peine. Tout concourait à lui donner l'extérieur d'un bandit. Mais hélas! quand il a timidement débarrassé sa main du lambeau d'étoffe qu'il tenait drapé sur son épaule gauche, qu'il l'a portée avec embarras à son mauvais chapeau, qu'il a découvert son front sillonné par la misère, et que, d'une voix suppliante, il m'a demandé l'aumône; avec quelle promptitude j'ai repoussé la première impression qu'il avait faite sur moi ! Je n'ai plus songé qu'à le plaindre. Je me serais même reproché de le taxer de paresse, quoiqu'il fût jeune et vigoureux. C'était un besoin pour moi d'expier la méfiance que j'en avais conçue au premier abord. Dans les états du pape, demander à un mendiant pourquoi il ne travaille pas, serait d'ailleurs une question oiseuse. La mendicité y est presque en honneur. C'est une des professions les plus communes du bas peuple.

La cascade de Terni n'a pas toujours suivi la même direction. Contrariée par les ravages qu'elle avait faits, elle a abandonné son ancien lit dont on peut visiter quelques parties. La plus curieuse est une grotte, où la roche usée et mise à nu par le courant, a pris les formes les plus bizarres. Elle offre un amas confus de colonnes obliques ou perpendiculaires, de pyramides renversées, d'enfoncemens obscurs qui cachent des précipices. Les voûtes semblent prêtes à s'écrouler. Des stalactites à moitié brisées les tapissent, mêlées aux racines des arbres que le torrent a entraînés. En quittant cette scène de destruction et de désordre, lorsque, revenant sur vos pas, vous retournez à Terni, quels tableaux ravissans vous attendent ! Le fleuve apaisé reçoit la Néra qui descend des hauteurs de Visso et de Monté-Santo. Leurs eaux réunies coulent mollement au fond de la vallée. Elles l'embellissent et la fécondent. Vous suivez leur cours dans les champs, dans les prés et les bois qu'elles arrosent. Ici elles passent en silence, réfléchissant à leur surface une habitation champêtre, et des arbres heureusement groupés, qui se balancent dans un ciel d'azur. Ailleurs, on les entend murmurer, retenues par un lit de cailloux qui les agite et les trouble. Puis après mille détours, dont on dirait qu'elles se font un jeu, elles vont s'épancher dans le Tibre, non loin du bourg d'Otta.

Ce voyage pittoresque, et les embarras que lui suscitent à dessein ceux qui sont chargés d'y pourvoir, exigent beaucoup de tems. De retour à l'auberge, ne faut-il pas encore discuter des comptes surchargés à plaisir? On ne parvient qu'à grands frais à satisfaire la foule des officieux. Il n'y a point d'expédient qu'ils n'emploient pour s'assurer le profit qu'ils auraient fait, si vous eussiez séjourné dans leur maison. Echappé à ces ennuis, d'autres contrariétés vous attendent quelques milles plus loin : celles-ci du moins tiennent aux localités. La route est si escarpée, que, pour la gravir, le secours des bœufs devient indispensable. Quoiqu'on en fasse communément usage, il est difficile de s'en procurer. Leur marche pesante alonge les distances. Enfin, après de longs efforts, on atteint Narni, petite ville nommée jadis *Narnia*, bâtie par une colonie romaine sur le sommet d'une montagne. Elle soutint divers siéges, et leur résista par les avantages naturels de sa position.

Une tourmente venait d'éclater; la pluie tombait en abondance. On entendait les courans qui parcouraient la route et la sillonnaient de ravins. Le vent était impétueux. Le tonnerre grondait; ses éclats retentissaient fréquemment. La nuit était obscure. Les éclairs ne nous montraient de tous côtés que des précipices. Ebloui par cette lueur passagère, notre guide craignait de ne pouvoir les éviter : il regrettait que nous n'eussions point de lumière. Une masure se présente. Il frappe; il appelle : l'heure, le tems serviront d'excuses pour ne nous avoir pas entendus. Cependant c'est un corps-de-garde chargé de la sûreté des chemins; car ce passage est favorable aux brigands. Frappons de nouveau; appelons : on vient enfin. La porte s'ouvre. Deux soldats paraissent, allument nos lanternes, font d'un accent douteux des vœux pour notre heureux voyage, et referment brusquement leur porte. A quelques pas de là, le vent qui souffle avec violence, nous plonge de nouveau dans l'obscurité. Nous entrons dans un hameau : la même précaution ne tarde pas à nous devenir inutile. Il faut alors nous abandonner à notre étoile. De tous les soins c'est celui qui coûte le moins et qui réussit le mieux.

Qu'il serait doux, après les fatigues d'une telle journée, de trouver une auberge confortable, pour me servir de l'expression anglaise; mais combien elles sont rares en Italie, si ce n'est dans les grandes villes! Sous le prétexte du climat, les chambres sont d'une grandeur démesurée. Aucune tenture ne les assainit. Les portes et les fenêtres ne ferment qu'autant qu'il faut pour faire fumer une vaste cheminée dépourvue de chenets, de pelle et de pincettes. Les lits se composent de quelques planches, posées sur deux tréteaux, recouvertes d'une bruyante paillasse de maïs haute de deux pieds, et creusée si invariablement à la même place, par chacun des passans qui s'y sont étendus, qu'aucun effort humain ne pourrait lui rendre de l'élasticité. Là-dessus, se déroule un matelas épais de quelques doigts, à l'extrémité duquel un traversin plus mince encore, promet au voyageur recru l'insomnie et le dégoût. Heureux s'il remarque la massive courtepointe sous laquelle il est menacé d'étouffer, et si l'on consent à ne lui en pas donner le supplice! A la vérité, les murs des appartemens sont peints de couleurs tendres, et encadrés de guirlandes de roses et de lilas. On ne marche que sur des mosaïques en stuc, imitations grossières de l'antiquité. Mais la fraîcheur de ces décorations ne touche guère ceux qui arrivent harassés et mouillés comme nous l'étions. Telle est pourtant l'hospitalité qui nous attendait à Otricoli. « Du feu, ai-je dit en entrant au *cameriere* (c'est le garçon de chambre), qui paraissait empressé et serviable. — *Subito, Signore.* — Et vous nous donnerez un bon souper. — Tout ce que son Excellence commandera. — Du gibier? — Il n'y en a pas. — Du poisson? — Il n'y en a plus. — De la volaille? — Nous n'en avons jamais. — Y a-t-il du pain? (Il a souri d'un air malin.) L'eau est-elle bonne? — Exquise. — Et le vin? — *Stupèndo!* (cette épithète est le superlatif de délicieux) vous verrez. » En disant cela, ses yeux brillaient, et il mettait le bout de ses doigts sur ses lèvres en signe du régal qu'il nous promettait. « Allons, dépêchez-vous. — J'attendais si vous ne désiriez pas autre chose, a-t-il ajouté du ton de celui qui n'aurait rien eu à nous refuser. »

Enfin, quelques branches d'olivier commencent à brûler. Nous nous séchons et tâchons de nous réchauffer, en regardant mettre le couvert avec des ustensiles d'une propreté au moins équivoque. En même tems, la conversation de notre imperturbable causeur ne cessait de rouler sur toutes sortes de sujets. Il n'attendait pas même nos questions. « Vous êtes arrivés bien tard, a-t-il continué avec l'accent du plus vif intérêt.—Qu'importe! est-ce que vos routes sont dangereuses?—Pas du tout, Excellence, vous pouvez voyager en toute sûreté: elles sont sûres, très-sûres; il n'y en a pas de plus sûres. —N'y a-t-on pas placé des gardes de distance en distance?—Oh! oui, et de bons soldats, *per Dio!* — En effet, ils ont bonne mine. — Les meilleures troupes de l'univers, *Signore*. — Braves? — Ah! vraiment, j'en réponds. — Disciplinés? — Comme des moutons. — Vigilans? — Comme des chiens, ils ne dorment jamais ; cependant, on a trouvé, contre une de leurs guérites, le corps d'un homme à qui l'on avait coupé la tête. — Quand? — Il y a quinze jours. — En quel endroit? — Auprès du premier corps-de-garde. — Que dites-vous donc de la sûreté de vos routes? — Ce ne sont pas les voleurs qui ont tué cet homme-là; ce sont les soldats eux-mêmes : vraie canaille, *per dire la verità*. On devrait tous les fusiller. » Et il quitta ce qu'il mettait sur la table pour alonger ses bras à la suite l'un de l'autre, comme s'il couchait en joue, imitant avec sa bouche l'explosion d'un fusil. « Comment a-t-on appris cet assassinat? — Deux voyageurs passaient comme vous. L'un d'eux mit pied à terre. Il faisait nuit. En marchant, il a heurté le mort. Il est vite rentré dans sa voiture; et arrivé chez nous, il a fait sa déclaration. Du reste, on n'entend plus parler de rien. — En voilà bien assez. — Oh! pas tant. »

D'autres récits du même genre ont suivi. Il les accompagnait d'éloges sans fin, sur le mauvais souper qu'il nous servait, et dont le sommeil ni même le repos n'auraient pu nous dédommager convenablement, lors même que nous eussions été destinés à coucher dans une bonne chambre, à dormir dans un bon lit. De telles sensualités ne nous étaient pas réservées, ni seulement les aises de la médiocrité la moins exigeante : et, pour nous en consoler, nous n'avons pas eu même la trompeuse ressource des songes.

FIN DU PREMIER VOLUME.

TABLE

DU PREMIER VOLUME.

                                                  Pages.

Dijon........14 octobre 1819................ 1
Champagnole...15........................... 8
Sécheron......16........................... 11
Sécheron......17........................... 16
Saint-Maurice..18.......................... 21
Sion..........19........................... 32
Brigg.........20........................... 49
Domo-d'Ossola..21......................... 58
Bavéno........22........................... 85
Bavéno........23........................... 98
Milan.........24.......................... 104
Milan.........25.......................... 117
Milan.........26.......................... 141
Pavie.........27.......................... 148
Milan.........28.......................... 154
Bréscia.......29.......................... 161
Vérone........30.......................... 170
Padoue........31.......................... 182

TABLE DU PREMIER VOLUME.

                                                                                   Pages.

Venise........ 1ᵉʳ novembre 1819 204
Venise....... 2 228
Venise....... 3 241
Venise....... 4 270
Rovigo....... 5 278
Bologne...... 6 285
Forli........ 7 291
Pésaro...... 8 301
Ancône...... 9 322
Tolentino.... 10 335
Spolette..... 11 349
Otricoli..... 12 357

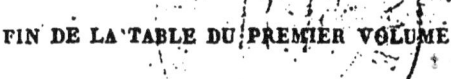

FIN DE LA TABLE DU PREMIER VOLUME.